主编 张伟

近代上海

咖啡地图

孙莺 编

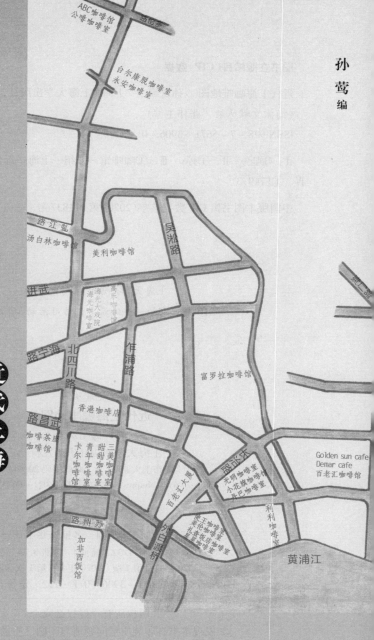

上海大学出版社

图书在版编目(CIP)数据

近代上海咖啡地图／孙莺编.—上海：上海大学出版社，2020.8
（海派文献丛录／张伟主编）
ISBN 978-7-5671-3906-0

Ⅰ.①近… Ⅱ.①孙… Ⅲ.①咖啡馆—介绍—上海—近代 Ⅳ.①F719.3

中国版本图书馆 CIP 数据核字(2020)第 111837 号

上海大学海派文化研究中心
"310 与沪有约——海派文化传习活动"项目支持

海派文献丛录
近代上海咖啡地图
孙 莺 编
上海大学出版社出版发行
（上海市上大路99号 邮政编码200444）
（http://www.shupress.cn 发行热线021-66135112）
出版人：戴骏豪
*
江苏句容排印厂印刷 各地新华书店经销
开本890mm×1240mm 1/32 插页4 印张9.25 字数240 000
2020年8月第1版 2020年8月第1次印刷
ISBN 978-7-5671-3906-0/F·192 定价：40.00元

版权所有 侵权必究
如发现本书有印装质量问题请与印刷厂质量科联系
联系电话:0511-87871135

拓宽海派文化研究的空间

(代丛书总序)

　　中华文明源远流长,绵延有序;各地域文化更灿若星汉,诸如中原文化、吴越文化、齐鲁文化、巴蜀文化、闽南文化、关东文化等,蓬勃兴旺,精彩纷呈。到了近代,随着地域特色的细分,各种文化特征潜质越来越突出。以上海为例,1843年开埠以后,迅速发展成为西方文化输入中国的最大窗口和传播中心。这里集中了全国最早、最多的中外文报刊和翻译出版机构,也是中国最大的艺术活动中心,电影、美术、音乐、戏剧、舞蹈等,均占全国的半壁江山。它们在这里合作竞争、交汇融合,共同构建了上海文化的开放格局。从19世纪末开始,上海已是整个中国,乃至整个亚洲区域内最繁华、最有影响力的文化大都会,并与伦敦、纽约、巴黎、柏林等城市并驾齐驱,跻身于国际性大都市之列。

　　一部近代史,上海既是复杂的,又是丰富的。从理论上讲,上海不仅在地理上处于东西方文化碰撞的边缘,在思想上也处于儒家文化与商业文化的边缘,因而它在开埠后逐渐形成了各种文化交融与重叠的"海派文化"。那种放眼世界,海纳百川,得风气之先而又民族自强的独特气质,正是历史奉献给上海人民的一份宝贵的文化遗产。近代上海是典型的移民城市,移民不仅来自全国的18个行省,也来自世界各地。无论就侨民总数还是国籍数而言,上海在所有中国城市中都独占鳌头,而且和其他城市受到相对单一的外来族群文化影响有所不同(如香港主要受英国文化影响,哈尔滨主要受俄罗斯文化影响,大连主要受日本文化影响,青岛主要受德国文化影响),作为世界多国殖民势力争相聚集之地的上海,它所接受的外来文化影响是最具综合性的。

当时的上海,堪称一方融汇多元文化表演的大舞台,不同肤色的族群在这里生存共处,不同文字的报刊在这里出版发行,不同国别的货币在这里自由兑换,不同语言的广播、唱片在这里录制播放,不同风格流派的艺术门类在这里创作演出。这种人口的高度异质化所带来的文化来源的多元性,酿就出了自由宽容的文化氛围,并催生出充满活力的都市文化形态,上海也因此成为多元文化的摇篮。若具体而言,上海的万国建筑,荟萃了世界各国重要的建筑样式——殖民地外廊式、英国古典式、英国文艺复兴式、拜占庭式、巴洛克式、哥特复兴式、爱奥尼克式、北欧式、日本式、折中主义式、现代主义式……形成了世界建筑史上罕见的奇观胜景;戏曲方面,上海既有以周信芳、盖叫天为代表的"南派"京剧,又有以机关布景为特色的"海派京剧";文学方面,上海既是"左翼文学"的大本营,又是鸳鸯蝴蝶派文学的活跃场所;就新闻史而言,上海既是晚清维新派报刊大声鼓呼的地方,又是泛滥成灾的通俗小报的滋生地。总而言之,追求时尚,兼容并蓄,是近代上海发达的商品经济社会中一种突出的社会心态,它反映在社会的方方面面,戏剧、文学、美术、音乐等领域无不如此。回顾这段历史,我们应该有更准确、更宽容的认识。

绵远流长的江南文化,为海派文化提供了营养滋润,而海派文化的融汇开放,又为红色文化的诞生提供了特殊有利的发展环境。近年来,有关海派文化的研究发展迅速,成果丰富,宏文巨著不断涌现。我们觉得,在习惯宏观叙事之余,似乎也很有必要对微观层面予以更多的关注,感受日常生活状态下那些充满温度的细节,并对此进行深度挖掘。如此,可能会增加许多意外的惊喜,同时也更有利于从一个新的维度拓宽近代上海城市文化的研究空间。我们这套丛书愿意为此添砖加瓦,尤其愿意在相关文献的整理研究方面略尽绵力。学术界将论文、论著的写作视为当然,这自然不错,但对史料文献的整理却往往重视不够,轻视有余,且在现行评价体系上还经常不算成果,至少大打折扣。其实,整理年谱、注释著作、编选资料、修订校勘等事项,是具有公益性质的学术基础建设工作,所花费的时间和精力,若论投入产出,似乎属于亏本买卖,没有多少人愿意做;且若没有辨伪存真的学术功底,是做不来也做不好的。就学术研究而言,一些基础性的工作必不可少,所谓"兵马未动,粮草先行"。我们真正需要的是沉下心来,做好史料工作,在更多更丰富的材料的滋润下才可能有更大的突破。情愿燃尽青春火焰,在给自己带来快乐的同时,更为他人提供光明,这应该是我们今天这个社会大力提倡的!

是为序,并与有志者共勉。

张 伟

2020年7月9日晨于宛华轩

前　言

总有些事物使我们念念不忘。

博尔赫斯说，我们有两种看待时间的方式，一种是从过去，时间不知不觉穿过此刻的我们，流向未来；另一种是从未来，时间迎面而来，越过我们，消失于过去。

我沉迷于后一种，我愿意让时间带着我，回到过去的长街深巷。那时，纵然兵荒马乱，却自有岁月风华。

这本书，收录了1895年至1949年间与咖啡馆有关的资料，择自《益世报》《申报》《新闻报》《时报》《海报》《铁报》《世界晨报》《福尔摩斯》《力报》《立报》《海天》《快活林》《海涛》《咖啡味》《良友》《妇人画报》等近百种近现代大小报纸和民国期刊。

在如山般的故纸堆中找寻、筛选、辑录这些资料，非易事，然，乐在其中。就像拼图游戏，一块块碎片，拼凑出一部上海，甚至世界的社会生活史。是的，没错。

上海是一座很奇特的城市，1843年开埠以来，就进入了一个与世界同步发展的过程，自欧洲和美国而来的新鲜事物蜂拥而至。因为租界的关系，上海其实并未经历一个吸收和融合的过程，而是在极短的时间内，就直接进入了西方式的社会生活。如果说，西洋建筑构成了上海的城市轮廓，那么，隐藏在这些建筑之内的咖啡馆、影戏院、跳舞场、西菜馆等，则构成了上海的城市基调。当然，在喧嚣和华丽的背后，隐藏着某种沉静和长远的东西，来自宗教、艺术和文化，这才是真正的上海。

咖啡，原产自非洲的阿比西尼亚（今埃塞俄比亚），由阿拉伯人和土耳其人传入欧洲,1652年,伦敦出现了欧洲第一个咖啡馆。咖啡是何时传入上海的?据目前所发现的文献史料可知,1844年,即上海开埠的第二年,咖啡豆就已现身上海。英国伦敦图书馆东方书籍和写本部收藏有关于鸦片战争后五口通商伊始、道光二十三年至二十四年(1843—1844)间上海对外贸易的几种原始文献和记录。其中《OR7400各号验货》一册逐日记写了道光二十四年二月至七月间一些商号从美国、英国、菲律宾等商船进口货物的数量、品种,以及出口的货物数量、品种。在道光二十四年五月十八日的货物进口记录中,有关于咖啡豆进口的记载:"第19号船上,公正行进口了柳榧豆5包,每包70斤;皮条3扎,每扎94斤。"①柳榧豆即咖啡豆。彼时咖啡译名迭出,达17种之多。

"咖啡"作为coffee的译名,据目前所知文献,最早见于1819年刊行之马礼逊编纂《华英字典》《五车韵府》第一卷,"咖 this character is in vulgar use. Kea fei 啡 coffee."在1833年传教士郭士立(郭实腊)主编的《东西洋考每月统记传》中亦出现"咖啡"之译名。1833年8月1日,普鲁士传教士郭士立在广州创办了《东西洋考每月统记传》,1837年迁到新加坡,1838年停刊。《东西洋考》虽为宗教期刊,但其所刊载的内容包括政治、经济、地理、历史、文化、民俗、自然等诸多方面,影响甚大。其在介绍呀瓦(即爪哇)物产时,用了"咖啡"这个译名:"呀瓦大洲(附麻剌甲)三大洲之至盛,为呀瓦,米胜用、胡椒、燕窝、翠羽、白糖、棉花、

---

① 王庆成:《稀见清世史料并考释》,武汉出版社1998年版,第107页。

咖啡、苏木木头等货,各样果实,焦子、椰子、槟榔、石榴、柚子、菠萝、菠萝子、芒果、橙桔等果。"①

1866年,美国南浸信传道会教士高第丕夫人,编了一本介绍西方饮食烹饪方法的书——《造洋饭书》(*Foreign Cookery in Chinese*)。这是目前所知中国最早的西餐烹饪书籍。她在书中,将咖啡译为"磕肥",仔细叙述了制作咖啡的方法:

> 猛火烘磕肥,勤铲动,勿令其焦黑。烘好,趁热加奶油一点,装于有盖之瓶内,盖好。要用时,现轧。两大匙磕肥,一个鸡蛋,连皮注下于磕肥内,调和起来,燉十分钟,再加热水两杯,一离火加凉水半杯,稳放不要动。

《造洋饭书》原文序中有这么一句: Everyone knows how difficult it is to teach native cooks to prepare dishes suited to the taste and habits of foreigners。可知,这本书是为培训为来华之外国人烹煮西餐的中国厨师而编写的,亦可证明,此时喝咖啡这种"洋生活"已进入上海,为中国人所知晓。

最晚至1876年,咖啡就已进入上海人的日常饮食生活中,当时上海的各番菜馆均以咖啡作为招徕顾客的方式。目前可见最早的番菜馆咖啡广告,载于1876年的《申报》:

> 今在二洋泾桥②新开架啡③番菜馆,各色面食,早晚常便,若有贵客光顾者,请至小店可也。④

彼时咖啡作为一种招徕顾客的新奇西洋饮料,引得国人纷纷尝鲜。在1887年的《申江百咏》竹枝词中,出现了咖啡的身影:

---

① 爱汉者等编:《东西洋考每月统记传》,中华书局1997年版。
② 今四川路。
③ 咖啡之译名。
④ 《申报》,一八七六年十二月初五日。

几家番馆掩朱扉,煨鸽牛排不厌肥。

一客一盆凭大嚼,饱来随意饮高馡①。

咖啡馆的出现,最早与洋商在沪开设的旅馆有关系。1846年,英国商人阿斯脱豪夫·礼查(Richard)在英租界与上海县城之间,即现在的金陵东路外滩附近,建了一座以他名字命名的旅馆,名为礼查饭店(Richard's Hotel and Restaurant)。1856年,苏州河上韦尔斯桥②建成,礼查以极其低廉的价格买下桥北侧河边的一块荒地,在此建造了一座东印度风格的二层砖木结构楼房,将礼查饭店迁至此。1860年,英国人史密斯(Henry Smith)接手经营礼查饭店,改名为Astor House。史密斯除了修缮装饰客房外,又开设了弹子房、酒吧、舞厅及扑克室,以招徕顾客。此时,咖啡馆是附设于旅馆之中,暂且只能称呼为咖啡室。

③

---

① 咖啡之另一译名。
② 外白渡桥的前身。
③ 礼查饭店。

上海何时出现独立的咖啡馆？据《工部局董事会会议记录》1880年载，为虹口地区的咖啡馆，据说这是一家专为水手服务的咖啡馆。而就目前所查到的关于咖啡馆的广告，最早为1906年刊登于《新闻报》上的"宝利咖啡店"一则：

本号开设福州路老巡捕房斜对门，系仿泰西咖啡店之式，专售咖啡及冰忌令，并备各色点心各色糖果，如大马路宝德之式，装潢之华丽，制造之精工，在英国伦敦、美国纽约、法国巴黎亦不数数观也。兹定本月念六开张，仕商赐顾，方知不谬。

主人谨启

20世纪年20年代至30年代，上海街头的咖啡馆数量激增，这与当时的战争有关。俄国十月革命、一战、二战、"八一三"事变，直接导致了寓居上海的外侨人数剧增。据统计，1915年上海的外侨人数超过2万人，1925年超过3万人，1930年超过6万人。如1917年俄国十月革命，大量俄国贵族流寓上海的法租界，这些俄侨大都接受过良好的文化教育，他们带来了欧洲的生活方式，同时也带来了欧洲的文学、绘画、音乐、歌剧、芭蕾等文化艺术。俄侨在居住的霞飞路（今淮海路）一带，开设了很多咖啡馆，如特卡琴科、DDS、文艺复兴、君士但丁、巴尔干等。这些咖啡馆不仅提供咖啡，还有道地的罗宋菜，女招待都是金发碧眼的白俄少女，室内布置有着浓郁的欧洲情调，凡此种种，对当时的文人、政客、商人极具吸引力。如张若谷、傅彦长、田汉、朱应鹏、黄震遐等，都是霞飞路上咖啡馆的常客。还有一个重要原因是咖啡馆内的消费不菲，只有这些中产阶级及以上人士才可时常出入。

再如1933年起，上海接纳了3万多名自德国和德占区而来的犹太难民，其中大部分犹太人居住于虹口一带，他们建有自己的教堂、学校、商店、药房、理发店和裁缝铺，当然，还包括维也纳式的咖啡馆，如DE-LIKAT CAFE、EUROPE CAFE、BATAAN CAFE、WIENER CAFE、TONG-

SHAN CAFE、勃罗门乃登咖啡室、胜利咖啡馆、白马咖啡馆等,使得虹口俨然成为一个具有德国和奥地利风情的社区。

"八一三"事变之后,寓居上海的日本侨民达到近十万人,他们之中的下层民众大多聚在虹口和闸北一带,从事饮食、服务等行业,当时的北四川路之所以被称为"神秘之街",是因为这些日本咖啡馆里的女招待还兼卖春妇。

到了40年代后期,咖啡才开始真正进入上海普通百姓的日常生活中,露天咖啡摊在上海街头大量出现,如1946年7月31日《铁报》第1版刊登的《美式配备街头咖啡座》一文:

现在的上海这一星期,拥挤的街头上忽然多起咖啡摊头了。红蓝布条子的篷,铺上花格子布的毯子,上面陈列着美国货的杯子,咖啡、可可、罐头牛奶和面包等。在摊旁,一个煮咖啡和烘土司炉子,燃着熊熊的火,摊主和伙计穿着短衫,热得大汗滴滴的忙碌着。牛奶可可三百,土司也是三百,有的只卖二百五,清咖啡也有卖二百元一杯的,价廉实惠,早晚成了小公务员与学生的集中所,似乎比吃大饼油条更有味点。

咖啡摊的兴盛,与抗战胜利后美国军用品大量输入有关,咖啡、牛奶、果酱、土司的价廉,使得普通人也能喝得起咖啡。当时的上海街头常有如此场景:黄包车夫大汗淋漓,奔至咖啡摊前,一气儿灌下两杯咖啡,吃两片土司,抹嘴而去。此景可与京城黄包车夫一壶大麦茶、两张卷饼、半斤牛肉之场景相映成趣。

只是简单写了一些咖啡馆的片段,其实,在上海出现的每一家咖啡馆,都有着自己的故事,虽然,结局大都是相同的,不外是曲终人散,只留下一个名字在时间里。但也有例外,如霞飞路上的明星咖啡馆,在1949年之后去了中国台湾,依然有故事发生。

孙　莺

2019 年 11 月 17 日定稿于上海

---

① 明星咖啡馆外观。

目　　录

旧时街景

沪西市面繁荣 / 2
上海旧话 / 3
上海的地名 / 5
新路名是怎样改题的 / 6

咖啡夜谭

到咖啡店去 / 10
上咖啡馆回来 / 10
风行一时的咖啡室侧貌 / 12
咖啡馆业横颜 / 14
咖啡馆新的点缀 / 16
咖啡馆的摊头化 / 17
咖啡馆之营业时间 / 18
咖啡馆业之紧急会议 / 18
影剧人和咖啡店 / 19
风靡一时的咖啡夜座 / 20
咖啡馆漫话 / 21
咖啡室里的情趣 / 22
附属咖啡室 / 23
孵咖啡馆浮世绘 / 24

咖啡女 / 24
洋琴鬼 / 25
洋琴鬼 / 26
白号衣 / 26
白号衣生涯 / 28
咖啡 / 29
喝咖啡 / 30
咖啡经 / 31
咖啡馆兼售的食物 / 32
咖啡变质发生问题 / 32
咖啡茶的价格 / 33
红茶贵于咖啡！/ 34

西藏路

虞洽卿路 / 36
谈咖啡馆 / 37
洋洋乎咖啡世界 / 38
"万寿山"增辟"名山夜座" / 40
盛极一时的咖啡茶座 / 41
夜夜咖啡馆 / 42
咖啡馆的新转变 / 43
最近咖啡馆的夜市 / 45

街头咖啡摊／46

西藏路的咖啡街／46

西藏路上咖啡馆之末日／47

中区咖啡馆的繁荣／47

中区咖啡馆的表演节目／48

中区的咖啡馆／49

今日的"咖啡街"／50

完了！西藏路上的咖啡馆／50

咖啡街今昔／51

米高美添辟情人咖啡馆／53

萝蕾咖啡馆巡礼／54

萝蕾开幕被封锁／55

圣太乐将歇夏，萝蕾前车可鉴／56

萝蕾夜花园发生问题／56

萝蕾咖啡馆多事之秋／57

在萝蕾／57

电话费与咖啡账／58

南国、萝蕾纷纷停用洋琴鬼／59

康脱莱拉斯出狱／60

萝蕾咖啡室今日寿终！／61

厌倦油炒饭／62

萝蕾咖啡馆的倦意／62

圣太乐设备最精／63

圣太乐的苦衷／64

圣太乐咖啡馆不幸事件／64

圣太乐重闻蓬拆声／65

再进圣太乐／66

圣太乐不胜沧桑／66

今日开幕之大中华咖啡馆／67

大中华咖啡馆总经理王定源／68

大中华咖啡馆经理李满存／69

咖啡馆嘲谑记／70

大中华咖啡馆经理部冲突／70

大中华咖啡馆经理拳打可怜虫／71

大中华咖啡馆出盘／73

今日开幕之爵士咖啡馆／73

西披西咖啡之口碑／75

爵士咖啡馆经理崔叔平／75

爵士咖啡馆与职工／76

金谷咖啡馆的夜市／76

金谷咖啡馆的没落／77

金谷咖啡馆的夜市／78

金谷咖啡室 歌女打出手／79

麦克风播唱半出《纺棉花》／80

皇后咖啡馆／81

皇后咖啡馆之复兴／81

国际咖啡座／82

我所喜爱的咖啡室／82

国际咖啡室的座客／83

亚洲咖啡室／83

白雪咖啡馆／85

地窖咖啡室之我闻／85

赌场咖啡馆观光记／86

咖啡座来去／86

南京路

南京路之旧影／90
南京路巡礼／91
咖啡，电影，冷饮／95
咖啡馆中的伪装日侨／96
犹太老板算盘精／97
热闹的光明咖啡馆／97
舞客舞女集会处光明咖啡馆／98
七重天的情趣／100
汇中的下午茶／101
西侨青年会的咖啡／102
马斯咖啡馆／103
时懋咖啡座表演节目／103

静安寺路

静安寺路巡礼／106
咖啡馆游记／107
许啸天改行开咖啡店／108
静安寺路的咖啡馆／109
咖啡豆／110
饮食小志／111
坐咖啡馆／111
咖啡小品／112
热门咖啡馆比较观／113
咖啡馆的武艺气息／114
天津起士林上海亦开幕／114
起士林／115

起士林美籍女侍／116
起士林被封内幕！／116
晚上十一点后的起士林／117
起士林情调／117
昙花一现之金鱼咖啡馆／118
金鱼咖啡馆出盘！／119
东方夜谈之皇家咖啡馆／119
谈皇家咖啡馆／120
皇家咖啡馆停业之余波／120
飞达／121
飞达之今昔／122
飞达的售价／123
三过新都／123
夜巴黎增设咖啡馆／125
新沙华咖啡馆经理黄祖康／125
毳咖啡馆／127
咖啡馆开在弄堂口／127
立德尔咖啡馆／128
凯司令咖啡室／129
维多利亚咖啡馆／129

福州路

四马路／132
公共租界之咖啡车／133
露天咖啡馆／135
关宏达摆吉普咖啡摊／135
咖啡摊贩一日记／136
露天咖啡馆／137

姐妹花咖啡摊／138
美式配备街头咖啡座／139
露天咖啡茶座／140
咖啡摊上有西施！／141
大西洋咖啡馆的滑稽表演／142
咖啡馆之电话／143
中央咖啡馆之复兴／143

延安路

已成历史的上海路名／146
爱多亚路上之一瞥／148
宝裕里咖啡馆／149
咖啡室音乐／150
咖啡座之音乐／151
叶子咖啡馆的风情／151
叶子咖啡馆／152
叶子，皇家，良友／153
叶子咖啡馆的仆欧／154
谈叶子咖啡室／154
龚秋霞等开设"四姊妹"咖啡馆／155
四姊妹放弃咖啡馆／156
四姊妹之"咖啡乐府"／157
"四姊妹"咖啡馆开幕／157
"四姊妹"咖啡馆招待盛宴的花花絮絮／158
四姊妹投资咖啡馆内幕／160
"四姊妹"咖啡乐府开幕盛典／162
"四季霉"咖啡馆／164
四姊妹咖啡馆的广告／165
四姊妹咖啡馆将改舞场／166
四姊妹咖啡馆酝酿改组／166
四姊妹咖啡馆出盘／167
经纪人改行开四姊妹咖啡馆／167
沙利文咖啡座的音色／168
风韵犹存的沙利文大姊／169
沙利文楼上邂逅姚玲记／171
早晨的沙利文／172
沙利文停业前后／173

霞飞路

霞飞路的由来／176
咖啡座之夜／177
都市散记／179
俄罗斯咖啡馆／181
神秘的霞飞路，神秘的咖啡店／182
神秘之街霞飞路风光／183
专以色欲诱惑顾客的咖啡店／185
霞飞路上的外国咖啡座／186
泰山路上的咖啡馆事业／188
今日之咖啡馆／189
咖啡馆中之印度女巫／189
林森中路散步／190

文艺咖啡座漫谈 / 191
谈谈咖啡热狗 / 193
弟弟斯咖啡室一幕难为情的演出 / 193
咖啡情调 / 194
Confeserie 咖啡馆感赋 / 195
漫谈三个"弟弟斯" / 195
弟弟斯 / 196
"弟弟斯" / 197
两家咖啡馆 / 197
DDS 的冷气 / 198
弟弟斯的猫 / 198
戴望舒华林开设文艺咖啡馆 / 199
文艺咖啡馆小记 / 199
爱美的文艺咖啡馆 / 201
咖啡座上 / 201
文艺复兴：神秘风味的咖啡座 / 202
文艺沙龙 / 202
CPC 咖啡大王 / 203
咖啡老举 / 205
CPC 小坐记 / 205
我与咖啡 / 206
明星们孵豆芽的咖啡馆 / 207
咖啡大王一件大秘密 / 208
卡夫卡斯 / 209
色白大菜 / 210

再记卡夫卡斯 / 211
卡夫卡斯夜总会的一幕 / 211
在"卡夫卡斯"小坐 / 212
卡夫卡斯咖啡闲记 / 213
卡夫卡斯 / 214
异国情调的"卡夫卡斯" / 214
卡夫卡斯一小时 / 215
罗宋风味的卡夫卡斯 / 216
"弟弟斯"与"卡夫卡斯" / 216
卡夫卡斯的情调 / 217
有罗宋情调的卡夫卡斯 / 218
老大华咖啡 / 218
甜甜斯咖啡馆 / 219
泰山咖啡馆 / 220
咖啡室里的情趣 / 221
咖啡小记 / 222

徐家汇

徐家汇 / 226
交大校畔之亚西咖啡馆 / 228
上海中学内开咖啡店 / 228
咖啡 / 229
学校邻近之咖啡店 / 230
土司・咖啡及其他 / 231
周世勋创办萝蔓斯咖啡馆 / 232
喝咖啡的好处 / 233

北四川路

北四川路速写 / 236
北四川路 / 236
珈琲店里的一幕 / 239
漫游日本咖啡店 / 240
日本咖啡馆 / 242
"东方的圣彼得堡"之类 / 243
在咖啡座里 / 244
张资平开设咖啡店 / 246
上海咖啡一位王小姐 / 246
上海咖啡店中之中国官 / 247
大学教员与女招待冲突 / 248
咖啡馆里的广东少年 / 248
创造社之上海咖啡 / 249
咖啡馆内之对花机 / 250
记汤白林咖啡店之神秘 / 250
"神秘之街"的咖啡座 / 252

汤白林夜游 / 253
汤白林之"神秘" / 256
新明之咖啡 / 257
虹口咖啡店的相异点 / 258
记咖啡大王之宴 / 258
高乐咖啡馆 / 260
茶室及咖啡馆 / 261
少女樱花咖啡 / 262
异国情调的咖啡馆 / 263
咖啡馆内小猫三只四只 / 265
百老汇路巡礼 / 266
白相犹太人开的咖啡馆 / 267

中华路

西门咖啡座消息 / 272
西门咖啡店 / 272

后记 / 274

旧时街景

编者按：

  1843年11月17日，根据《南京条约》和《五口通商章程》的规定，上海正式开埠。1845年，上海县洋泾浜以北一带划为洋人居留地，形成英租界。1848年，以虹口一带划为美租界。1849年以上海县城以北、英租界以南一带为法租界。1863年，英、美租界合并为英美公共租界，1899年又改称为上海国际公共租界。此后，租界多次扩大。1945年11月24日，国民政府外交部宣布接收上海公共租界、法租界，历时百年的上海租界结束。

  上海的开埠，使得中外贸易中心逐渐从广州移到上海。外国商品和外资纷纷涌进长江门户，开设行栈、设立码头、划定租界、开办银行，城市街景日新月异。从乡间泥泞僻路至碎石子的弹格路，再至硬木拼花的大马路，从木头的威尔士桥到全钢的外白渡桥，从小河浜到填土修筑的肇嘉浜路，各街区商铺林立，市景繁荣。

沪西市面繁荣

上海全市之繁荣,与日俱盛。今就吾人日常周旋之沪西一隅而言,其新建筑之孟晋,已可惊奇。如康脑脱路①在五年前,全路多属空地,今则精美建筑,满列两旁。麦特赫司脱路②至戈登路③一段市肆繁兴,几成新闸路第二。小沙渡路④蒋家桥一段以及跑狗场,均亦有继续不断之店市设立。公共汽车公司至极司非而路⑤,尤为兴盛,全路尤多精美之中西上等住宅,厕所、电气、自来水全已设备。

清早及夕阳西下时,行人如织,劳勃生路⑥原只樱华里一段,较为繁盛,今则全路市肆栉比,除工厂外,其建筑较康脑脱路则稍逊。极司非而路只静寺至五角场一段,如元善里、忻康里及现正兴工中出租之高尚中式住宅暨店屋,当在一千幢以上。五角场之工部局隙地,及四面旧房,均经翻造,五角场之兴旺,犹之十年前之北泥城桥⑦,而其新建筑,犹求过于供,方在打笆,已经租罄繁盛一斑,于此可见。

海格路⑧、忆定盘路⑨、愚园路等,已公认为大住宅最佳地点,树木参天,浓阴匝地,渠渠厦屋,绵亘不绝。大西路⑩虹桥路等,已为新住宅

---

① 今康平路。
② 今泰兴路。
③ 今江宁路。
④ 今西康路。
⑤ 今万航渡路。
⑥ 今长寿路。
⑦ 今西藏路桥。
⑧ 今华山路。
⑨ 今江苏路。
⑩ 今延安西路。

区之尾闾,徐家汇贝当路①南洋大学②一带,新建筑亦为颇多,尤极高尚精美不久之后,沪西繁荣之进展,实有无限希望。

以上各节,十之八九地在华界,而贯有工部局之越筑马路,无怪工部局之侵略野心,亦随地方勃兴,而勃勃无已时也,爰为表而出之,幸国人注意及之。

(原载《申报》,1930年)

上海旧话

小子年未逾不惑,逊清咸同年闲事,未得目睹耳闻,不敢摭拾人言,据为己作。姑就三十年来身所亲历而又有一记价值者,摘录于左。名之旧话,实则非旧,聊以别于今之摩登派耳。

从前之人力车,车身漆黑色,轮以铁为缘,车过辚辚作响,殊聒人耳,俗称为"东洋车",以其仿自东邻故也。自改用橡皮轮后,车身亦漆作黄色,于是俗称"黄包车"。"东洋车"三字,亦随之而成过去之名词矣。

自三洋泾桥至十六铺,车夫驾羸马,曳敝车,招揽乘客,每次化钱三十文,满五人则车驶,四人坐厢内,一人坐御者旁,当时名之曰"野鸡马车",名不雅驯,倘在今日,定名之曰"公用马车"矣。

上海之驶行电车,大约在光绪末年。先驶行之一段,自老垃圾桥至外洋泾桥,共分二站。老垃圾桥至日升楼为一站,日升楼至外洋泾桥又一站。坐一站铜元三枚,两站只五枚。

当时上海有河道三,悉东西横亘者。㈠苏州河,为英美租界分界处(从前苏州河以北,悉称为美租界),今尚存在。㈡洋泾浜,为英法租界

---

① 今衡山路。
② 今上海交通大学。

分界处,今已填平,即爱多亚路是。㈢城河浜,为华法分界处,亦填平,即今之民国路及中华路是也。

光绪三十年八月(是否已模糊,总之相差不远),上海大水。平地水深二尺,车不能行。室中器物,悉受水渍。孩提在马路中学游泳,便桶木器,飘至马路上者亦比比是,煞是可观。

上海的第一家新式的舞台,就是新舞台,最初设在十六铺,经理便是那颇有革命历史而与陈英士共过事的沈缦云氏(已故)。那时潘月樵、夏月珊、夏月润等都在一起演戏,可是如今都已作古了。

上海游艺场之最早者,当推楼外楼在新新舞台屋顶上(即旧天蟾舞台原址,今已拆去)。场中除布置凹凸镜及望远镜外,尚有魔术及苏滩等,场子颇少。顾生涯鼎盛,游人趋之若鹜,足见物以稀为贵也。自黄楚九氏创办新世界,规模完备,场子热闹,于是楼外楼遂受淘汰。

四马路之青莲阁,沪人靡不知其名。上层为茗座,下层则为小模型之游艺场。有弹子台,有手摇电影机,有打拳机,下层阶级咸争趋之。当时尚有日人赁一铺面,搬演魔术,所演为走钢丝等类,亦能吸引看客。

前二十年,我人苟于茶坊酒肆小坐,辄见日本人持仁丹等,向客兜售,男女俱有。其实所售者,不止仁丹等药品,尚有媚药防毒器等,生涯颇佳,近十年则不见若辈踪迹矣。

①

————————

① 福州路之仁丹龙架,刊载于《民权画报》,1912年9月号。

当时跑马厅春秋二赛,颇吸动华人,四乡城镇来沪看跑马者,亦视为热闹事。贫氓于跑马场之栅外,铺椅搁板,作高台形,便人登观,每次每人收钱二三十文不等。至王孙豪贾,辄挟名妓坐钢丝轮马车,所谓亨斯美者放辔于南京路上,视为豪举云。

旧事重重,不能尽忆,恐费笔墨,于此作一结束。

(作者:茸余,原载《申报》,1934 年)

上海的地名

上海是各路都有路名牌的,公共租界放在两端的墙上,不及法租界竖在人行道旁来得醒目。但是人们口头所说的地名,往往和法定的路名不同,大半是习惯关系,如日升楼早已没有此楼,抛球场更无球可抛,石路已换了柏油,倘然要顾名思义,竟使人莫名其妙。

洋泾浜填没,而外洋泾桥、二洋泾桥、三茅阁桥、西新桥还是脍炙人口,所以初到上海,听人说出地名来,时常要错愕不知所云的。

迈尔西爱路①有一座高大的洋房,乘公共汽车的,往往称它为"十三层楼",但是廿四层楼的国际饭店,和外白渡桥边的沙逊大厦,反而没有人把层数去称它了。

还有一个极小的建筑物,要推广到极大的区域,如"虹庙"几乎把南京路到北京路的直隶路完全占有了,说虹庙路,妇孺皆知,说直隶路,竟有许多人莫知所指的。

自从把里都改称为几弄以后,起初很感不便,后来渐渐觉得容易找寻了,因为它是依着门牌数目编定的。譬如这里弄在卅二号的左面,就称为"卅四号",大概上海的门牌,一边是双号,一边是单数,懂了这个诀窍,便无困难了。可是不识字而向人问询,这是因为一般人还没有把里弄数记清楚的缘故。

---

① 今茂名南路。

上海的店铺,总喜欢在招贴上写什么路口,实际上相距甚远。写方向又是不适用于上海人,因为上海人多数不明白东西南北的,所以时常要走冤枉路。

各种公用车辆的站,没有站名牌,这是最大的缺点,其实营业很好,何惜此区区呢?就是车厢里也应挂一块路线牌,卖票人到了一站,又不向乘客说出站名来,在白天还可辨认,夜间就是熟路,也要错过去的,这也是惰性的一种。

(作者:凉,原载《新闻报》,1936年)

新路名是怎样改题的

上海路名,在租界时期,全是从西文翻译过来的,读上去既不顺口,又不易记,有些还带点"洋气"。太平洋事变发生以后,敌伪进驻租界,改换路名。胜利以后,敌伪残迹,在所必去,而恢复旧名,也觉不妥,所以又更改了一次。这次市府改换路名,是将市区中心划成一个田字。中山路围绕于外,中正路纵横贯穿之。中山路原从龙华起,向西向北,蜿蜒而达闸北,这次将黄浦滩路改为中山东路,里马路康衢路改为中山南路,便与原中山路接连,成为一大圆圈。其间虽尚有缺口一段,但已将市区精华,几乎完全包括进去了。

在这圆圈的中央,再划两条纵横的干线。自东向西的原为爱多亚路、福熙路和大西路。这又长又宽的道路,自是上海主要通衢,改称为中正东路、中路、西路。自南而北的原为金神父路[①]、圣母院路[②]、同孚路[③]和卡德路[④],改称为中正南路、北路。

[①] 今瑞金二路。
[②] 今瑞金一路。
[③] 今石门一路。
[④] 今石门二路。

"一元化"为改名的原则。凡两三条路相连接的,一律改成统一的名称,而以东西南北等字样分别之。东西的路,将原宁波路(前法租界)、霞飞路、陆家路合并为林森路,原肇嘉路①、辣斐德路②、白赛仲路③合并为复兴路,原康悌路④、薛华立路⑤、福履理路⑥合并为建国路,原静安寺路改称为南京西路,原爱文义路改称为北京西路。由南而北的也是如此,而且有很好的界线来划分为南路、中路和北路,即苏州河和过去公共租界与法租界的界线是也。凡西藏路以东各路,在苏州河以北的为北路,在前法租界的为南路,在前公共租界的为中路。仍依前公共租界例,以中国地名为名。

新改路名,其中大部分以地名为主,但有少数是例外的。中山、中正、林森各路皆为人名,萨坡赛路改为英士路,是纪念先烈陈英士先生的,因为英士先生的故居,正在萨坡赛路上。

(原载《申报》,1946年)

---

① 今复兴东路。
② 今复兴中路。
③ 今复兴西路。
④ 今建国东路。
⑤ 今建国中路。
⑥ 今建国西路。

咖啡夜谭

编者按：

"咖啡夜谭"为彼时期刊上甚为流行之文化专栏，所涉均与咖啡有关，或品评咖啡味道，或描摹咖啡座风情，或论及咖啡馆音乐，或追忆咖啡馆女招待、洋琴鬼、主厨等，或津津于咖啡馆歌女的曲目和歌声，无所不包。"夜谭"亦有其意。自上海始有咖啡馆起，就成为十里洋场夜生活的主要场所之一，影戏院、跳舞厅、咖啡馆构成了时髦男女生活的风向标。

从这些专栏文字中，能看到上海各阶层的生活场景，三教九流、世情百态亦能找寻到。1928 年，在《申报》上开辟《咖啡座》专栏的文人张若谷总结了咖啡馆的三种乐趣：咖啡本身的刺激，效果"不亚于鸦片和酒"；咖啡馆提供与朋友长谈的地方，"此乃人生之乐"；咖啡馆里有动人的女侍。

到咖啡店去

"到咖啡店去"已成了我近日的口头禅了。这是新从老友罗汉处得来的一个"传染病"。一到了公事完后,或休假日,或星期六下午及星期日的全天,碰着同事们或老朋友们,终免不了要问起"到什么地方去",现在有了回答了,"到咖啡店去"。

的确,咖啡是为身心两方最有效力的兴奋刺激品。在我们这一辈子终日伏在写字台上工作的机械人,一到了可以休息的日子,正比学生们逢到了放假还要快乐。有了空闲的时间,就不由不想寻个享乐的地方,咖啡店就是我们唯一的乐园。

热烘烘的深褐色的液体,就是我们的琼浆玉液,在那里,可以任意地喝,任意地吃,任意地谈天笑噱,这是何等逍遥自在的一个地方。但是像这样令人留意的咖啡店,只有在那霞飞路与西华德路上的几爿外国店家。全上海合算起来,以少见寡闻的我统计起来,恐怕不到十家,都可以算是合乎我们脾胃的。其余的像什么"东""色""香"……一类的番菜馆或饮食店里的咖啡像泥浆水又像洗笔水式的一碗,我是再没有勇气领教的了。

到咖啡店去的乐趣,不仅在辨味区区几杯的液质,还有许多赏心悦目的事情,像异国的情调,异性的接触,以及……等等。等有机会时,不妨再来叙述一二,以资谈助罢。

(作者:乌衣,原载《中国摄影学会画报》,1928 年)

上咖啡馆回来

外国人喝咖啡,本来就等于中国人喝茶,只是日常生活中极平凡的事情,但是中国人喝咖啡,就多少带有某一种"文化"的气味了。在中国,"咖啡座"这一类地方几乎成为都市文明的一种。它的多少,可以说明欧洲文化在当地所播植的程度和势力。比如在北平,咖啡馆虽不能算少,但讲究的就寥寥无几,并且它的情调,如和上海一比,那就真太不够"味儿"了。

上咖啡馆喝咖啡,多少是一件风雅的事情,正如以前中国人的上茶馆一样,是一种清闲的行为。中国人的新文化运动,还只是一二十年来的事,说到那些艺术家、文学家、音乐家……自然不及外国那样的"多如过江之鲫"。外国人欢喜上咖啡座喝喝咖啡的,也不一定限于这些艺术家,就是那些一等的外交家、政治家,也都有上咖啡座的那种习惯。但在中国,这种风气还仅限于极少数的爱好文艺之士。所以,我们跑进那些咖啡室里去,除了外国顾客以外,便是以文艺界人物为最多了。

中国人是顶懂得上茶馆艺术的,有许多终日无所事事的人们,可以一清早就跑上茶馆,一直坐到黄昏才回。他们所留恋的,不是茶壶里的水,实在是爱着茶馆里那种气息吧了。

上咖啡馆,也正是这样,在咖啡馆里喝咖啡,顶可宝贵的,就是咖啡馆里那么一分安详的情调。或者你自己心上那么一份微好的心境,在一种浓红的灯光里,在一种安闲的气息中,你和几个朋友坐在一个BOX里,轻轻地谈着,你的身体那时安放在顶舒适的姿势里,你的灵魂那时游散在顶自在的天地中。要是仅仅你一个儿,那你可以占据在一个顶偏僻的角落里。你沉默着,你从你的沉默中,感觉到四周。从每一个人的脸上,你能看到他灵魂里的愉快与骄傲。你能在那样"沉默"的氛围中,那种安详的气氛里,你可以一尘不染的凝一回神,或者,放肆地对于世间人事做一次透彻的探讨。你可以用顶严肃的神情来解开一个结纽,你可以用顶荒唐的心来作一个美丽的淫梦。在那儿,没有谁来打扰你,没有谁来破坏你的空气,你老老实实地抓住了你自己的天地,在你那个天地里,有你自己的一切。每一个人从门口走进来,或者从你身边踱过去,你用不着抬一抬头,每一次从隔壁发出的笑声,也用不着你去无故吃惊。女人在人家的身边,但女人也在你的心里,每个人都是这世界的主人,但每个人也都与这世界无关。待你倦了,于是你悄悄地退出,像一阵风,正如你悄悄地进去,谁也不来注意,谁也没有理会。

(作者:阮飞,原载《民报》,1934 年)

风行一时的咖啡室侧貌

上海素有一窝风的习气,人家发明一件什么新花样,或新事业,自己就心头痒痒地也要去东施效颦,过去的溜冰场、歌场的风气一时,不是很好的例子吗?

近几个月来,咖啡馆如雨后春笋开设了不少,听说不久有一家规模宏大的咖啡馆又要开幕了,说装潢如何的新颖,设备如何的完美,耗资要在百万以上,听了令人咋舌。上海到底是富人们的安乐窝呀!

咖啡馆还在一八一三之前就兴起了,那时首创的当推静安寺跑马厅畔①的"光明"咖啡室。当时"咖啡"两字尚引不起我国仕女的兴趣,涉足咖啡室的可说是寥寥无几,而大部都为英美人,尤其是各国的水

---

① 在今人民广场和人民公园区域。

手,出入该处的最多,挽了女侣,认为咖啡室是谈情说爱的好去处。

继"光明"而起的有"DDS"、"泰利"、"太达"、"CPC"、"沙利文"等几家,其中都属兼营性质,一面卖西菜,一面售咖啡,而专售咖啡的只有"CPC"一家。

咖啡馆的全盛时代则在去年那时西藏路①的"萝蕾",别出心裁,以"咖啡夜座"来号召一群过夜生活的男女吃客,结果,这记"噱头",终于迎合大部分人的心理,从此营业蒸蒸日上,每届子夜,座上客常满,后至者都有向隅之感。

不久"皇后"、"大中华"、"金城"、"金谷"等都相继开设,直到今日为止,据记者调查上海的咖啡室总数不在四十家之下,然其中也分等级,甲等的有"七重天"、"国际"、"光明"、"南京"、"皇家"、"DDS"、"沙利文"、"太达"等;乙等的有"大中华"、"萝蕾"、"金城"、"金谷"、"万寿山"、"中央"等十余家,还有几家日本咖啡室"大可乐"、"森永"、"明治"等,他们的咖啡都为配给品,所以价钱比普通的要贱得多。

以上数十余家,虽然都各称咖啡室,但其中出售的咖啡则有好坏浓淡之别了,据业中人言,以日本和甲等的咖啡室的咖啡大致较二等的为好。

普通出售的咖啡有"台尔蒙"、"CPC"、"SW"、"MAX WILL"、"泰与"这几种牌子。其中以"泰与"、"SW"、"台尔蒙"为最好,但有几种都为来路货,市上早已绝迹,如欲购置,非出重价不可。战前这种咖啡最贵,只售七八角一磅,可是今日就是出一百二三十元一磅,也是很难买到的。

现在各咖啡室出售的咖啡,普通都为"CPC"牌子,每杯约售十元至

---

① 今西藏中路。

十五元左右,顾客指定要"SW"或"台尔蒙"牌子的咖啡也可,不过价格至少要四十元一杯了。

咖啡的制法,大概是一些咖啡厂将咖啡豆用电炉炒熟后,放在咖啡磨上磨成粉末,用白兰地喷过,倒在布袋中,置在炉内,隔水蒸成。普通每磅咖啡可冲三十余杯,以每杯十元出售,每磅咖啡可售三百数十元,目前小等咖啡只售十七八元一磅,除方糖牛奶,每磅咖啡至少可赚百元左右,黑心的咖啡室还不止。

(作者:王渤,原载《海报》,1943年)

咖啡馆业横颜

上海,充满着声色犬马的气氛,也满布着都市的逸乐色彩,而在舞业日见凋敝的情形下,咖啡馆业的兴起,正是一年间热闹的现象。

生活在这个都市的,有着投机巨富的暴发户,也有着作客寓公的政客,也有着沉迷声色的洋场阔少,因此,构成了都市的淫奢画面。咖啡馆上的座上客,也就是以他们作为川流不息的"贵宾"!

在浓郁的"C.P.C",或"A.B.C"的咖啡杯里,绅士展开了贪婪的嘴巴和眼睛,在享受着他们舒适的梦幻,还有一些投机商、小政客,以及风流自命的青年们,正在咖啡座上展开了一串作乐的憧憬。你瞧!那淫荡的笑,疯狂的笑,得意的笑……是不是交流在每家咖啡馆的角落!

迎合顾客心理的老板们,他们以钩心斗角的打算和设计,巧立了"鸳鸯座"、"凤凰座",这一类带有"才子佳人"式的名称,来吸引顾客,因此,上海人每天在咖啡馆里的金钱,自然是一个偌大的数目!

为了舞场营业的遭受限制,以"敲洋鼓"、"吹喇叭"为生的乐师们,无不向着咖啡馆活动其立足之地。为了这,大饭店、酒家的音乐座,都增添了这一批来自舞厅的音乐师,甚至以特别节目作为他们讨好老板、讨好顾客的手腕。于是,又有一批批的男女,被迷醉在不中不西的乐声中,也有不少的人们,以为这是消闲、娱乐、谈情的唯一去处。

麦克风前的歌手,尽量地尖声喉咙歌唱,有的却在顾客之前,也卖其所有的风情。这样,不仅得到咖啡的刺激,还增添了歌声的调剂,使上海依旧热闹,依旧疯狂,而让人们在"疯狂的世界"中生活下去、留恋下去。

请上十个、二十个歌手献唱,这是咖啡馆老板的好噱头,并且会在"罗致海上歌后"的广告下,风迷了无数的惨绿王孙。诚然上海的咖啡馆,是另有其生意经,所以,如此的号召,也不足□□的事。

夜深时,摩天大楼上的"七重天",以及市中区一带的咖啡馆,无不人头攒动,应为之满。可是在当局限令于十一时打烊的皇皇布告之下,他们又不得不拖着懒洋洋的躯壳,离开这刺激所在,大有"余兴未尽"的感喟!

漆黑的夜幕,吞没了流连于声色犬马的一群,因为他们经过这一夜狂歌,不知怎样去等待明天。

(作者:戈里,原载《东方日报》,1944 年)

咖啡馆新的点缀

"八一三"之后,上海各开其风者,据说是静安寺路歌手即为平日在电台上播唱的姚莉。姚莉在歌坛上素有"金嗓子"之誉,人们但闻其歌声,而未见其庐山真面目!那时既"仙乐"舞宫创此风气,一般爱好歌唱与吃噱头的仕女,于是就趋之若鹜,"仙乐"的营业因此发达了起来。不久大新公司内的"云裳"舞厅东施效颦,也以歌手"董妮"的伴唱来号召宾客,此后继之而起的有"国泰"、"米高梅"等几家舞场,迄至目前几乎每家舞厅都有歌女伴唱的,甚至咖啡馆也是,可见歌女为一般人的欢迎了。

经记者调查,上海所有各舞场的乐队中开始有歌手参加伴唱,首推静安寺路上的"仙乐"舞宫。当时该舞宫所聘请的歌女不下有一百余个,其中稍著的如:"扬子"的姚莉;"米高梅"的安蓓拉、曼萍;"仙乐"的云云;"高士满"的张露、柔云;"维也纳"的郑霞;"大东"的朱梅;"大都会"的玫瑛等。在咖啡室伴唱的有"国际十四楼"的梁萍;"红棉"的兰苓;"新都万象厅"的欧阳飞莺;"国际孔雀厅"的李萍等。请到她们歌唱的历史以姚莉、张露、曼萍等最为悠久,三人对于歌唱都有相当的研究！姚莉擅长于轻快幽柔的歌曲，听了令人心境为之一爽，所遗憾的就是她个性过于骄傲，而不肯虚心学习；张露的歌喉特点是富有情感而又嘹亮，最适宜于热情奔放的一流曲子；曼萍天赋的秉性是温和婉雅，所以唱凄凉悲哀的歌曲是她的拿手，唱来令人荡肠回气，可是自从她几次生产后，歌喉已没有往日的宽洪了。

歌手中称得上有音乐修养知识的可说只有玫瑛一人，她一面在国立音专读书，一面则在舞厅伴唱，倒是一个很努力的工读生呢！

关于职业歌手的每月收入，大致不相上下，以"美高梅"、"维也纳"、"大都会"、"新仙林"等这几个舞厅歌女的待遇，多在四五千元以上，中间除"美高梅"、"维也纳"两家有五千元一顿的饭贴外，其他都有晚餐供给，可以想象歌手们待遇的不薄了。

最后提起歌手们的私生活，大概是因为环境的关系吧，所以大多是很浪漫不羁的，要讲到安分守己的歌手，可说是绝无仅有的。

（作者：王渤，原载《海报》，1944年）

咖啡馆的摊头化

现在社会上的事，无奇不有，往往有许多不伦不类的花头，从前以为绝不会发生的，现在照样发生出来了，别的不必说，就拿咖啡馆来谈谈吧。咖啡馆既称咖啡，当然以售咖啡为主要营业了。咖啡是外国流传进来的饮料，于是咖啡馆中，除了出售咖啡以外，另外也备着西式蛋糕以及三明治等西式点心。若是生意做得大一些，那么另外再出售西菜，这样才是咖啡馆的本色。

可是后来咖啡馆因为生意不大好，于是要设法扩充范围了，除咖啡西点和西菜外，又有扬州点心和华北酒菜出售了，这样一来，咖啡馆已经不伦不类、不中不西，有些四不像了。可是到了今日，咖啡馆又另外有面筋、百叶、牛肉、年糕以及鱼生肉粥等出现了，这些东西都是在小菜场摊头上可以吃到的,现在打进咖啡馆,也可以见得咖啡馆的日暮途穷了。

有人预测,照这样下去,大饼油条、豆乳粢饭在不久将来也可以打入咖啡馆去。本来现在的咖啡,味道如黄豆汤,倒不如率性用豆腐浆来代替,比较干脆得多了。

(作者:周公,原载《力报》,1944年)

咖啡馆之营业时间

咖啡馆的营业时间,本来规定是晚上十时为止,不过坐咖啡馆的,终希望打烊的愈迟愈好。其间曾造成沪西、南市几家咖啡馆夜总会的空前盛况。

今年夏天,西藏路西首,除了一家红棉之外,其余都一度秘密做到晚上十二时半以后。旋经勒令提早打烊,于是"晚"风东渐,一度移至西藏路之东,一时西藏路东面几家,晚上又做了不少好买卖,这一阵东面几家也遭遇到西面几家的命运,不过咖啡馆受此影响,当然营业颇受打击。

最近各咖啡馆以用集团力量,向有关当局,进行请求,日间营业时间可以尽量缩短,但是晚间则希望延长两小时至十二时半完全结束,这样一来或者一般咖啡馆还能够维持过去。

不过开始的时间,或者也将予以限制,现在一天有营业十余小时者,那时或者不得超过八小时。

大致本月二十日起,可望实现。

(作者:珍一,原载《力报》,1944年)

咖啡馆业之紧急会议

本市咖啡馆可以分为两种,有一种专备咖啡,不备什么音乐,而顾客也纯粹为吃咖啡而来,此中如同孚路沙利文、静安寺西披西、泰山路乐健均是,并不靠什么咖啡以外的一切来号召。而打烊时间极早,因为那边没有人会一杯咖啡喝上三四小时之久。另外一般咖啡馆,全靠设备与时间较长,能够做到十二点,即使咖啡卖一千元一杯,也会客满,因为舞场打了烊,没有地方可去,当然一千元坐那末一两个钟头,认为并不贵了。

今年夏季,咖啡馆的营业时间以西藏路西首几家打烊稍迟,至于今秋,"晚"风东渐,东面几家在十一时后还秘密营业,后面因舆论界一致抨击,不久又仍维"限价时间"了。

在圣诞节之前,本市咖啡馆同业会曾举行紧急会议,除了筹商集团节礼问题,便是营业延长问题,结果有几家根本不需要时间延长,或者因为地点关系,延长的一笔支出,也要担负,所以尚待考虑。几家地点较近的,另开小组会议,这小组会议办法是拟定了,近日已有几家在开始度此长夜。

(原载《力报》,1944年)

影剧人和咖啡店

许久许久没有到那些充满酒色财气的咖啡店中去,我不知道咖啡店中近来是什么样子,但我知道,上海人是喜欢"噱头"的,咖啡店做的是什么生涯?那么咖啡店的噱头必也有着颇大的变化。于是我听到有人说,有几位颇有前途的影剧人被这种咖啡店约去做"噱头",表演独幕剧。如果我们把影和剧看做单纯的娱乐,一种茶余酒后的消遣,那么我便不说,咖啡店出大价钱,影剧人为了生活何乐而不演!反之,如果我们也还以为影剧是艺术中的一部门,那么不免又提到我们常说的一句老话:"我们要求一点艺术良心。"所谓的艺术良心,决不是当做把衣服扯扯直,袍角拉拉正来解释的,他应该尊重到艺术的身价,就如同文人应该看重自己一样,如今的舞台我们已有亵渎了艺术之感,那么在咖啡座又怎样?我们是不是觉得"艺术"两个字是和那浮薄无聊的爵士乐有所不同,我们是不是觉得影剧的艺术是和那些参野狐禅的单纯出卖色情的裸体舞有所不同呢?为了尊重"艺人"这两个字,我说这些话,情愿我这话是白说,却希望以上的所传都是谣言。

(作者:北京人,原载《社会日报》,1945年)

风靡一时的咖啡夜座

近年来的上海,咖啡夜座风靡一时,各酒家相继罗致女歌手与乐队,增开咖啡夜座,如南华的"碧萝厅"、南国的"红豆厅"等都是。

咖啡室而有音乐,歌唱与舞池,据说"弟弟斯"是始作俑者。一般高贵士女以战后各舞场舞客流品的复杂,于是多舍舞场而去"弟弟斯"、"卡夫卡司"等有音乐歌唱的咖啡室去。尤其是近年来,本市行政当局各舞场的营业时间有了限制,往往未到十一点钟,音乐便告停止,而有些咖啡夜座时间则要伸展到十二时或一时,于是就成了一般舞侣们散步场后最好的去处。

据记者调查,目前上海所有的咖啡夜座,不下一二十家之多,如新新的"万象厅"、金门的"百乐厅"、永安的"七重天"、南华的"碧萝厅"、国际的"摩天厅"、南国的"红豆厅"、百乐门的"买司干"。此外咖啡馆而有音乐歌唱的,有"时懋"、"萝蕾"、"萝蔓"、"爵士"等。论客人的气派,要以"万象厅"、"摩天厅"、"七重天"、"碧萝厅"等几处比较高尚,而西藏路上的咖啡馆则份子复杂,良莠不齐了。咖啡夜座的客人,除了一般专为跳舞饮咖啡而去的以外,尚有一部分客人则是专去听歌的。因此各咖啡馆对于"歌手"的选拔与罗致也不遗余力。

现在上海著名的女歌手,有欧阳飞莺、姚莉、梁萍、黄微音、韩菁清、郑霞、玟瑛、黎莺等。欧阳飞莺一度传说将在"碧萝厅"客串,后来为了伤风未愈,没有实现。梁萍自辍歌"孔雀厅"以来,好久没有听到她嘹亮的歌喉,据说将于星期六星期日两晚以客串的姿态在"碧萝厅"奏唱,面子真不小。

除了歌唱以外,咖啡厅兼以各种表演来号召顾客,如最近"万象厅"有郑国庆技术团及各种舞蹈的表演,"四姊妹"之有潘玉珍兄妹技术的点缀,这些都是所谓"噱头"。

一切新事业都需要勾心斗角,咖啡夜座也不能例外。"孵"咖啡馆的人,据说一天不跑咖啡馆就像浑身不得劲似的。这无非是"习惯使然"。然而在有音乐、歌唱的咖啡馆里喝一杯夜咖啡,吃几块蛋糕,动辄一二千金,要不是钞票过剩,也不免要喊上一声"吃过伤过"的。

(作者:黄海,原载《力报》,1945年)

咖啡馆漫话

三年前,上海人忽然对吃咖啡有了极浓厚的兴趣,很快地这兴趣就变成了风气,终于风气再慢慢地朝下流的一路发展。咖啡馆内饮咖啡,原是一种优美的享受,然而,现在,它是被嘲笑了。

你不要看那些装潢得富丽堂皇的咖啡馆,我敢保证真正在里面领略咖啡的情味的可以说绝无仅有。倒是在几条僻静的马路上,有几家简陋的咖啡店,那里没有音乐也没有女侍应生,然而你可以看见一张白布覆盖的桌子上放着一壶咖啡,另外是一些报纸或者书籍,那个坐在桌子旁的人,才是地道的咖啡客。也许以前他正是所谓高尚咖啡馆里的常客,此刻他因受不住烦嚣和骚扰,被迫移到这里来了。

我总以为上海的咖啡馆,尤其是中区西藏路一带,与美国西部影片里的小酒店很相像,但又缺少那种勇武紧张的空气。虽然开打的镜头也常常有,可是一点也找不到电影里所表现的那样出奇和幽默,不能使人回味。至于谈到色情的刺激吧!则几个表演舞蹈的西洋女子线条既不均匀,面貌更不美丽,作呕也许有之,迷惑根本谈不到,那末,你到这些地方来,是为了什么呢? 有的,如果你是一个人,面孔生得不太难看,衣裳穿得不太敝旧,而又懂得一点眉目传情的话,则几分钟内,就可以有一个漂亮的女性在你的身边了。还有咖啡馆内带算命,那又是另一件新奇的事了,容另文申述之。

(作者:陈惠,原载《世界晨报》,1946 年)

咖啡室里的情趣

这家咖啡馆离我居处不远,所以每当我感到寂寞和孤独的时候,我常常踱进去喝咖啡。我去的时候,大抵是在晚上,因为在晚上去,这里另有一种情趣,尤其是在比较迟一点的时候。从热闹的市街踏进这里,好像立刻置身于另一个世界一样,这种感觉和情调,在这咖啡馆里的人是不觉得的,我觉得这种情趣非常难得,尤其是当座上人不多,空气非常沉静的时候。

这家咖啡馆的职员并不多,较迟一些去,有时只剩两三个人了。当他们每次把一杯香喷喷的咖啡拿到我面前放定之后,除非我去唤他,他们就什么都不会管我了,他们经常总靠近墙的沙发座背后自管自的去谈话了。

如果这样的享受我还感到不够时,于是我就和坐在靠近 soda fountain(冷饮柜)的一位正在默默地结着绒线的收账小姐攀谈,谈谈壁上挂着一幅圣母像或者一些不关紧要的事情,这样我时常忘却烦忧,而享受到都市里找不到的同时自己也不能命名的一种情趣。这时,当我感到需要一杯 ice cream 的时候,这位小姐同时也会亲自做好拿上来给我。这些事在表面上虽然是平凡而淡淡的,但一个并无人熟悉的地方,我终觉得好像领略到一点难得的情趣和意味似的。

(原载《中外影讯》,1946 年)

附属咖啡室

电影院有设咖啡茶室可称之为"附属咖啡室",对电影观众是一大德政。设或你到得太早,可以先到茶室坐上一会儿歇歇腿,吩咐来杯咖啡或其他饮料提提神,悠悠闲闲的拿出说明书或报纸看它一个痛快解解闷,不像其他观众呆若木鸡的在穿堂上守株待兔的等开场,立得双脚疼麻,进了场,精神便提不起来了,观影情绪当然要大打折扣。

在这些电影院附设的咖啡室中,以"大华"的情调最美,那里有柔和灯光,柔软的沙发,咖啡质料也不少,就是价钿太贵。"大上海"的分楼上楼下,不过"大上海"的茶室太那个,厕所就在隔壁,那股尿臊臭可真受不了,楼上的比较好些,情调也不错。

"金门"的太狭隘,"沪光"、"卡尔登"、"国泰"是酒吧间式,有高柜台和高凳子,比较以"国泰"最佳。"大光明"的一家便是光明咖啡馆,"平安"则有对面的"飞达",这两家都是独立的,不在本文检谈之列;但"光明"与"大光明"较有联络,"光明"的后门和"大光明"的休息室相通,在休息室坐得乏味可以不绕道而直入"光明"小坐。

最可惜的是"美琪","美琪"占地很大,可以开出一个咖啡小室,可是他没有。二流影院中有咖啡室者仅"杜美"一家,很宽敞,窗外是花园,空气很好,室内设有考尔夫球盘二,但迹近骗钱,不值一嘘。

（作者：沙士比,原载《时事新报晚刊》,1948 年）

孵咖啡馆浮世绘

从前,老派人物,闲来无事,则孵茶馆以为消遣,现代人则比较洋派,空下来便孵孵咖啡以消永昼。

不过,孵咖啡馆应不是单单消遣而已,其中有两种人物,倒占了绝对多数,一种是假咖啡馆作为买卖场所,约了朋友谈生意经;一种则是约了异性朋友谈情说爱表演"温功"。在咖啡馆里谈交易,不但派头伟大,同时还可避免同业注意;在咖啡馆里表演"温功",那更合于理想,经济、秘密兼而有之。

咖啡馆有两类,一类备有乐队舞池,欢喜跳舞的"温功"朋友,最可随心所欲,得其所哉;一类则不备乐队舞池,可是情调更为幽静,对坐在火车座里,情话绵绵,益感亲切熟络,情味盎然。

咖啡馆也成了一时风气了,从午后二三点钟起,一直到晚上夜咖啡时间内,尽坐满了嘉宾,尤其多的是异性对子,脸上充满了愉快的微笑,似乎天地间再没有忧虑的样子。

（作者：慧夫,原载《东方日报》,1949 年）

咖啡女

提到咖啡女这三个字,会引起渴慕都市享乐的人一种奇异的情结的。事实上,如果厌腻了狐步舞,或是厌倦了那种肉的正面的享乐,以及不喜欢回力球、跑狗、扑克……但又不甘愿冷清清的坐在屋子里,让寂寞来将人消磨了,到咖啡店里去坐上一会儿,的确是很相宜的。

霓虹灯的妖媚的光,映在一阵春雨撒过的土沥青大道上,便给予人一种明快舒适的感觉。这时候,不妨跳上一辆街车,或是有劳两条腿,去到霞飞路或者北四川路那几家咖啡店。刚到门口,就有一双手拉开克罗咪的玻璃门,里边虽不怎么富丽,但有着与众不同的静美幽雅几种特点,一样会使人陶醉。

爱娇的咖啡女,她的脸上是挂着够媚惑的笑,当宾客在那车厢式的咖啡座上坐了下来,她便很快地走过来,使用一种足够悦耳的声音,蛮有礼貌地问是要咖啡、可可,还是啤酒?当宾客对她说了什么之后,她便姗姗地去了,不久便轻轻托着雅致的白瓷盘来了。咖啡女不仅是供给人一杯浓浓的咖啡而已,她给予人一朵笑,一回娇嗔,一回怀恨,一点温馨,好像是一株忘忧草,在此会使人忘了疲倦与烦恼。

都市中人是不了解咖啡女整个身影的,因为她的眼泪,她的在生活挣扎下的呻吟,她的揩去脂粉后瘦黄的脸,是没有机会去见到的。咖啡女,她也是都市中一种最可怜的职业呢。

(作者:榴火,原载《世界晨报》,1936 年)

洋琴鬼

在舞场上奏乐的著名乐师,无论是头等或是二等的,咱们一视同仁的都叫他洋琴鬼。洋琴鬼的收入颇丰,自百元至四五百不等,领班的较普通而倍之,可是他们工作辛苦至少每晚五小时,若连茶舞则须在八小时以上,连续不已,无三五分钟的休息,但是各人头上有一天。他们有他们的安慰,因为在同场工作的缘故,当然与舞女接近的机会也多,机会多是容易发生好感,有些表面上似乎很稳重的舞女,其实或者是与洋琴鬼发生关系的舞女之喜与周旋,因为他们年轻力壮,而别有风味。而洋琴鬼心目中,则满存着落得个"落"字,他们最有意思的安慰,便是吹着喇叭,或唱着的时候,和他有些道理的舞女,在过洋琴台面前的一刹那,丢飞一个迷人的媚眼,此时他们收到之后,好像打强心针,兴奋百倍。吹者愈吹愈有精神,唱者愈唱愈使劲,且不会倒嗓,他们的缺憾,是不能在琴台上跳下来和意中人同舞,但时间过打烊以后,他们的身体恢复自由了,或者有更需要的欢乐(某大亨,至某大舞场时,洋琴鬼表示欢迎起见,也有这么一套,因为某大亨,手面太阔,会点几只调子,而赏二百元)。

(作者:蝶蕾,原载《舞国》,1936年)

洋琴鬼

洋琴鬼之名称,来自舞场中,凡为乐工,皆谓洋琴鬼也。若辈都菲律宾人,三四年前,顾尔康兄经营舞业时,能报留沪之菲律宾工人数。近年以还,咖啡馆与舞场林立,洋琴鬼之需用渐紧,于是白俄与犹太咸置身其间,非复清一色之菲岛青年矣。又国人办乐队者亦众,凡此亦属于洋琴鬼之流,则以所有乐器,来自西洋,奏弄西洋音乐者,无分中外,皆洋琴之鬼耳。今话剧团皆设乐队,队员于音乐之造就与修养,有异于恒常之乐工。新艺之刘伟祖君,梵亚铃推个中独步,与演员碧云女士善,某小报尝纪其事,大书"碧云热恋洋琴鬼"!口没遮拦若此,真使人啼笑皆非也。一夜坐于大华,有洋琴鬼打电话至丽都,疑招唐乔思谈话,刘操沪语曰:"谢谢侬替我喊个洋琴鬼来听电话。"从知洋琴鬼已成习惯名词,根本谈不到侮慢也。

(作者:唐大郎,原载《社会日报》,1944年)

白号衣

"三百六十行,行行出状元"这句话,千真万确,现在的孤岛上,不是什么行业都是畸形的发达吗？我们别的不谈，单就将舞场里的仆欧来讨论一下，他们虽然是舞业中最低的一种职业，但是，将他们的收入来计算一下，倒也很可观，普通一个店员，哪里及得到他们。不过做仆欧，单单靠着薪俸，那么家里的老婆儿女，除非把口封起来。做仆欧也靠着活泼、锐利，可以多赚一点，下面我把多赚点的本领，逐一地写来。

舞场里的仆欧，都是有押柜的，三十、五十、八十、一百不等，视舞场大小而定，不过也有不收押柜的，像从前王信和主办的圣爱娜，现在的大华，并且它们的待遇都很好。

仆欧除揩油小账外，还有很多的名称，叫做敲榔头、飞过海、捉黄鱼等。敲榔头是在舞客酒醉，或被舞女迷惑时使之，譬如舞客将付账时，桌上的账单，原数是三元六角，那么仆欧便把其他舞客桌上的账单，预先借来，一并计算。譬如加上一元二角，到账台上去付的时候，便将借来账单，仍放其他舞客桌上，付账台三元六角，余数一元二角，则放入荷包。

飞过海是仆欧预早将舞客已付的账单，放置指定地址，甚至二三人共同连党，当舞客付账单时，则夹入中间，逛舞场的绅士们账一多，绝不会记得有多少账，马虎了讫。仆欧则将夹入之账单抽出，仍放原处，以便他人再用。这样如果每晚一次，一个月计算起来，数在几十元。

种种揩油法，总脱不了要在舞客糊里糊涂的时候下手为妙，捉黄鱼也是如此，十元的当做五元，五元当做一元，不论付账买票，如果被舞客发觉了，推说账台上弄错。

此外，还有种种的揩油法很多，以后有机会再写点，不过这种举动，以水手舞场为最多。从前北四川路的维纳斯，倒时常看见，每到下半夜，各舞场打烊后去的客人，总免不了要带女伴去，色迷迷的朋友时常会受到他们的欺负。

所以做仆欧除了每月六元或八元的薪金外，全靠做把戏，小账倒并不稀罕，甚至每一仆欧，到了舞场，在换白号衣的时候，早就算好明天预备派多少用场，今夜做几套把戏。统计他们的收入，月薪六元，小账普遍舞场每股约四五元,每周一次,揩油及做把戏,平均每晚一元,穿一件白号衣,一个月收入总在五十元以上。难怪有许多仆欧,脱去白号衣,换上西装革履,带着一个舞女到别的舞场里去舞一个通宵。

提到通宵,我们要将大华来比从前的维纳斯了。维纳斯的仆欧,会敲榔头、捉黄鱼、飞过海,大华就没有这种举动,并在日前听到大华的孙君说,大华自此次复业后,仆欧都经过训练和劝导,并且不收押柜金,还供给每人薪金八元,查明揩油,当时革职。所以大华的仆欧,完全被孙君劝化清白工作,对待舞客也彬彬有礼。其实呢!他们大家不揩油,一样也有可观的数目收入,据说大华每股小账可拆十四元有奇。大华仆欧之有今日,这倒要归功于孙先生了。

(作者:赛孟尝,原载《上海画报》,1938 年)

白号衣生涯

人家称我们"仆欧"或"侍应",我们却自称"白号衣"。每天在酒楼、茶室、咖啡馆,服务十二小时以上的工作。

早晨九时到服务场所,点名受领班指使,擦地板蜡、揩桌椅,抹银器皿、酱油瓶、杯碟,直到十一时许,齐吃午饭。饭后起始开市,客人进来吃西餐,吃中菜咖啡茶点,轮流不息,每人被派好负责的桌数伺候,从端茶摆碗筷到吃完,其间要问吃什么,多少客,划火柴、递手中、送衣帽、开账单,对待客人绝对和颜悦色,周到万分,因为客人就是衣食父母。领班监视下,一刻不能离,如此一小时一小时站下去,直到深夜下班,赶着宵禁钟点归家。

生意好时忙得透不过气,碰着偶尔错误,各人逃了账,或送错了食品,脾气坏的客人,那就倒霉,受了气往肚里吞。没有生意时,和熟客谈天,同事互相开玩笑,所以见闻特多,谁有秘事也瞒不了,男女同事更坦白得近乎下流,要谈恋爱也容易,早晨早起,夜间同归,便是机会。

工作总是苦乐不均的,一年四季穿白衣裳,一定制服,冷天冷,热天热,腿站酸了也不能坐。每星期只有三四小时空班,深夜归家容易得病。有趣的是看暴发户吃西餐,手忙脚乱,付不出账的空头少爷的窘态,老而不死的尖头□献媚女人的丑相。促狭的把不新鲜的点心菜肴给客人和洋琴鬼吃,好的却自己掉包,带回家当早餐。到十一时许客人走尽时,排排坐定听洋琴鬼奏乐,他们不到钟点不能休息,简直气死。

"白号衣"们的收入全靠台面小账二成,及另赏。每月照成数摊派,经理等占去百分之二,普通现在每月得十万多些,正薪却只有三千元罢了,所以全看生意如何,或寻寻外快,否则也养不活家的。

为了工作时间过长,每日少见阳光,缺少运动,辛劳过度等,我们身体多数不康健,可怕的更易生肺病。从学校里出来做过五年后,每感觉到甚么学识都忘掉,做的刻板的工作,把青春壮志都消逝了的悲哀。

(作者:黄权,原载《申报》,1946年)

咖啡

据前两天的各报记载报告,这八个月来咖啡的进口,是二十几万元,这数目较之其他衣物物料、纸张,和女人用的化妆品,自然渺而其小,但是以区区饮料(只限于都市中的饮料),而广出如此,奈何不明穷财尽?

说起咖啡,自然有人极端赞美也有人极端反对。有一些新的文艺家,差不多咖啡认为写作的帮助,趣味的中心,而更有些人,是反对着的。周作人先生把香片比作咖啡,可是在他的心目中,这东西,实在十分要不得了!

其实,"咖啡"和"茶"同样是刺激神经的东西。但是"咖啡"的使兴奋,是叫人"动",而"茶"的使人清醒,确实叫人"静"。这大概就是他们本质上的不同吧。

依我个人讲来,那么,就色、香、味讲,咖啡是远远地落在"茶"之后的。"咖啡"首先就是混俗的液体,极不像"茶"的一清见底,他虽则有色,但不会使水俗。第二咖啡的"隽"味也不能和茶的清香比的。至于味,那么,即使最喜欢呷咖啡的人,也非放糖不能呷,而"茶"呢,本身就有独特的味道。

自然,因为咖啡的略带苦味,他在各味中,已经不能算最浅薄的了。但是以他和回味深沉的"茶"一比,真是相差太远了。

后次人,无论如何爱呷咖啡,但他绝不会上瘾,而茶就不然,他越呷越高,越呷越深,这也是"入芝兰之室,久而愈觉其香"的例子。

是有人,把人们的情绪比作黑咖啡,这在某些地方看来,自然不能不说他们的体悟之深。但是黑咖啡的浓郁的悲哀,怎及"茶"一样的深永!

周作人先生,把咖啡和香片并列,我倒以为还不如比咖啡和酒并列对些。因为茶给人的感觉,总是清苦;他是和读书隐逸相连,而咖啡是和情欲有关的。

为了失恋爱喝黑咖啡,和咖啡店的为色欲的媒介,不是太有力的论证吗?有人看见了海关的报告,深慨中国人饮食的欧化,我们自然不是一个纯粹的国粹主义者,但为在"茶"和"咖啡"之间,我无论如何是拥护"茶"的,因为茶的好过咖啡是"铁一般的事实"!

(作者:叶觉,原载《世界晨报》,1936年)

喝咖啡

上海任何事物的动向,往往有一窝风的现象,如咖啡馆事业的蓬勃发展,呷咖啡的时髦,便是一个显著的例子。在烽火连天的今日,咖啡馆不独没有受限制,或因蚀本而关门大吉,相反的是不停地在添增,不单不断的在增加,而且连一些中式菜馆也都争相附设起咖啡夜座来,这情形真可说漪欤盛哉了!

有人说,西藏路是咖啡路,不错,那边咖啡馆的林立,大有五步一间的样子,每间自午后至子夜,正不知吞吐着多少人呢!何况目前饮咖啡已经是雅俗共赏的事,不问阿猫阿狗,只要赀囊绰绰,便可以弄眉挤眼,跑进去凑凑热闹,咖啡馆的生意因此就更加美茂了。

可惜的是,现在才晓得呷咖啡的人未免生不逢时,从前香沁人脑的巴西咖啡早已断档,目前市面上的咖啡,大多是赝品,甚至掺杂烧焦麦芽、黄豆粉之类,满口说喝咖啡,其实喝得真正的咖啡能有几何?

(作者:白衣,原载《社会日报》,1945年)

咖啡经

咖啡哪种牌子最好,这是值得提出来讨论,不过幸勿误会,我与咖啡公司老板可无交情,因此我不会替他们做义务广告,也不会对他们恶意诽谤,我只是站在一个咖啡食客地位上说话,下面便是我对咖啡的品评。

从前在日敌时代,西洋货断档,洋房牌、SW,遂成可居奇货,于是国货 CPC 大告吃香,那时咖啡馆差不多十九采用 CPC 咖啡,照他们说那时的 CPC 咖啡的确好,有一股清香的焦味。最近的 CPC 可变了质,有人说现在 CPC 咖啡是焦黄豆粉,确否?待证。

和平以后,美货源源而来,连马路上的咖啡摊也采用洋房牌咖啡了,那时觉得洋房牌咖啡很不错,自有其优点。直至吃厌,才对洋房牌、海尔斯这些美货咖啡感到厌恶。那时洋房牌仅售三千五百元一听,时隔一年半,洋房牌涨到四五十万一听了!

咖啡涨价以后,呷咖啡自是一大支出,于是改用冲饮的咖啡粉。咖啡粉也是美国货,大都是军用的,以小听的最佳,包装的最劣。听头有三种牌子:一种是雀巢牌,一种是汉西利,一种是白林顿。以雀巢最佳,一小听可冲二十杯左右,市值约为三万五千一听,一杯约合二千元,连糖在三千元请,当然合算。

至于三星牌、鹅牌、司麦脱之类的国货咖啡茶,则品质较劣了。

(作者:西门咸,原载《时事新报晚刊》,1947年)

咖啡馆兼售的食物

我主张咖啡馆不应当兼售食物,唯一理由是行情买得太大。说一句寒酸话,假使嫌他贵,尽管可以不必吃,你不吃,他不吃,就是不肯跌价的话,也不会使这行情成在,他们一定遂此取消这种附带品,如辣手西菜、辣手粥。不过现在就是上当的大有人在,他们不致马上贬价或遂此取消,于是吃食同业受其影响而随之涨价,譬如说咖啡馆的一客炸猪排,比西菜馆贵一倍,西菜业把他们的行情作为参考,于是也涨五六成,真的为此而上菜馆的,受累无穷。

咖啡馆的厨子及用料,不一定会胜过专门菜馆,因为吃菜吃饭的人比较少,于是非敲一下不可,跑咖啡馆朋友本来是满不在乎的,然而苦了一般想装饱肚子的"实销"户。

有一家咖啡馆,提倡吃粥,它的口味未必胜过广东店的鱼生粥,可是行情可以胜过一碗鱼翅,拿粥卖鱼翅价钱,又使一般卖鱼生粥的见而眼红,每种加上几元,和他们比起来还更便宜得多咧!

(作者:大记者,原载《力报》,1943年)

咖啡变质发生问题

华人经营的咖啡,有两种牌子都已做出,其中一种,因主人发生涉讼而名气益响,等于打了一场"广告官司";其另一种,则以售价稍低为唯一竞争推销之方法。不过现在一般咖啡商自己存底都比一年前减少至五分之一，或三分之一。因为今天批发三千元一磅，而补进的生豆成本须二千八百元，焙熟打八折，成本已须三千元以上，而补得慢一点，也许四千元、五千元，结果往往出多进少，存底日薄，还是各业的普遍情形，不是咖啡一业为然。这家咖啡公司，为了要在售价上竞争，于是把他们的副号货中掺入豆、麦两种成分。其实咖啡中加了小麦的成分，反而于人体有益，因为多吃咖啡有不能熟睡之苦，而掺一点大麦在内，反有安神补脑之功。

然而咖啡有咖啡执照，豆麦须有杂粮执照，现在就有人因他们没有杂粮执照而经营"杂粮"，所以正在追究中。这件事仔细想来，也很发笑，同时也是那位老板所做梦没有料到的意外阻碍。

（原载《力报》，1945 年）

咖啡茶的价格

在中学读书时代，不知道咖啡茶的滋味，有之只是包成一块一块的咖啡糖罢了。论其价格，不过一分钱。那是糖多而咖啡少的一块骗骗小孩子的东西。

进了大学，才真正知道咖啡的滋味。其价不过一角一杯，还有很浓重的牛奶。

现在的咖啡，据说每杯至少在二百元以上，贵则七八百元之巨。这就有点骇人听闻了。原来现在每斤咖啡，已售至二千七百到三千元。而平均每一斤咖啡，只能煮成咖啡四十杯而已。这样一算，每杯的成本，就在七十元以上了。再加上糖啊、捐啊、人工啊，以及其他种种开销，自然非三五百元不可了。这是记者执笔时，又不知要贵到什么程度了！

可怜吃的还未必是咖啡，因为世上苦的东西，不限于咖啡一项啊！

（作者：张超，原载《大众》，1945 年）

红茶贵于咖啡!

瞧见茶叶店门前"新龙井已到,每两千元"的字条,不禁引起我的癖茶之欲,破我悭囊,买了一两回家,泡饮之后,大失所望,不过是普通的雨前,哪里是什么新龙井呢。第二天我又上那家店里,说我是要买真的新龙井,那种碧绿的嫩芽,茶叶店伙计对我说有是有的,每两要五千元。笔者听了一吓,吃不起,只好就此死了这条心。回家想起这件事来,觉得有些纳罕,因为美国货的 SW 咖啡,现在只卖四千元一磅,新龙井要卖五千元一两,相去何殊天壤。喝美国咖啡,大家以为贵族生活,哪知还不及国产的茶叶。

近来马路上美国食品摊到处皆是,大罐豆烧猪肉,只卖一千二百元,倒出来一大碗,比了本地馆子去吃一只炒肉丝,也得花上四千元,相去不可以道理计,这豆烧猪肉的滋味,又胜过菜馆里的炒肉丝。

他们的东西那么便宜,我们的东西却是售价一月数增,真使我的心头压了一块石头那般沉重!

(作者:李商隐,原载《铁报》,1946 年)

西藏路

编者按:

1845年,在洋泾浜以北设立的英租界,是上海最早的租界。1853年,英租界为了防御小刀会,在租界西侧开挖一条小河,名为泥城浜,北面到苏州河,南面在今大世界处与东西向的洋泾浜相通,接周泾。

浜上有三座木桥:北泥城桥、中泥城桥、南泥城桥。在中泥城桥以南的泥城浜东侧有一条小路,名为西藏路,因位于租界西端,俗称西外滩,与租界东端黄浦江畔的外滩相对应。泥城浜西侧即上海跑马厅。

1854年7月11日,上海英法租界联合组建独立的市政机构"上海工部局",建立警察武装,正式形成第一个后来真正意义上的租界——国中之国。1863年9月,英国和美国在上海的租界正式合并,统一由工部局管理。

1899年,上海公共租界越过泥城浜向西大为扩展,泥城浜本身作为公共租界中区和西区的分界线。1912年,上海公共租界工部局填埋泥城浜,修筑成新的西藏路,形成市中心少有的宽阔的南北干道。

1936年,上海公共租界工部局以宁波籍富商虞洽卿名字为名,将西藏路更名为虞洽卿路。虞洽聊路由此成为上海公共租界内唯一一条以华人名字命名的街道(上海法租界内有两条以华人名字命名的街道:朱葆三路和麟桂路,但是都是极短小的次要街巷)。1943年,汪精卫政府接收租界,将虞洽卿路改回西藏路原名,1945年更名西藏中路。

虞洽卿路

上海的马路,除了把旧街道改筑的以外,许多新闻马路,大概都是市政当局随意给他起个路名。公共租界的北京路、南京路、山东路、浙江路之类,都是根据了中国各地方的都市或省市的名称来命名的。而在法租界,中国地名就很少见,大概都是一些外国人的名字,譬如福熙路、霞飞路、劳神父路①、金神父路②以及爱德华路等等,一个一个都是外国有名气的人。

在法租界的许多外国名人的路名之中,不晓得是哪一年,也有了一条中国人名的路,那是在三洋径桥那边,公馆马路③与爱多亚路④之间,有一条不过数丈长的横马路,这条横马路的大名叫"朱葆三路⑤"。提起朱葆三,我想老太婆老头子们是没有一个不知道的,他老人家的生前事业不提,单单就是他那死后的大出丧,那种热闹,那种威风,到现在谁要提起"朱葆三大出丧"几个字,还有许多人要伸着舌头缩不进去的。

像朱葆三那样的人,总算是够阔气了,然而纪念朱老先生的那条马路,还是短得不像样,躲在一个叫人找不到的地方,到现在虽然很多人知道有那么一条路,但能够找到这条路的人恐怕还是很少呢。但在那时候,我们中国人能够有那么一条纪念一个中国人的马路,也已经够阔

---

① 今合肥路。
② 今瑞金二路。
③ 公馆马路(Rue Du Consulat),俗称法大马路,是金陵东路在1943年之前的名称,曾经是上海法租界的重要街道之一。
④ 今延安路。1943年之前,现在的延安路是贯通的三条马路,分别是(东起)爱多亚路、福煕路和大西路,1945年上海光复后,国民政府将三条马路改名为中正路,分为中正东路、中正中路、中正西路。1950年改为延安路。
⑤ 今溪口路。

气,颇足自豪了。

今年,上海事情既和往年颇有不同之处,市面差得远,没有早先那样繁荣热闹,连二十年来从不减价的大世界门票也要买一张送一张,游客还是少得很。"一·二八"以后,安乐窝的上海也给铁甲车炮弹炸弹搅得不太平,上海人也要逃难了。住在上海的人是一年一年的不如意了,而住在上海的中国人则更不如意。

上海的主权原属于中国,可是不讲公理的年头,还能谈"主权"两字吗?住在上海的中国人最不如意,可是今年也总算来了一件如意的事情了。这便是从朱葆三路之后,从十月一日起,我们又有了一条虞洽卿路了。这条路比朱葆三路是大不相同,路阔而长,又在闹市中心点,是把西藏路改的。西藏——我们当然是记得的,不是与英领印度为邻,而且还受着大英帝国的威胁吗?在上海有这条路名,使我们时常受到刺激,本来不方便,现在趁这机会,把它改掉,而且恰巧把它纪念一个中国的有名人虞洽卿先生,真是天衣无缝,我要大叫好也,好也!

所以当十月一日那天,西藏路上——不,从那天起,西藏路已改名虞洽卿路,要称虞洽卿路了。——虞洽卿路上,家家扬旗结彩,许多大铺子门口,都用松毛纸花扎的匾额,大书"庆祝虞洽卿路命名典礼"。

(作者:马丁,原载《中外问题》,1936年)

谈咖啡馆

论沪上诸咖啡馆,管见以为"飞达",赫德路①"吉士林",霞飞路"弟弟斯","国际"等家乃为第一流;"华懋"咖啡座、"女皇"、"大可乐"、新世界"吉士林"、"新都夜谭"、"静安"等家属第二流;虞洽卿路②

---

① 今常熟路。
② 虞洽卿路北段为今西藏中路,南段为今西藏南路。

虽咖啡馆林立,惟以气派、食物与夫主顾而言,总是三四五六流焉!

咖啡馆夜市,以"新都夜谭"为最茂美,其地售价略昂,而食物殊勿恶,且以设备较华贵,并备乐队与舞池供客踏步,生涯宜冠同业。次则闻推"中央"咖啡座,余于四马路[①]上任何西菜社夙无好感,西菜社而附设咖啡座,自雅勿欲一为座上客。谈者又谓其地亦备乐队,而售价极低廉之能事。果尔,度必大众化场合,此中主顾,流品当更杂也。

不备第一流咖啡馆之条件,而售第一流价格者,已有一家在没落中。自夜深座客寥寥,吾友曾改小学国文教科书□□调曰:"小猫三只四只,白茶五杯六杯。"小猫喻主顾,白茶指当局与其二三友好,盖若辈所吃五六杯茶都不开账也!

近日深感咖啡馆味同嚼蜡,然而舍此亦无处可去,颇望溽暑早临,可以改坐夜花园。不佞非有家归不得者,不管如何,夜来总不想归去,此殆天赋一通"劳民伤财"之劣根性欤?

(作者:凤三,原载《海报》,1943年)

洋洋乎咖啡世界

六月一日,是个阴晦的黄梅天气,晨醒时,懒洋洋地想贪睡一回,不忍起床。披阅报纸,惊异地发现几家新开的咖啡馆的广告。咖啡,是夜

---

① 今福州路。

生活的代表,都市男女的雨露,这又是上海人"一窝风"的表演。咖啡馆的营业时间必须延长,更必须有舞池设备,这是近来上海人的"一窝风"的新兴娱乐、新兴事业。数十万数百万的资本不算一回事,于是乎上海成为咖啡世界,洋洋乎盛哉!

大中华咖啡

虞洽卿路福州路口,电话九〇〇九〇。

"中心区第一流新食府——今日上午十一时举行开幕典礼,恭请袁履登先生揭幕,罗兰女士剪彩,欢迎各界莅临参观。——下午二时开始营业——著名咖啡,标准大菜,特色冷饮,精美西点。咖啡夜座,座位舒适,易于促膝清谈。灯光柔和,富于子夜情调——布置:艺术专家设计;饮食:名厨组织烹调。"

永安花园咖啡室

"今天开始营业——特设室内及露天茶座——高尚乐队助兴——营业时间:每天下午二时起。"

皇家咖啡馆

静安寺路八七八号。
电话:三六八六五 三六九九二。

"咖啡权威——装潢富丽,全沪独一,座位舒适,地点幽静——适应各界要求,聘请名厨,添辟'欧式大菜',名厨烹调,味美适口;高贵食府,舍此莫及。——密切注意,即将开幕。"

今日:新都饭店

"购'新都礼券'赠友送节(营业部随时发售),式样美丽。下午三时,参加别具心裁空前未有的'模

永安花园咖啡室
今天開始營業
特設室內及露天舞池
高尚樂隊助興
開時晝餐 起二下每時午日
永安新厦七樓

范婚礼',从速购票。

下午十时,参加初夏夜景舞憩两宜的'新都夜谭',异常兴奋。

读《新都周刊》增智消闲(十三期明日出版,特别精彩)。"

花园餐厅

新都七楼,新新公司主办。

"筹备已久之'夜花园'今晚起正式开始营业,欢迎参观。——花园甜蜜座——优雅房座——咖啡茶座——乐队演奏,歌星伴唱。"

上面是抄录六月一日报上的广告,听说,"万寿山"也同日增开咖啡夜市,定名为"名山夜座"。

大中华咖啡馆的开幕,与"萝蕾"、"金城"成了"魏、蜀、吴"。

（作者:爵士,原载《新都周刊》,1943年）

"万寿山"增辟"名山夜座"

都市中是绝对需要有夜点心的店铺设立,所以在上海咖啡室的开设,逐日在增加起来,洽老道①上更见众多。万寿山酒楼本来在四个月前就有这个动机,可是"万寿山"当局并不愿意贸然地只想"赚钱"而立刻就开办,经过长时间的商讨和内部设计、食品研究,到今天才决定了,在六月一日夜开始营业。

很多人都知道那"万寿山",是在跑马厅畔,现在新设了呷呷咖啡吃点心的部分,是在该楼的三层。而临了广阔的跑马厅,虽不能说日间空气怎样好,因为在都市中要有完全好空气的地方,简直没有。可是,夜里"万寿山"三楼的空气,是那么新鲜!尤其是在天热起就是那个地方,来的时候,凉风习习,可以使人们心旷神怡。几天前,已经听到说

---

① 指虞洽卿路。

起过的"名山夜座"。我不敢"怎样"说那边是怎样好,怕的是会有人来说我是替"万寿山"宣传的。可是,它真值得我介绍,所以我再仔细地打听过,贡献给大众。

且不说"名山夜座"东西好坏,因为我也没有尝试过,不过,我知道那里有"粥"和"咖啡"以及各种面点西点的设备,吃过那边午餐的人士们预测起来,它夜点心当然不至于比不上日间所有的,所以我很想在六月一日去试一下。

还值得一提的,就是"万寿山"的设备,是我所承认十全十美的,灯光是那么的幽静,显出了美丽神秘的景象,给来宾们婆娑的旋律,那舞池比过去更悦目、更光滑。随着在柯君领导下,"维尔凯"的音乐,可以使你有迷恋不舍的感想,听听"珍妮"的歌声,定能觉得这是最清雅、最富情调的环境了。

听说过去在"万寿山凤凰厅"歌唱的"嗲女郎"杨波,曾因嗓吼失调而停唱,现在又经该"山"当局请聘,和珍妮合作,又将同时在"名山夜座"中献唱了。杨波在从前献唱的时候,拥有很多"杨迷",那么,"名山夜座"之来日盛况,不难预卜也。

(作者:伏加,原载《力报》,1943年)

盛极一时的咖啡茶座

在战时的上海,新兴玩意儿还是像雨后春笋般地产生。跳舞厅,在永久灯火管制之下,已没有像过去的蓬勃,但,午后的咖啡室和茶室,却熙熙攘攘,大有后来居上之概。

西藏路一带,算算咖啡室,便有"萝蕾"、"大中华"、"皇后"、"爵士"等数家,还有像"金城"、"中央"、"大西洋"等西餐馆,都附设咖啡座。据说,"圣爱娜"舞厅也将以咖啡室姿态出现了!

不但如此,几家粤菜馆,近来也增开茶座,他们备着粤点和乐队,更有歌女参加,其热闹情形也不输于咖啡馆。

咖啡,咖啡!中国人究竟有几个是懂咖啡而去喝咖啡?好像喝咖啡是件时髦事情,因而也不管是黄豆粉还是真咖啡,大家都一窝蜂的喝咖啡了。

讲到西点,更有些"莫名其妙",因为商人看到顾客心理,偷工减料,似乎无关宏旨,至于粤点,那末在高贵的粤菜馆里,当然也是不合算到哪里的!

可是,市面是在不景气,生活程度在高涨,要支撑这一局面,决非此种一窝蜂政策所能奏效,所以有几家规模较大的饭店,已在计划另一种营业方式,可以避免受环境的淘汰。

听说"新都"饭店正在七楼兴建一座"万象厅",工程师便是新都的设计师吴汉民。而"万象厅"因为是附设于"新都",所以有很多地方可以取得便宜。娱乐方面,除乐队、歌女和舞蹈表演之外,还有木偶剧等等。

预料开幕之日,一定能给予都会儿女以新的兴奋!

(作者:雪华,原载《海报》,1944 年)

夜夜咖啡馆

电再节,夜之咖啡馆,是另外一种景象。

灯火像萤虫的闪闪放光,穿白制服的女招待,反映出来是越发的静洁、艳丽。

此间颇"静",说话的声浪也是低低的,那倒吻合了"轻谈密语"的格言,所以角落里的"男女之间",差不多相同于舞台上的表演话剧,轻挑、逗引、放浪……在这暗暗的灯光下。

一向,咖啡馆的夜市,总得延长到十二点或是一点左右,自从当局限令十点钟打烊之后,那些"咖啡老板"都惴惴然感觉一重莫可名状的打击,然而,"咖啡老板"的头脑,究属在"刺激"的,刚开始二个星期,"金都"等因奉此,"遵令照办",此刻却又"阳奉阴违",照常营业了。

可以写一点十点钟以后的夜咖啡市面给你看:

西藏路上,有一家大门紧闭着,却由小门进出,里面九流三教,谈天说地,舞女大班,都来集会,阿桂姐之流,叽叽喳喳……

四马路那只角里的几家,照样开放音乐,而且还有跳舞。长三、幺二帮的"红花",向大人、姨太太,人头颇杂。果然,前门也是关得紧紧的,然而后门可通,各式人等,大家在会乐里弄堂进出。

新世界那边,十点钟后,也照常营业。"维也纳"、"国泰"、"美高梅",散出来的舞客舞星,来此畅叙幽情的很多。

琼楼玉宇,虽然高处不胜寒,却也照样有市面。至于城南,那就索性"通宵达旦"了。

然而,据说沪西"法仑斯",已经被勒令停业了。

活跃于夜市咖啡馆中的人们,在这样的时代,真是"天之骄子"。

(作者:流水,原载《社会日报》,1944年)

咖啡馆的新转变

自从咖啡馆的营业时间,限令不准超越以后,夜咖啡的盛况已没有过去那样狂热。一般喝咖啡的士女,改变方式为"孵茶室",而咖啡馆的老板,也就"集思广益"的打算在"茶室"部分,争一日短长。"萝蕾"想到就做,"时懋"也急追而来,其他尚有好几家,也正在计划添辟。

那或者是一种"复古"的精神,大家在喝咖啡觉得太刺激的时候,不妨调换吃杯清茶的滋味,有点心可吃,有歌唱可听,有表演可看,而所花的代价不多,在"老板"是"忍痛牺牲,以广招徕",在顾客却是"经济小吃,相当实惠",所以我们预料"茶室"的开放,将来一定有雨后春笋般的勃兴。

昨天是"时懋"新辟早午茶第一天的开始,他们就是拿"薄利多销"来换取"以广招徕"。为了加增号召力量起见,他们又倾全力于表演与歌唱部分,王渊小姐客串舞蹈,大猩猩演出《泰山情侣》,还有海上二十位著名红歌手参加献唱名曲。

网罗海上二十位红歌手于一堂,一一分别献唱拿手杰作,这就等于一个"女歌手歌唱比赛大会",昨天在"时懋"报到的是分布"南华"、"新都"、"南国"、"康乐"、"吉士林"的几位。周莉唱《夜来香》《莫忘今宵》;国华唱《罗曼娜》《疯狂世界》;朗音唱《玫瑰花》《我要你》;丽蓉唱《戒烟歌》《唱不完的郎》;文敏唱《讨厌的早晨》《竹篱笆》《桃李争春》;陈飞唱《是梦是真》《卖糖歌》;张云秋唱《可爱的早晨》《真善美》,另外陈小妹妹的客串《不变的心》,以及沈维云小姐客串《甜蜜的心》,都是十足卖力,谁也不肯输给谁。

看到昨日"时懋"新辟茶座的兴旺,我们相信,今后的上海咖啡馆,或将是"茶座"的天下了,也是咖啡馆的新转变。

(作者:西门咸,原载《力报》,1945 年)

最近咖啡馆的夜市

西藏路上有不少咖啡馆,因有人名之曰"咖啡街",此足与战前北四川路之称为"神秘之街",先后媲美。

饮食店营业时间一度规定至晚间十时至,现在延长至十一时半,恐谁都以为咖啡馆营业,必因此而好转。显于事实上,却并不如此。

咖啡馆的晚间座客,大部分是舞国士女,过去,舞场营业时间,至晚间十时至。在这一时期的一般咖啡馆,往往偷偷地延长时间,闭门营业,吸收大批舞国士女,来作座上客,因是营业鼎盛。舞国士女在舞场打烊后,流到咖啡馆来展开第二个游乐节目。

现在咖啡馆的营业时间,固然延长了,但,舞场的营业时间,与咖啡馆相等,当舞场打烊了,咖啡馆同时也打烊,因之,咖啡馆便没法吸收这批舞国男女,来呷千金一杯的咖啡。近来各咖啡馆的咖啡夜座,竟成了普遍的不景气,音乐再美,舞池里没有起舞的人,座上客虽不会小猫三只四只,但,稀稀落落像个痴痢头。

关于咖啡馆的夜座营业,还有这样一种情形:在过去某一时期中,一街之隔,却有两种情调,譬如街的左面几家咖啡馆,可以延长时间,每晚座客满堂。几天后,街的右面几家咖啡馆可以延长时间了,同样地也会得卖满座。假使街的左面右面各咖啡馆,同时可能延长时间,那么每家咖啡馆的卖座纪录,就会来了个对折。这样看来,出入于西藏路上咖啡馆呷夜咖啡的人们,原是固定的这几位仁兄仁姐。

(作者:小春,原载《力报》,1945年)

街头咖啡摊

街头咖啡摊本只写字间独有,今则洋场十里,无处或□,盖受美货咖啡、炼乳,以及牛油、果酱大量输入之赐,从此豆浆与大饼继没落,上海之"美"化又进一步矣!"萝蕾"等处之"西披西"咖啡,每客售价三千金,街头咖啡摊上之"洋房牌"仅卖三百金,只是嗜"咖"有罪,而志不他者,趋之若鹜,生涯正勿恶焉。

一日晨,余在泥城桥附近擦皮鞋,座与咖啡摊比邻,腹饥,因向摊主叫可可与土司各一客。可可未调和,犹作块状,土司则两块并不切开,乃骂摊主曰"饭桶",摊主即操□粹"拉块"土白郑重致歉,问其亦自苏北逃来否?曰然,怜其乞食甚惨,后余又付四百金小账,措大无力买十万票面选举票选举"上海小姐",戋戋微数,亦聊求心之所安耳!

(作者:凤三,原载《铁报》,1946 年)

西藏路的咖啡街

西藏路自新世界至大世界一段,称"咖啡街",由于有着"金谷"、"时懋"、"皇后"、"圣太乐"、"爵士"、"大中华"、"萝蕾"、"金城"的咖啡座早已取消,此刻"皇后"门可罗雀,"大中华"最近停业,"圣太乐"与"爵士"业务亦每况愈下,"圣太乐"且有出盘之讯,"咖啡街"的盛况不如昔了。

街头咖啡摊勃兴后不久,当局取缔摊贩,虽对饮食摊网开一面,但也不许他们摆在通街边,足以妨碍交通。自九月一日起,"咖啡街"的一条短短的支路汕头路上忽然麕集着大量咖啡摊,街旁原是"生意浪"的主要地区,除了花间游客的"青骢",甚鲜车马,的确不妨碍交通。现在一过子夜，座上客中不乏"红花绿叶"，于是吸引了许多男主顾。正是"媚眼与白果齐飞，咖啡共可可一色"。热闹得很，成了新的咖啡街了。

（作者：凤三，原载《铁报》，1946年）

西藏路上咖啡馆之末日

今年咖啡馆的流年不佳，中美、四姊妹先后走样，油炒饭后起之秀徐益康，弄得走投无路。西藏路各咖啡馆，最先有时懋股东会及经理部纠纷，金谷出盘，大中华改老正兴，萝蕾房屋被原主汽车公司收回关门大吉，最近某咖啡馆又告改组，旧股退出新股上任，于新旧股东交替过程中，因新股方面遇到"新黄牛"，险遭不测。缘新股东中有"魁"兄，在接收时，一口答应认股四千万元，并打出期票一纸，各新股东见此公出手浩大，当即推为董事长，岂料双方正式交割后，四千万支票到期竟系退票，四处找寻"魁"兄无着，而一方面做老板之新股东，均为之眼睛地牌，幸经各方拖拉，始得将头寸填平，一方面则将依法向黄牛起诉，预料该咖啡馆于老店新开之前，须先打一场官司作点缀焉。

咖啡馆之蓬勃一时，始于敌伪时期，战前上海的咖啡馆，不过三四家而已，敌伪时期，家家咖啡馆赚钱，外行亦看傻了眼，纷纷开设。其实，经营咖啡馆者，有苦说勿出，赚钱看不见，蚀本"子子叫"，偏有许多挨进来，亦真不知其以然矣！现在咖啡馆末日既临，逆料若干月后，或将恢复战前旧况，一家一家打烊，只剩三家撑市面也。

（作者：乐郎，原载《罗宾汉》，1946年）

中区咖啡馆的繁荣

老跑舞场的人，现在都以为舞场没有"跑头"了。茶价贵倒并非问题,要打算到这些根本就不如回家纳福,问题在付出了相当的代价后,不能使你获得乐趣。花了一万五千金的舞票,与万金茶账,叫来的舞女,只能陪你五分钟。及至你想到要她陪着跳支舞,舞女大班已来打招呼,蝉曳残声过别枝了。

如此情形下,造成咖啡馆的勃兴,那边一样有音乐、有舞池,饮料价目不比舞场贵,坐起来则比舞场舒适,带着舞伴来固好,志在清坐亦佳,耳根无舞女大班聒噪之烦。

中区几家咖啡馆,"萝蕾"的生意最好,"爵士"次之,"大中华"与"圣太乐"更次之。茶资则"圣太乐"最昂,"爵士"次之,"萝蕾"与"大中华"又次之。由于地段好,卖得贵也不患无生意。如论设备供应与座客身份,这些地方实在不如"七重天"与"十四楼",而"十四楼"茶资低于"萝蕾",至于"圣太乐",现在居然比"七重天"卖得更贵了。

来自花间的女人,中区几家咖啡馆里最多,会乐里与汕头路几处北里大本营,与之为邻,客人大都邀她们在此吃咖啡或伴舞,即无客人之约时也来,遇着稔客固好,否则即自掏腰包。情形是互相因果,那些猎艳家与想揭眼药的侬薄少年,自然也结队而来了。

(作者:渊渊,原载《海天》,1946年)

中区咖啡馆的表演节目

中区的几家咖啡馆,现在大抵设"表演节目"以为座客佐余兴。经常在此中出演的,有潘玉珍、邓国庆的武术与技术,沈氏兄弟的口技与朱翔飞的滑稽之类。他们过去在低级的杂耍场子里表演,颇得欢迎,在此则不然。

前者的游客属于流动性,演者不必常常变换其节目,后者范围较窄,日常来吃咖啡的,大抵是"熟面孔",一些限于定型的黔驴之技,自然难餍雅望。咖啡馆里的表演,宜于使座客能做静谧的欣赏,或给以声色方面的刺激,武术口技或使人"欲笑未能"的滑稽,对于座客们的期望与要求,可谓"适相背驰"。曾在"愚园"与"萝蕾"表演之"杂合种"少女的半裸舞,能够给此点以满足,苏珊也好。

一场表演过后,座客们拍手叫嚣,希望"连一连",此风来自低级的杂耍场,现在则咖啡馆里也被同化,以言热闹,自然是今胜于昔,至于此中的情调、风气、则只有逐就恶化耳。

这些卖艺人在咖啡馆中表演所受月薪现在大抵是五万金至十万金,以此数计的短局,受酬较丰。

(作者:柳絮,原载《快活林》,1946年)

中区的咖啡馆

西藏中路的几家咖啡馆,"皇后"曾有一个黄金时期,现在则距离"门可罗雀"不远,正合瘦西湖主人王龙口中的一句"今典",是"尚可罗雀"。万惜同病。此三家设备与供应,未必特别低劣,取值亦不过奢,而"场子"之不能做"热",则三年以来一日,岂非命邪?"爵士"本来是售座最盛的一家,比以"圣太乐"之强邻压境,渐就中落,现在改装图强中。"圣太乐"曾经排日客满,今则情形较差,他们的当局以为"饮料取值昂贱,不致影响门市之盛衰",自是"专家"见识,只恐未必尽和"选辑"耳。"萝蕾"一向以"薄利"为号召,营业政策较合理,但人头太杂,不适于清谈。"大中华"一度冷落,今则返于热闹。大抵中区咖啡馆要做得好,必须精其供应而不事"暴利",十分热闹而保持一角坐位之冷静,然后可期"宾至如归",比之西区营业,难于为功也。

(作者:班香,原载《海涛》,1946年)

今日的"咖啡街"

一度被称为"咖啡街"的西藏路,而今是不能再占有这诗意的街头了,原因是西藏路上已无咖啡了。本来西藏路的咖啡馆有"萝蕾"、"时懋"、"圣太乐"、"金谷"、"爵士"多家,可现在呢?"萝蕾"改了汽车样子间,"大中华"改了股票号,"时懋"和"圣太乐"改了舞厅,昔日咖啡舞座的盛况是风消云散了。

它们的蓬勃是在敌伪时期,那时贩夫走卒都成了暴发户,走进异国情调的咖啡馆里去,他们觉得"手续麻烦",于是这些咖啡馆出现了,可是设备都不十分好,咖啡也烧得不佳,所以胜利后无人请教了。

"时懋"和"圣太乐"改舞厅后,去的都是三等舞客,"金谷"算是还撑得住,"爵士"有些暮气沉沉了,走进去,座客的寥落,可吃一惊,昔日兴盛,已成过眼云烟了。

(作者:茶博士,原载《小日报》,1947 年)

完了! 西藏路上的咖啡馆

西藏路上一带的咖啡馆,在过去敌伪时代崛起,而今趋于没落,本来主顾是那些不知贵夜总会何在的暴发户和自以为是"才子"的恶子们,可是,这些"人物"也都好像没落了,于是西藏路一带都是冷寂,虽然仍有荡妇淫娃点缀着,然而内中的"白头宫女"有不胜沧桑之感的。

日前在一度作为西藏路社交中心的"圣太乐"小坐,里面的皮椅、玻璃板的茶桌都似送向了拍卖行,却全部换上白市的木桌和"骨瘦如柴"的椅子,座位比以前,完全是舞厅化了,茶室舞二千,茶舞三千,晚舞五千,身价贬落了不少,可是舞客们寥落,仆欧们闲着烤火,不复二年前盛况。虽然,它还算是活着,像它附近的"大中华",一度被称为"文艺气息"的,但已寿终正寝,拉了铁栅,贴了清理布告,是一副哭丧面孔。

对面的"萝蕾",我称它做"汽车样子间",现在改了"沃非司",但有一个时候,它是"女人样子间",小小的场合里,欢场女儿以她们剩余的媚眼,抛向以"摆架子"的惨辣少年们,每天每天,有一些风流的演出,于是始终满座,而今呢,钗光鬓影,也仅是留下些记忆。

还有躲在一隅的皇后咖啡馆,当毛羽在"烧""文艺咖啡"的时候,一般士女是为谈情说爱的盛地,近来则也冷落了,虽然有些人认为布置小巧神秘,却也小家败气,倒不及"叶子"之神秘得出名"大方"。

"爵士"、"时懋"都是外强中干,"时懋"是改了舞厅,可是设备太差,人家情愿往"维也纳"、"美高梅"去的,"金谷"、"晋隆"是饭店,始终扎稳打不过"金谷"的"咖啡茶座",情景也颇惨。

总之,西藏路是如一个庸俗的交际花,垂垂老矣,仅有的风韵也将消失了,被人遗忘,被人毫无怜惜的遗忘了!

(原载《星光》,1947年)

咖啡街今昔

抗战胜利的初年,西藏中路交进了"红运",无论天上飞下来的,火车上装来的,地下钻出来的,火轮船运进来的,抗战八年的胜利官民,都把它视作寻欢作乐的唯一去处,就是从飞机及兵舰上运来的盟军们,也无所不留恋在这条西藏中路上。

那时除了美高梅和维也纳两家姊妹舞厅及远东舞厅中,"大中华"、"萝蕾"、"大西洋"、"中央"、"爵士"、"圣太乐"、"皇后"、"时懋"、"金谷"等咖啡馆,比比皆是,所以会有"咖啡之街"的称谓。每当日落西山,华灯初上的黄昏,光耀夺目,五光十色的霓虹灯,已照遍了整个路面,又加上"美式配给"的摊贩上,都装有新式的"干电灯",点缀在这条

"不夜之路"上，犹如白昼，《迎战士》和《热血》等雄壮歌曲，传遍街头。这是受尽了八年沦陷苦楚的顺民们，为了讨好抗战官兵，企图以此贩取吃"户口米"罪行而发出的"呼声"。

粉红色的"考克坦尔"，把盟军们都沉醉了，吉士、骆驼……等美国卷烟的烟蒂，插满在每一个咖啡馆及舞厅的烟灰缸里，飞将军更为吃香，无论歌女、舞女，甚至"小姐"们都在极力献媚极力追求，等候灯熄打烊时，她们都热烈的紧挽着理想中的伴侣，醉态朦胧的踱步在"咖啡街"头，憧憬着"空军夫人"的迷梦。斯情斯景，可说是西藏中路的"黄金时代"。

当年的法币是何等吃价，五元十元的小票，已足够傲视一切，储备实力已渐渐的打入"冷宫"，日趋末途，后来终于二百作一判了它的命运，也就是替法币的身价有了法定。继着又燃起了内战的烽火，掀起了物价的涨风，法币的身价日趋下降，西藏中路也就随了法币贬值而退色了。"大中华"、"萝蕾"……等咖啡馆，在"物价逼人，生意清淡，开支浩大，无法营业"的凄惨情况下，相继关闭。"时懋"一度停闭后以舞厅的姿态出现，"圣太乐"也恢复舞厅的业务，仅存的"爵士"、"皇后"，和靠近路畔的"大西洋"、"中央"等几家，除了"大西洋"靠"生意浪"近在咫尺，而尚堪发展外，其余都已生意一落千丈，都在苟延残喘中度日，"咖啡街"已没落了。像六朝金粉的秦淮河，只剩下了粉红黛绿的陈迹。

褪了色的"咖啡之街"，除了还有几家舞厅点缀外，"皇后"、"大上海"、"国联"等三家电影院，沿着影乐的畸形发展而雄视在西藏中路上，还有"国泰"和"皇后"两越剧场及东方饭店内附属小东方沪剧场、书场，新世界内的红宝剧场等，也做了衬托，总算勉强支持着这条路的繁华。它的另一面，是包含有"神秘性"的色彩，汉口路畔的慕尔堂前，九江路畔的平乐里口，以及大新公司四周，靠近大世界的路口凤阳路、牯岭路口，立满着面无血色的野莺，直到深更半夜，她们还在痛苦中露着笑脸，在老鸨监视着实行"拉客"。还有毗连在咫尺的会乐里、群玉芳、福祥里、汕头路福致里、精勤坊一带的"长三妓院"和"新兴妓院"等也为它沾了一半"神秘之光"。

现在的西藏中路上更增加"公开的赌场",大中华咖啡馆的旧址、万寿山酒馆的三楼与"爵士"隔壁,都已改设了证券号,内部布置富丽,座位舒适,男女侍应生,对顾客招待周到,"老茄""三五"随君所欲,麦克风内,频频报告行情的涨落,还有女职员在行情板上大写行情,那里与敌伪时期的赌窟,未免有异曲同工之感。"西藏中路"的空气太污浊了,希望它改变一下正常的环境吧。

(作者:一知,原载《中华时报》,1948年)

米高美添辟情人咖啡馆

吃了中饭,时常感觉到没有地方去,于是乎,光明、南京等咖啡馆,就成了一班人的好去处。然而人浮于馆,"光明"和"南京"还勿够大家坐坐,时常的打回票。国际茶室吧!太高贵,勿能哗啦哗啦,茶室舞就走了好运,每天宜告客满,可是茶室究竟太觉噪杂,勿配比较高尚的人士胃口。因此,仙乐就第一个开咖啡室,继之云裳,营业都很勿错。而最近,米高美亦增开咖啡馆,定名为"米高美情人咖啡馆",除一切咖啡、点心等力求精美外,还有一组很好的"夏威夷音乐队"伴奏,采取三支连奏法。据美高美主持者郑炜显、孙洪元二位说:"美高美之增开咖啡馆,纯粹为高尚人仕业余消遣而设,在营业法则上,绝不以赚钱为目的,故一切设备,务求其尽善尽美,而售价则尽可能范围减低。"本来,以米高梅现时茶舞之兴旺和夜场之每晚客满,是应当开一咖啡馆不以赚钱的目标来酬谢来宾。

(原载《东方日报》,1941年)

萝蕾咖啡馆巡礼

舞国人仕于空闲时间内,十九都喜欢坐咖啡馆,这原因是很简单的,因为上舞场的时间既嫌太早,而坐咖啡馆的代价较在舞场中要便宜,加以咖啡馆之环境,更便于叙谈情话,由于此,咖啡馆遂成了舞人心目中唯一消闲的去处。

在某一时期里我也是跑咖啡馆的一员健将,每天下午四时半至六时,几乎总是羁留在各大咖啡馆中,以前咖啡馆较享盛名的只有"弟弟斯"、"国际"、"光明"、"南京"等数家。最近在闹市中心,舞场集中在虞洽卿路上,却又给我发现了一家设备新颖、布置贵族化的萝蕾咖啡馆,由于印象极佳,似乎还值得介绍于舞国人仕之前的。

萝蕾咖啡馆之地位即为德士古汽油站的原址,闻设计打样者为名满苏沪之陈芝昌工程师,陈君对于此番的建筑,煞是匠心独运,十分卖力,一切设备布置是独树一帜,令人入座均有一种新的气象、新的态度。咖啡馆里侧则更辟有空地一方,遍植花草树木,另设坐位,入晚树上灯光璨闪,凉风习习,来宾处此,恬当舒适,能够乐而忘返,至于一切动用物具更不惜巨资,置办纹银器皿,余似沙发座椅等设备,均为"萝蕾"之长。该咖啡馆且更自备发音机,播唱市上最流行中西名曲,并临为迎合来宾旨趣,欢迎点唱,能临点临唱,至于拆物之烹煮、咖啡之超特均为其他咖啡馆所不及。综计"萝蕾"开幕迄今,未满半月,其业务已蒸蒸日上,设再假以时日,"萝蕾"定更有惊人之发展也。

(作者:古人,原载《力报》,1942 年)

萝蕾开幕被封锁

物价虽则漫无止境的高涨,人们都在喊着生活难,然而娱乐场和饮食店,仍在一家家的开出来。像虞洽卿路的萝蕾咖啡室,也是一家新型的饮啖之所。

国人的习惯,一家新的商店开幕之初,总得取个吉利,旧时的焚香点烛和近来的揭幕剪彩,都是这个意思。然而这家"萝蕾"在开幕之初,就遭遇了单独封锁的不幸事件。

虽然封锁的时期并不久,但终不免有煞风景之憾了。

"萝蕾"的被封锁,关系自大鲁莽之故,在此严厉施行保甲制度之秋,不论商店或住户,在这一个地带上开始营业或居住,都须先将户口报告到保长处,这原是第一要紧的事。可是"萝蕾"从布置到开幕,一直不把户口表报告上去,那里的保长,见自己一保内多了这样一家商店,却把户口报告置诸度外,为了责任关系,便派人催促"萝蕾"主持人速将户口报告。不意"萝蕾"主持人回答的口吻,不但轻飘且语含讥刺,并又坚持暂缓报告的主张。保长认"萝蕾"此种举动,未免故意违反保甲章程,就着自警团实施封锁。那时新开幕的"萝蕾",困在垓心,形式相当严重,惟不久即告解除,但已不免落了个咎由自取的讥诮咧。

(作者:座上客,原载《海报》,1942年)

圣太乐将歇夏,萝蕾前车可鉴

圣太乐这家领有舞场照咖啡的会馆,近来交进一步"霉运",生意终无起色。最近,打了一针"吗啡针",将程笑亨、裴杨华这班滑稽请出来表演后,营业数字也无显著的进步。因此,他的当局,有"歇夏"之意了。圣太乐的失败,是"高价政策",现在不算卖得太贵了,但一般人的印象也已深入,复兴自然无望。这是"萝蕾"的一个最好的前车之鉴。

"萝蕾"在过去的几年中,饮料取值,一直便宜非常,日久之后,将附近一带的生意都抢过来了,现在营业既盛,他们便一再涨价了。截止眼前为止,他们已涨得与"圣太乐"相等。座客的取舍从来是最公平的,来日的"萝蕾",也必然自取灭亡而已。

(作者:道德,原载《星光》,1946年)

萝蕾夜花园发生问题

"萝蕾"这一家咖啡馆,说起来或者是地利关系,营业就一直相当的好。可是最近有一个非常使主人感到沮丧的消息传来,那是"萝蕾"的房子问题:萝蕾咖啡馆每至夏天便将右边一个空地搭成了天棚,作为夜花园的,凉风从跑马厅的矮红墙上吹来,尤其是夜晚,将身子向藤椅上一靠,真觉得暑气全消了。在中区,那真是个不容易找着的好地方。

原来那个作为花园的空地是向德士古汽油公司租赁来的。没有胜利之前,汽油绝迹市上,德士古公司便将这虚设着的"加油站"善价出租了,今年,汽车数量激增,汽油亦源源运来,添设"加油站"自属当务之急,德士古不欲放弃此现成机会不用,也就将这一块空地收回自用了。这使"萝蕾"受到严重的威胁,夏天坐在咖啡馆里,除非有冷气设备,电风扇不够凉快。"萝蕾"失去了夜花园,今夏的营业售座将发生问题了。

(作者:贝多芬,原载《海涛》,1946年)

萝蕾咖啡馆多事之秋

萝蕾咖啡馆在今年可以说是多事之秋,一度闹过场地纠纷,后来算是安然解决了。继之便是乐队与女歌手的包银问题,陈鹤要求自五月份起包银增加一倍,"萝蕾"主管当局允加考虑。原来"萝蕾"当局与陈鹤有特殊渊源,经过了一番谈判,这事情也就迎刃而解。

最近,上海有着普遍的"轧头寸"情形,每一家银行商号都为了头寸奔走,萝蕾咖啡馆自然也未能例外,东也轧不齐,西也摆不平,万三句焦急得像是热锅子上的蚂蚁。"萝蕾"上自乐队中人,下至白号衣,拟向"萝蕾"咖啡馆提出"总请假"要求,原因是"萝蕾"到期发不出薪金,职工且限以日期,如二三日内并无确实消息者,"萝蕾"的营业自将成为问题了。

(作者:青子,原载《罗宾汉》,1946年)

在萝蕾

我不能不承认,当我一走进那家萝蕾咖啡馆,我的气质马上就改变了。有朋友在一起时,往往为我那轻佻浮滑的状态而摇头,其实他根本就不懂得适应环境,不会把一个人调和在任何一种空气之下,他忘记了他来的是萝蕾咖啡馆,不是沙利文或者弟弟斯。

我无法形容萝蕾的景致,也不复来批评它的一切,让我来写下几个镜头,分辩我为什么要变质的原因!

音乐奏了好多时候了,突然之间,急鸣一阵,舞池中出现了两个唱滑稽的,一吹一唱,一搭一档,他们唯一的天才,是会挖苦、讽刺、尖刻、俏皮。有些话在他们嘴里说出来,不由人不惊异而笑,像我这种感情脆弱的人便要哈哈大笑了,这一笑就把吃咖啡应有的态度推翻了。

有一个乐山居士坐在最最后面,替人算命看相外带测字,年青的男人,等女朋友等得不耐烦就走过去测个字看看,是不是会失约。乐山居士还有一个好处,不论哪一个男人去请教他,总爱说人家有桃花运。谁不愿意有桃花运呢?而且这三个字能在耳朵里使人极轻飘飘而浑淘淘,好色者特别来得欢欣鼓舞罢了。

当然乐山居士也不是瞎说的,因为萝蕾座上常常会有一二个妖娆的女人,坐着面前放上杯清茶,此外便没有什么,眼风不时向四周飞来飞去的,是男人一定一定要本能地朝她们多看两眼,偶尔两下的眼光一接触,乐山居士的话就要立刻应验了。

(作者:陈惠,原载《世界晨报》,1946年)

电话费与咖啡账

"萝蕾"这家第三流的咖啡馆里常有一帮来自"生意浪"的女人,在此吃了咖啡是别人付账。她们有这点把握,可以口袋里不带一钱,吃了不愁无人"会账"。"熟魏"碰不到时,"生张"也好,正可以借此广结新知。

有时也例外的,"熟魏"人杳,"生张"缘悭,自己又适带着一只"大而无当"的空皮包。于是她们只能以电话"告急",临时邀客。

在此情形之下,有位小姐,连打电话七只,而"援兵"不至。算算电话费,在"萝蕾"是每只四百元,计付国币二千八百元正,已经超过其原来一杯咖啡的应付之数了。

(作者:罗宾汉,原载《精华》,1946年)

南国、萝蕾纷纷停用洋琴鬼

洋琴鬼在近年已成奇货,连做外国吹打的,也混了进去,颇有声望的,几乎是世之瑰宝,你争我夺。最近,康脱莱拉斯出狱,同时有四大舞厅挖聘,肯出最最优厚的条件的某大舞厅主人,愿以洋房、车辆、仆欧来供奉他,洋琴鬼应正其名为洋琴"官",较诸几个荐任、委任官员,并不多让。

最近,洋琴鬼又展开了第二次的要求加薪,普加七成以上,舞场少不了音乐,因之没有反抗,便低头接受。然而饮食业,却不以为然,认为咖啡肆、西菜社或广式酒家,其主要的营业标的是吃而不是跳,洋琴鬼之存在与否,是被他们漠视了。因之,当洋琴鬼再接再厉请加俸后,许多力不胜任的酒楼便停用乐队了,第一家是南国,第二家将属萝蕾,其他如红棉,南市的明园,及"华"字头酒家多家,也将纷纷停用乐队。因此,也许可以一杀洋琴鬼的气焰罢!

舞场洋琴鬼加薪七成之后,圣太乐舞厅的一班乐队——爱皮圣托司——已九百余万,营业全部利润不足此数,然而不加呢?除非关门了。

酒家不用洋琴鬼之后,娱乐捐又低一成,有利无弊,因之此志甚坚。三号起,至少十家以上是停止用乐队了。

(作者:席洛夫,原载《罗宾汉》,1946年)

康脱莱拉斯出狱

菲籍著名乐工康脱莱拉斯在胜利后,与同业唐乔司都以附逆有嫌被羁,今年夏间,唐乔司先获自由,上星期康脱莱拉斯也出狱了。上海之有 Swing(摇摆)这个字,事由康脱莱拉斯的介绍,他是倍尼古特门的信徒,乃继唐乔司后最为沪人熟知的"洋琴鬼"。康脱莱拉斯既离铁窗,"新仙灵"舞厅当局先替他租了房子,并贷与一千万金,而"百乐门"方面也在计划邀请他,他则这样说:"谁给我多,我替谁效劳!"

许多人知道康脱莱拉斯的情妇安蓓拉当其情人被羁后,曾与美空军打得火热,而安蓓拉又遇康脱莱拉斯,因此谁都在关心她的命运。美空军此刻飞到美国去了,失去"靠山"的她敌得过康脱莱拉斯吗?

---

① 《舞国》,1936年秋季号,第23页。

（作者：凤三，原载《铁报》，1946年）

萝蕾咖啡室今日寿终！

娱乐事业跟着"工商请愿团"带着一身灰色，摇摆而至，咖啡馆方面，萝蕾第一家不支而踣地，在今日寿终正寝了。

萝蕾在咖啡业中向来营业不算很坏，开了四年半，热了四年半，投机事业屡次倾倒，萝蕾也未受影响，而这次却因脏皆空，活活的因吃不到客致死，使人连带想起市面不振而心惊肉跳。

萝蕾的主持人是以汽车中掮客声著：洋场的"万三句"，与程氏兄弟合投的。据他们对这次萝蕾夭折的表示称："假使不让它死，到年底连心连躯干都要蚀去的，现在总算还对股东有个交代。"

（作者：曙天，原载《苏报》，1946年）

---

① 《上海特写》，1946年第25期。

厌倦油炒饭

在客岁海上咖啡馆全盛时期,西藏路上的萝蕾咖啡馆,亦是一个消耗去处,其地本系汽车样子间及油站,事变后,汽车既停止进口,遂有人动脑筋于此,开划布置,成一游艺去处,音乐咖啡,入夜群麇毕集。

十九为歌场歌人,皆一批跳舞舞女偕客同至。主顾虽去品质不齐,生意则初不推扳。

胜利之后,汽车商又告活跃,萝蕾亦成海上咖啡馆历史的一页,今有过其地,则样子间复原,令人兴今昔之感。创办萝蕾的主人,诨号"万三句"而不名,这人本是汽车掮客,手腕殊灵活。"万三句"的注解,是此人太会说话,但一万句当中,只能相信三句。萝蕾既能打烊,此咖啡馆经理即不知所踪,前两天有遇之者,则作中山装,样子颇属风尘仆仆,据云去昆明经营贸易,曾远至缅滇路上,离沪四月,对过去这碗油炒饭,以老早甩脱为自幸,还是一本正经做生意有味道,油炒饭天气市面,三不两时提心吊胆,此次回上海没有几天,仍旧要去昆明也。关于他的行径,颇类似在跑单帮,因为他的行踪确实难定也。

(作者:梅子,原载《戏报》,1947年)

萝蕾咖啡馆的倦意

累四五年来,我以咖啡馆为第二家庭,直至最近,始有倦意。不过我是绝无□□的人,又不欢喜花间生活的那种"打情骂俏",则除了咖啡馆之外,实在没有什么地方可跑的,因此,厌倦归厌倦,跑则还是跑。

中区的几家咖啡馆,我比较还是偏爱那家关门已久,在当中又属"其品不高"的萝蕾。有一年冬天,萝蕾裹以厚丝绒幕饰四壁,每天不到九时便客满,人气与暖气交熏,余自久恋勿去。那时与我常在一起的女伴是文雨小姐,而今秋一度过从良密的那位小姐,缔交亦始于此中。现在我依旧常跑咖啡馆,亦不患如花丽人,就是自己的兴趣大不如昔耳。

(原载《罗宾汉》,1948年)

圣太乐设备最精

西藏路上的咖啡馆,是素来别有风味,可是最近也有些衰颓的情势,原因是在西藏路上咖啡馆之兴起,是恰巧在暴发户派鼠窜的时期,他们不识"伊文泰"、"法仑斯"在何处,而巍峨的"汇中"、"国际"也不敢进去,于是西藏路上的咖啡馆应时而生。那时,来路货咖啡无,于是呷咖啡,也够贵族化,而一块小小的舞池,每每轧足。

现在则生意大不如前,以致"大中华"虽宣传得好,而终于亏折关门,而"萝蕾"也改了洋行。不过,像"爵士"的生意仍不错,入晚闲忙,看看人头颇有味。"圣太乐"布置极讲究,乐队也精彩,还备有舞女,但最近不知如何,生意也清淡了下来。可是以"圣太乐"的设备,携一女友去谈谈跳跳,倒也闹中取静。

"时懋"则最近有玉体横陈的香艳表演,也似可一看。

(作者:虞客,原载《和平日报》,1946年)

圣太乐的苦衷

圣太乐咖啡馆最近实施了一种节约运动,这种节约并非节约在座客的吃账头上,却是裁去了半数的职工,为了要节省开支。那也是没有办法的事情。这半数中半数的职工是自动离去的,原因是何领班进了虹口的军之友社,待遇相当不坏,于是便有好几个人跟着到了那里。另外还有几个职工迁移至维也纳。至于目前仍留在圣太乐的,只是两三个的生面孔而已。

圣太乐原是咖啡馆本身负担最重的一家,爵乐舞场是圣太乐的前身,因此,所遗下来的一张执照亦是舞场执照,咖啡馆征收的二成捐,舞场必须征收五成。这外加的三成捐自然是由客人来负担的,然而场方却因此而涨不起价,这也是圣太乐主人的苦衷。隔邻一家爵士咖啡馆的咖啡售价,看起来比圣太乐贱,西藏路几家咖啡馆中,爵士可说是售价最贵的一家了。

不过客人的心理是非常特别的,他们宁可出低廉的价钱而吃差一点的东西(当然不是过于差的东西),而且一看到(皮尔)上捐加五成,更认为花了冤枉钱,小账多一点却可以不在乎,同时反而怀疑这家咖啡馆"羊毛出在羊身上"的手段,以为与其来此地,不如上别处,甚至于低廉的地方,还能多玩几处。客人们有了这种心理,可谓硬伤之至,未始不是"圣太乐"的苦衷啊!

(作者:都司前,原载《一周间》,1946 年)

圣太乐咖啡馆不幸事件

圣太乐咖啡馆,最近半月中,曾连续发生三桩不幸事件。

一夜，客人喝饱了黄汤，硬要金珠去坐台子，金珠是圣太乐的女歌手，女歌手并无伴座的义务，金珠当然也未便答应，于是被客人大开汽水不已，金珠窘得缩在马桶间，不敢走上前台去。圣太乐有一位姓孔的先生，一向对金珠有着好感，那个时候当然应该义不容辞的代金珠出场了，客人借酒三分，岂肯罢休？于是在一言不合的情况下，姓孔的朋友便遭了拳足交加，尚幸未及要害，贴几张膏药也就算了。

第二件不幸事件是圣太乐的皮尔上面漏贴了印花税，最近经某先生向当局检举了，圣太乐便因此而遭受到一种严厉的处分，这处分是罚去了大量法币了结的。

在罚款以后的不久，接着便是他们的全体职工为了小账的拆法以及待遇问题须加以改善的原因，凑巧外面咖啡西菜业的工潮闹得满城风雨的时候，职工们一方面果然是为自身前途谋取福利，另一方面也为了迎合潮流起见发生了怠工的情形，王老板一看苗头勿对，急忙以长袖善舞的姿态加以抢救，总算在四小时内获得解决办法。

（作者：辣手，原载《上海滩》，1946年）

圣太乐重闻蓬拆声

西藏路中的圣太乐舞厅，本来是咖啡馆，不过在咖啡馆中设有音乐舞池，并供有舞女的"虹口式"的去处，自从去年警局禁止酒吧、咖啡馆兼供舞女的命令公布后，虹口各去处纷纷打烊停业，圣太乐乃不得不将咖啡馆索性改营舞厅，正式加入了舞厅业同业公会。

可是圣太乐改了舞厅之后，情形并不如理想之好，一来营营不得法，二来舞女阵容实在太差，因此生意平淡到了极点，维持为难，弄到了今年夏季，简直门可罗雀。

于是圣太乐主持人不得不动脑筋，暂时取消了舞池音乐，遣散了舞女，改做冷饮生意。圣太乐环境本来尚称不恶，专售冷饮，而且定价低廉,似乎很有点办法,只是邻家渝园餐厅却只与它打了对台,秋色为之分去不少。

如今天气转凉,圣太乐主持人又将恢复舞厅了,这一次准备好好的干一下,舞女阵容力加整顿,并聘了徐朗乐队伴奏,定于十月四日开幕。成绩如何,但看此一番,假如不禁舞的话,或可有点生意做做,如果一定要禁舞,则圣太乐的重闻蓬拆声,未免是硬伤了。

(作者:孔岂,原载《真报》,1947 年)

再进圣太乐

杨乐郎兄主持圣太乐的时候,我跑得最勤,曾经和几个朋友商量过,想把这场子做热,后来杨乐郎兄脱离了圣太乐,这计划便告打消。期间也去过几次,每况愈下,不堪一跳,到后来改为饮冰室的一个时期,简直就此绝迹不去。最近所说圣太乐又改为舞厅,第一晚匡成和金钱豹去过,据说还是不行。昨天,我走过门口,存心花一万块茶钱进去观光观光,一踏进身,就是一股俗气,徐朗乐队虽和我认识,但我不是触他霉头的话,乐台上的布置,仿佛是东新桥卖药酒的山东人店,门口歌手的大字,与乐台遥遥相对,宛如婚丧喜事的幛轴。再看舞女,真是好的太少,少得连一个也难敷衍,不过便为了茶钱不贵,客人倒有个六成,我来此既抱观光目的,当然不跳,坐了三刻钟。我想这地方逢着避雨或口渴脚酸的时候,进来坐一会,听听音乐,倒是挺合算的。

(作者:盖阿毛,原载《真报》,1947 年)

圣太乐不胜沧桑

"圣太乐"以前是一爿咖啡馆,因为后门通会乐里,所以莺莺燕燕也特别多,而所卖咖啡,以外国牌子号召,敌伪时代的咖啡是变相黄豆汤,"圣太乐"便以这一点打动了暴发户的心。

"圣太乐"以前的布置是厚皮椅,那也是敌伪时代任何咖啡馆所没有的,所以圣太乐是中区第一流咖啡馆了。不过以后,西藏路咖啡馆都一蹶不振,圣太乐卷进了颓风,于是只好改舞厅。成了舞厅后,座椅、桌子完全易以木制,舞池边缘添了舞娘座,是成了一家二流半的舞厅,乐队是"徐朗大乐队",敲打得还有劲,歌手则是罗薇,以唱《重逢曲》闻名。

舞女方面,竟有"公馆帮"的妓女混在内,据说其中红舞星"淑贞"便是某"公馆"的妓女,晚上依然卖淫,这样的"圣太乐"更使正人君子裹足不往!

(作者:红花客,原载《小日报》,1948年)

今日开幕之大中华咖啡馆

虞洽卿路二百号(大中华旅馆店面)大中华咖啡馆,系由大元食品股份有限公司经营,额定资本中储券一百万,计分二千股,每股五百元,于本年二月开始筹备,大股东均为本市粤菜□巨子,如李满存(杏花楼经理)、王定源(南华酒家经理)、高唐(金门饭店经理)等。该咖啡馆内部布置新颖,一切家具式样及外部装潢,均由海上名建筑师李锦沛设计,闻内部装修生财等,共耗去中储券一百二十万元。男女侍应生均聘自本市各大粤菜或西菜馆,招待周到,宾至如归,并聘请著名西菜厨司,烹调美味可口之西菜与西点。内部一切已准备就绪,定于今日上午举行开幕典礼,请工部局副总董袁履登先生揭幕,《金丝雀》

主角罗兰女士剪彩,下午二时正式营业。虞洽卿路又将添一新型饮食店,兹将该公司内部重要负责人,撰志于后。

大元食品股份有限公司,董事长为李康年(王大吉国药号经理);董事王定源、李伯伟、徐少鹤、高唐、王持平、李满存、张振清、戴桂荣、江晓岚、卢梓庭;监察人香如、陈蝶衣、郑世农等三人;总经理由董事王定源兼任,经理李满存,副经理江晓岚、郑文毓,司库徐少鹤。

(原载《东方日报》,1943年)

大中华咖啡馆总经理王定源

富有刺激性的上海社会,无时无刻不在强调饮食男女的刺激味。最近,"喝咖啡"又形成了享受刺激的进行曲,摩登人物在上咖啡馆,便算不得时髦,于是在这流行性都市病的疯狂下,咖啡馆便如雨后春笋般的乘时崛起。虞洽卿路自南至北,差不多已成为咖啡馆的集中点,除了"萝蕾"、"皇后"、"新世界"、"金城"、"红棉"以外,最近,"大中华"也装修竣工,即将展开咖啡色之幕了。

大中华咖啡馆的发起人,多数是海上酒菜业的巨头,如杏花楼小主人李满存,南华酒家经理王定源、副经理李伯伟,大三元主人卢梓庭,金门当局高唐、香如,都在其内。凭着他们平日丰富的经验,协力经营大中华咖啡馆,自然是游刃有余的。

大中华咖啡馆的总经理,已推定王定源担任。王是以龙新亚酒店西菜部的主持者,后来又参加过新华酒家,脱离新华后,即膺南华酒家之聘,担任经理一职。王为人干练明达,长于决断,大中华咖啡馆录取的男女侍应生,都经他一手训练。在酒菜业中,王定源是一个有经验又有魄力的人才,然而他今年还只有二十九岁,年青得很呢。

(原载《东方日报》,1943年)

大中华咖啡馆经理李满存

在中央区一带,提起李满存,大概没有一个人不知道的,他是杏花楼的小开,也是中央区的联保长。由于担任了联保长的关系,造就了他敏捷的口才,以及明快的头脑,为人亢爽,而又有淳于滑稽之风,在现社会上,正是一个"兜得转"的典型人物。

即将开幕的大中华咖啡馆,是他第一个发起的。本来大中华饭店的西厅,有许多人动过脑筋,都没有成功,后来李满存向大中华老板戴步祥磋商,戴老板冲这位联保长的面子,才答应下来,所以大中华咖啡馆的实现,李满存是大有功劳的。

大中华咖啡馆的筹备初期,李满存担任筹备主任,创立会举行以后,筹备工作告一段落,李满存功成不居,另外推荐王定源任总经理,自己居经理,这一种谦让的美德,也是不可多得的。

有人说,汕路铁丝网封锁的拆除,是李满存的力量。凭李满存联保长的地位,说句把话,自然是有效力的。不过,李满存对于此事,却不肯承认,他说:"中央区治安已有保障,铁丝网的拆除是情理中事。"此君虚怀若谷,真不愧是联保长的风度。

(原载《东方日报》,1943年)

咖啡馆嘲谑记

一日,与知友三四人饮咖啡于大中华,邻桌坐一男一女,男者全部暴发相,女者一副舞蹈派,相互谈心,声闻二三丈外,气焰不可一世。时彼方饭后,呼侍者至,曰:"咖啡要大杯,替我煮 WS 牌子!"侍者诺诺连声,哂笑而退。继而男者又滔滔而谈,曰:"咖啡是要吃外国货的。味道究竟是两样。尤其这个 WS 牌的更加好,洋房牌的烧不浓,老爷牌的,就是那种红罐头的,虽然还不差,香味稍为退板一眼。CPC 的咖啡,老实说一句,送给我吃还有一点茄门。"言后其得意洋洋之态,实令人作呕。

余友陶秦,果直性人,是日亦在座,闻而不可耐,旋亦发言曰:"我等四人,论饮咖啡之资格皆浅甚,余友钟勇森,为南洋产,饮咖啡为其唯一嗜好,第二生命,积二十五年以上之经验,犹不能辨咖啡之味与牌名之迥异者,可见此为何等不易之事!"言未已,余为之接口:"CPC 咖啡确不可谓上品,而 SW 牌亦未可谓全世界咖啡之最佳者。目前美国新出之一种名 WC 者,实咖啡中之极品,惟价格殊昂,仅一般新发财者方能顶之!"同坐者闻而咸作会心之微笑,隔座者,则亦噤若寒蝉矣。

(作者:东平,原载《繁华报》,1945 年)

大中华咖啡馆经理部冲突

大中华咖啡馆里面,近来因了经理部各巨头的意见不能一致,时常发生争执,最大的原因是中部的李经理有掌握大中华全权的样子,因此便对该咖啡馆的王当局渐渐由嫉妒转变为仇视起来。

这一次,大中华咖啡馆的一班中国大乐队曾向王当局提出加薪要求,中国乐队目前得到的待遇,每人每月约为二十万,他们只希望能稍微加一些,并没有过分的苛求。

可是李经理一听这消息,却认为他们存心跟自己捣蛋,原来中国乐队亦是王当局的来头,李经理既有"托辣斯"的野心,便拟借此机会辞去了他们,而且自己已与伴奏于"司麦脱"饭店的那班广东乐队有过谈判,一旦决裂,便由广东乐队来接替了。

广东乐队在目前,已无地位可言,而且是在咖啡馆林立的西藏路上,乐队的好坏是非常足以影响营业的。为了这些个问题,李经理和王当局已从暗斗进至正面冲突。

王当局的意思,亦是不无理由的,中国大乐队从大中华"五台山"的营业转变至座上客常满,这至少是乐队奋斗之力,岂能为了这一个小要求而将他们全功尽弃了,于情于理都未免说不过去!

同时,燕萍和王蝶对于广东音乐也不表示好感,说不定她们会因了乐队的变动而跟着脱离的,如果真会这样的话,那实在是李经理的失策了。

再说大中华的职工,亦曾坚决表示愿作中国乐队的后盾,很可能在那个时候发生不幸的事件,李经理却没有考虑至这一点。

(作者:贝多芬,原载《上海滩》,1946年)

大中华咖啡馆经理拳打可怜虫

老板打伙计,三拳二脚,当场见"颜色",全体职工总动员,怠工达三小时。准备诉诸公会,要求保障。结果老板自知理缺,亲自打过招呼,即"草草了事"。

这一个动手动脚的老板,今年已经五十多岁,姓戴,在白相人地界很兜得转,大家都叫他戴老二。

戴胖子的出身,是一员站岗巡捕,由开开红绿灯而高升荣任大中华饭店总经理,其中的一段"奋斗史",大有文章可做,而这里对于他以往的"丑史",却一笔抹煞,不提。

这一幕"开打"场面的展开,地点是在大中华饭店三楼的接线间门口,详情如后。

前日下午一点钟,大中华咖啡馆三号侍应生和所有的同事把店堂的桌椅收拾清爽,准备二点钟开门迎接宾客,忽然想起了一件要紧事情,到电话间去打电话。咖啡馆的电话无论打进打出,一向是须经过大中华饭店接线间代接的,哪知三号侍者有要紧事情要打出去,而接线间里却偏偏不肯接,三号等得不耐烦,于是直接跑到三楼去交涉,接线员却回答他说:"戴老二有命令在此,每日二点钟之前,凡是咖啡馆的电话都不准接!"

三号侍应生因是老板的命令,也无可奈何,正在怏怏退下楼的时候,老板却赶到了,不问情由就是对胸一拳,接着一脚,三号威慑着老板的势力下,只得忍气吞声,不与计较。哪知戴胖子却打得起劲来了,又来二拳外加一脚,这一脚踢在三号的足踝上,当场见"颜色",是鲜红的血迹,染在白色的号衣裤上,鲜明得很!这一个可怜虫,有领班带了下楼,坐在角落里用白毛巾揩着鲜红的血痕,全体男女侍应生都围了过来,问明情由,都不禁大怒,似有着无限的感慨,认为老板可以随便打伙计的时期已经过去了,在现在的时候不应该有这种现象,更不容这种事情发生,在大家感慨之后,认为避免以后同样的遭遇,应为各人本身着想,唯一的办法,就是要求戴老板给他们一个中恳的答复:"做老板是否可以随便打人?"这项要求,务必于晚上八时前答复,在没有获得答复之前,全体职工表示不愿工作,如果逾所限时间尚无答复,则一方面呈请公会要求协助,一方面则准备"大请客",凡是顾客上门,无论吃喝多少都不登账取费。这一封"哀的美敦书"由临时选出的一个代表,送到总经理室里去。

事情显得很郑重,戴胖子也是知道的,不过他为了自己的地位关系,认为下不了台,先派一个茶房到楼下咖啡馆去打听,回来的报告是:

"座位上有顾客而无招待人。"这可把老板急坏了,于是派他的儿子——咖啡馆经理前去劝导,结果也是无效。

这时候的戴老板,真有"发格"不出的苦,眼看时间是很快地爬走了,如果一到所限的时间,那真不堪设想,不得已只得老着面皮亲自出马,向全体职工说了许多好话,并向遭打的侍应生表示歉意,这才结束这一幕好戏。

事情似乎显得很小,老板打伙计在躲在皮旋转椅上抽雪茄烟的大腹贾们看来,更不算一回事,然而,像我这样普通的人,却也终于给社会角落里的一种特殊人物写下了这一个特写的镜头。

(作者:蔷薇,原载《上海特写》,1946年)

大中华咖啡馆出盘

西藏路上的大中华咖啡馆,曾产生过一位"文艺女侍应生",但是该馆的营业,因受了夜花园及缺乏冷气设备的影响,近两月来亏蚀不赀,于是传出了出盘的消息。据说接盘者是与该馆望衡对宇的萝蕾咖啡馆,因"萝蕾"的现在馆址,租期将届,亟待迁地为良,而大中华咖啡馆恰巧就在对面,搬一个场比较便利。现在双方谈判得已经差不多,推盘受盘的合同,也许不日就可以签订了。

(作者:座上客,原载《铁报》,1946年)

今日开幕之爵士咖啡馆

本市饭店兼营咖啡馆,自新都饭店李经理李贤影君首创后,继起者接踵而至,致咖啡业呈飞升之势,不仅中人兼营咖啡,即像外人亦跃跃欲试,如今日开幕之爵士咖啡馆,即在四个月以前,由锦卫商业储蓄银

行经理畲立君所发起。畲君对于经营咖啡馆,系全本外行,但对事业,颇感兴趣,乃于本年九月间,集资数十万元,向虞洽卿路爵禄饭店□主商借南部底楼层,辟作新型咖啡馆。但畲君因外行关系,经二月之准备,仍无起色。

上月间新都饭店内部人事关系,原有营业部之全班人马,均无意联蝉,一部分随李贤影君脱离,创办戈登路静安寺路口之花园酒楼,一部分与副理崔叔平脱离新都,而与在此苦无办法之畲君合作,创办爵士咖啡馆。爵士自崔叔平等加入后,生气突然蓬勃,一面扩充范围,增加资本至中储券二百五十万元,一面积极从事内部装修,大兴土木,将外部装成一船艇型,内部布置成一种精致之欧化舞厅型餐室,四周墙壁,特请喷画专家施九菱君设计,布置成一音乐空气极浓厚之画壁。该公司内部一切,已筹备就绪,于前日(十六日)下午二时,在该处召开创立会,重要职员业已推定。兹悉该公司董事长为李祖莱,常务董事孙在其、陈永林、钮伟鑫等,其余董事七人、监察三人。该公司现聘请畲立为总经理,崔叔平为经理,吴振辉为营业主任,兼管人事。

现定今日上午十时开幕,请黄金荣、袁履登揭幕,曹慧麟、张淑娴二位小姐剪彩。该馆专营西菜及咖啡、西点等。公司大菜每客约一百二十元,营业时间,有乐队伴奏。该馆所请乐队,名"麦克斯",曾在法伦斯演奏,颇受社会人士欢迎。该馆在富有经验之崔、吴两君共同管理之下,其前途必可无可估量。

(原载《东方日报》,1943 年)

西披西咖啡之口碑

西藏路爵士咖啡馆,集资数百万,门面及内部各种装修,富丽堂皇,美不胜收,一切设备,均堪完臻,灯光幽雅,座位舒宽,招待人员皆富有经验,而和蔼有礼。采用著名的西披西咖啡,因西披西咖啡,由专门技术人员,尽心研究,用上等原料配合,经科学焙制而成,故其色香味美,名闻全国,为各咖啡馆所乐用,且该馆特备美国名厂出品电磨咖啡机,能随时应用,随时磨出,故能永久保持鲜美无比有口皆碑之信誉也。

(作者:一客,原载《繁华报》,1944年)

爵士咖啡馆经理崔叔平

崔叔平君,年三十四,籍江苏,气宇不凡,所交多天下士,早年服务于新丽酒店,极为钟标先生所器重,许为脱颖人物,李贤影君经理新丽饭店之时,君赞与最力,盖此时君方担任副经理也,美科印刷公司成立君复总其成,遂任该公司总经理。爵士咖啡馆之创办,悉由君主持,老马识途,经验宏福,故卓然立于酒菜业中。

君赋性慷慨,酒菜业又多与各方接触,才地相宜,自应多所发展。然爵士位于西藏路中段,夹持于皇后、大中华咖啡馆之中,以地利言,逊于二馆甚远,然爵士营业并不因此而减,则崔君交际能得人和,从可概见。

爵士前身本为爵禄歌场,因营业不振歇业,地利当为较大关系,然该场之装修,曾无美感,座位又不舒适,在此种情形之下,纵有极好歌手,自亦不能与人争短竞长。自君经营改装后,面目焕新,所描壁画,富有艺术气味,装潢一新,极为各界所赞美,是君不独积于擘划,尤善于领略。

朱敏堂君为沪上商界巨子,最近华新太乙味精厂,扩充业务,以君久历商场,融洽各界,因聘君推广该厂业务焉。朱君之识人,崔君之有志实业,二贤相遇,□逾之发展,自堪期待。且崔君与酒菜业、南货业联系有素,左右逢源,必能相得而益彰耳。

(原载《东方日报》,1944年)

爵士咖啡馆与职工

爵士咖啡馆在上星期日,方棚间忽然因雨走电,当时有工人一名险遭不测。幸经救护车带去急救,据医院方面表示,更迟五分钟工人性命恐无法挽回。然而即此已使该工人必须休养一个时期始可恢复健康。工人离院之后,曾被警局召去查问,警局中人问有无要求,工人的回答是"不想要求什么"。

原来爵士与劳方感情甚为融洽,工人不愿向警局表示对资方有所需索。然事后仍由爵士方面供给其生活费用半月,并兼管其半月中之吃住云。

由是观之,资方与劳方能有此种互相谅解的表现,真是好现象,而为了金钱利欲,行若水火者,视之能无愧耶?

(作者:青子,原载《一周间》,1946年)

金谷咖啡馆的夜市

这次娱乐场所的营业时间限制,最是恪遵者,是几家游艺场,他们是惨淡经营,罚不起。各咖啡馆,因为一杯咖啡,有连捐超过二百元者,于是罚罚也无所谓,反正也不一定奇巧查出。

"金谷"的营业,现在可执咖啡馆牛耳!每晚的咖啡、夜点心收入连捐小约达三十四五万,十一时过来的客人,往往没有座位。白天"金谷"没有多少食客,到了晚上,不知如何,各路"英雄美人"自会投奔前来,这一批游兴不减的仕女们!

第二家是"萝蕾"了。至于后门在会乐里的几家,如"中央"、"大西洋"等之类,比上面两家略为打烊得早一点,不过他们所用的钟,好像比老钟还要迟一小时,他们或许不是有意超过限制时间,他们是慢钟,等于看了慢钟而火车脱班。

几家遵守时间的咖啡馆,因为给顾客都赶到可以多坐一会的咖啡馆去,无不大受打击。

此外还有一家威海卫路转角的"银都",也做到十二时,并有舞女伴座。前晚记者前往,则于十时半打烊,舞女已没有,大概有问题了。

(作者:大记者,原载《力报》,1944年)

金谷咖啡馆的没落

站在金门八楼的窗口,可以望见"金谷"全貌。一夜,百乐厅客满,潘秀娟小姐指着"金谷"告诉我,那边真是十桌九空。

西藏路一带的咖啡馆,近来是无一夜无一处不客满,但"圣太乐"与"金谷"两家,终无生气,而"金谷"尤甚。"圣太乐"的冷落,自有其必然性,饮料取值高过"七重天",逐渐使一般食客裹足。而"金谷"呢,咖啡卖得便宜,同在上海繁华的心脏区——西藏路上,设备又不恶,场子的始终不能"热"起来,岂非命耶?

前些时,传说"金谷"将改弦更张了。但直到现在,他们的当局,尚想维持下去。交暑以后,那边的夜花园已开放,四周挂着作为"壁饰"的救命圈,使座客有"乘槎浮海"的感觉。暑夜纳凉,在中区这是唯一胜地。可惜营业不振,望出去满目凄凉。爱轧热闹的游客,自然相率他往,连乐队也"吊儿郎当"的无劲敲下去。不知老板们肯否不惜牺牲的长期维持下去?

(作者:柳絮,原载《风光》,1946年)

金谷咖啡馆的夜市

咖啡馆以及一切娱乐场所,营业时间勿得超过晚间十时,当局已三申五令,布告在案。但是有许多咖啡馆,似乎还没有见过这个布告,像"金谷"、"萝蕾"两家,每夜的营业,终在十二时以后,尤其是一家"金谷",价钱实得比众昂贵,时间也比众延长,一连好几次,在一时以后方始偃"灯"息鼓。

相传本月六日晚上,有人来检查,不过"金谷"方面小门密布,随时可以从容掩饰,一个风头来,音乐停敲,洋琴鬼假充收拾乐器,再严重一点,主顾可以从容付了账,从新世界那边出去,所以从营业时间限制日起,他们一直瞒到现在。

"爵士"、"大西洋"、"中央"后门是会乐里,前门关了后,据悉,跳舞的客人,自会从后门摸进摸去,这一种门槛是否抄得药房晚间配方的办法,不得而知,不过吃咖啡的人,头脑终比吃五谷粉的灵活,多呷有提神醒脑之功。

咖啡馆能够开到这样晚,当然是一个冒险的尝试,不过十时以后,尚留在咖啡馆里的,同样有处罚的可能,这又是不可不知的。

(作者:局外人,原载《繁华报》,1944年)

金谷咖啡室 歌女打出手

在咖啡室盛行的风气中,金谷饭店也开了咖啡座。里面和"红棉"、"新都"、"皇后"等同样有音乐,有小小的舞池可以供客跳舞,从前晚起又有"高乐"的歌女参加歌唱和侍座,所以"金谷"的老板也对客人们说:"现在金谷变成四不像了,饭店不像饭店,咖啡馆不像咖啡馆,舞厅不像舞厅,歌场不像歌场!"的确,这种畸形状态是很那个的。

前晚,"金谷"发生了一件歌女互殴的事情,极是有趣。事实是这样的:

金萍,是"金谷"出名性情高傲的歌女,有客点她唱了一支《喜盈门》,在她唱的时候,突然错了一句,她发觉台下有人在开汽水,并且认清也是"金谷"的歌女罗萍。于是她唱完后,就走到罗萍面前打了她一个清脆的耳刮子,这样一幕武打开始,结果双方经人拉开,双方都哭了起来。她俩都是孩子,打过算数,本来没有什么大不了,可是叫罗萍侍座的客人却不答应起来,认为金萍有意坍他们台型。这当然是金萍的不是,于是"金谷"执事带着她向客人开啤酒,道歉了事。

哪知一波未平,一波又起,这时候金萍也有人召她侍座,并且再在"麦格风"前唱了一支《喜盈门》。挨了打的罗萍正和客人跳舞,见到这情形,认为召金萍侍座的客人有意使她难堪,竟当场昏厥过去。至于召金萍侍座的客人们对于两方都不认识,就也召了罗萍侍座,请她唱了一支《蔷薇处处开》。等她下来,由"金谷"老板做和事老,将她们的手牵在一起拉了一下,一场风波,就这样的闭幕了。

(作者:何方,原载《海报》,1943年)

麦克风播唱半出《纺棉花》

死去的夜,笼罩着大地,而另一角的皇后咖啡馆的麦克风前,正传出幽暗而动听的曲调。这是礼拜二的一个子夜,时间已近二点钟了,在许多歌唱小姐的群里,忽然听见,另一只喉咙歌着《卖糖歌》,等了一俟儿又继续唱《蔷薇处处开》《支那之夜》《爱的波折》《我爱妈妈》,像《纺棉花》里的那位张三的夫人一样,越唱越有了劲,一连唱了竟有五支之多,同时,在话筒里传出来告诉我们,这位歌唱者就是注册商标的张三的夫人——童芷苓小姐。听得皇后咖啡馆的座上客都附和着鼓掌以示欢迎。

童小姐那天也许特别兴奋,《万世流芳》演完了好像还勿过瘾,到咖啡室来饶上这半出《纺棉花》,这天在皇后咖啡馆的座上客,真是塌足便宜货。

《纺棉花》这出戏,已然成了当今最流行的戏了,皇后大戏院转危为安,得亏童芷苓的大纺特纺,外加《大劈棺》的大劈特劈。有人曾向"皇后"的当事人建议,把《纺棉花》《大劈棺》的长生禄位供于后台,借资不忘,这话虽近于戏谑,仔细玩味起来,却也有很大意义。童芷苓的确是"皇后"的功臣,她这二出《纺棉花》《大劈棺》,在皇后,广告牌上,简直定了长期包厢,而演出之日,能十足把握住叫座。凭良心说,她这出《纺棉花》,真有两下子,花样层出不穷,令听者百听不厌,棉花姑娘吴素秋虽行之于前,然较童芷苓之锋头,则只得瞠乎其后了。

(作者:老朽,原载《力报》,1943 年)

皇后咖啡馆

中区诸咖啡馆,"皇后"地当要冲,日过万辆,右接戏院,顾曲者出入其门,诚可得地之利,乃营业终不见盛冠,何也?近应友约,偶赴小坐,底层几不见一客,楼上情形稍可,则亦小猫三只四只,寥落如此,几疑置身丙舍,而仆欧所穿白衣,乍袖束领,纽在背上,更疑所见者,为殡仪馆中之化妆师矣。

"皇后"闻有"文艺复兴咖啡馆"之目,因其处一度为若干文士目作洞天福地,高谈阔论,一坐数小时,如此复兴,诚拜吾党中人之厚贶,但清茶一杯,馆方之收入几何?复兴至今,遂有召盘之说,闻代价约为三十条,有意于经营此业者,苟今日付三十条,则"皇后"不待明日即易主矣。

(原载《罗宾汉》,1946 年)

皇后咖啡馆之复兴

皇后咖啡馆在同业中是家"冷场子",去年暮春,余友作歌于军政电台,每与晤对,辄期之"皇后"二楼。于是,我为这地方的常客,迨至我那位朋友辍歌,余则由于"跑惯"仍复常去。继之一个夏天,朋友联袂而往,为之点缀市面,乃不冷落,然"外客"甚少,仅赖几杯咖啡,实难乎维持其开支也。近半年来,对于这地方是久远了,前夜偶然重临,二楼上已添置不少新座,殊鲜虚设,喜其生涯已渐振。按皇后咖啡馆之复兴,实沾楼下剧场之改映电影之惠。痴男怨女相约看电影,大抵在此等人,或双携而至,开映有待,亦多借一杯咖啡,消磨时光,而电影散场以后,尚有一笔"夜咖啡"生意可做焉。

(作者:柳絮,原载《大风报》,1947年)

国际咖啡座

  国际二楼孔雀厅之音乐茶座,午后恒卖满座,而三楼咖啡室,生涯荒凉,观此亦可知迩日上海"吃茶"风气之尤盛于"吃咖啡"一已。

  三楼仆欧多怠于侍应,食客入座,视若无睹,喊一茶点,往往历时弥久,视华字系粤菜酒家仆欧侍应之周,有殊云泥。沙发座位、椅套皆陈旧破损,佳宾莅临,不耐久坐。大约国际饭店之辟咖啡室,不过为一格之备,故亦无意于振奋营业,改善管理也。国际地滨竞马场,春秋试马之日,来此觅窗口茶座,啜咖啡带看马赛,远近驰马之姿,尽收眼底。比之设座于竞马场之看台上,舒适良多,而视线所至,转得一望无阻焉。

(作者:柳絮,原载《海报》,1944年)

我所喜爱的咖啡室

  最近三数年来,咖啡室事业,忽然兴旺起来,尤以今年为最,新开的咖啡室,犹如雨后春笋,遍地林立,弄得一班欢喜跑咖啡室的顾客,大有应接不暇之势。然而仔细研究起来,在这么多的咖啡室内,要寻出一家真正好的、配我胃口的咖啡室,倒是一件不容易的事。

  我所不喜欢的就是咖啡室内火车式的座位,嘈杂的谈话声,聒耳的低级化的音乐,以及缺礼节随便坐卧及不整齐的服装的顾客,因为我认为这种咖啡室,无异于中国船式的茶馆,失去了幽静、整齐的特点。

我所希望的咖啡馆是有宽敞的地方、舒适的沙发、柔美的光线、齐整的摆设,使我一进去就有一种整齐、高贵、肃穆的感觉,我可以静静地坐在那里,喝一杯香美的咖啡,无聊时想想过去和将来的种种。那时,空气中传布着幽美而

轻松的浪漫派音乐,使我好像置身在月光底下的海边,有澎湃的潮声供给我音乐。我也可以找几位知己的朋友,轻轻地,有趣地谈论着各种琐话,这样既不妨害他人,也不失去自己的乐趣。然而,这种咖啡馆在哪里呢?我相信,国际饭店的三楼是可以满足我的希望!

(作者:潭君,原载《帆声月刊》,1944 年)

国际咖啡室的座客

国际饭店之咖啡室,迄今已三迁,仍设于楼下,经装修后,呈富丽堂皇,气魄繁华,其售价,较汇中略廉。其中座客,过去较高尚,时至今日,独多舞女妓女等厕足,且高谈阔论之士,喧哗若菜肆,毫无情调可言。

音乐系十四楼携下之唱片,与高谈阔论声混杂一片,此在智识座客之锐减,而独多目不识丁之暴发者,于斯地作附庸风雅。咖啡室本系高尚人士之叙谈所,不意迄今形成市场或成茶会,其前途贻将步大东又一楼等之后尘。

(作者:九纹龙,原载《戏报》,1947 年)

亚洲咖啡室

今年西藏路周遭的许多咖啡室,往往三四人去一吃,便是两三百,

价格的昂贵,真幸亏上海人"吃得消"。

日昨记者去参加仁济路"亚洲"的招待茶会。"亚洲"是桥南新开的咖啡室,具日本风味,由中国人容□和君主办,在他们的请柬上,有可注意的几点:

"亚洲"开设的目的,第一是谋苏州河南勤劳者中膳的解决,企图提供价廉而富于营养之膳食,气味芬芳的纯粹咖啡……第三是奉呈生啤酒及其他美酒佳肴。

不错,"亚洲"的装饰清洁,虽仅有沿街凭窗的两间,但的确适合喝咖啡,用快□,或两三知己去小叙盘桓。笔者叨在被邀之列,得参观了他们的"生啤酒"过压设备,据容君说:"这个设备,除了北四川路日本

吧店'潮'具备外,上海没有第三家了。"原来生啤酒仍是啤酒,经过压气管,流走过压便是。但这生啤酒的酒味,显然比较的清新和爽快。

愿为爱坐咖啡室者推荐"亚洲",同时希望"亚洲"把宣传的几点一一办到。

(作者:文风,原载《海报》,1943年)

白雪咖啡馆

旧圣母院路①上有白雪咖啡馆,开设于数月前,曾在报间宣传过一个时期。昨日偶经过该处,偕余友东皇主人作小坐,咖啡尚不错,惟设备简陋,台凳狭小,如人有"小家习气",憩坐其间,遂有局促如帐下驹之感。台上之玻璃板下,置有饮食品名单,惟概不标价格,谅物价踊跃,无时或止,该馆定价亦早晚时价不同耳。壁上有油画一大幅,绘森林雪景,白茫茫一片,大概为陪衬该馆题名之故,然天寒地冻,坐其间衬此一幅雪景,益觉寒凛凛矣!苟于此朔风怒号之日,换掉一幅火光熊熊之画景,当能使人眼光所及,感觉上较为温暖也。

(原载《繁华报》,1944年)

地窖咖啡室之我闻

舞场生涯,今已如强弩之末,入春以来,市面又呈银根奇紧状态,虽

---

① 今瑞金一路。

经舞业巨头竭其全力以挽回,卒不免如黄昏夕阳之苟延残喘耳。咖啡馆之营业,反以是而激增,事亦不可思议矣。尤以虞洽卿路一带之咖啡馆为最,午夜一时以后,几无一日无一时不长地无立锥。

郑伟显执舞场业执照,比以此中黄金时代已远,乃亦改变政策,从事咖啡馆事业之发展。闻近方计划一地下咖啡馆,即以昔曾显赫一时之新世界地道为地盘,与七重天以及十四层楼互争短长。上海人吃新噱头,届时自可轰动无疑,然其事实现亦颇费周折,新世界之地窖,今已十年未开,闻之人言,内部已积水盈丈,即欲开放,亦必须经过相当时日也。

(作者:青子,原载《力报》,1944年)

赌场咖啡馆观光记

一夜,与一方、苇窗、欢喜居士四人南征,既至则赌场咖啡馆之正门已关,然有音乐声自门内播出,乃绕道入赌场咖啡馆之后门,此一特殊地段,今亦不能畅所欲为矣。午夜两时以后,座客散去大半,楼上座客,已荡然无存。入门时,室内人气熏蒸,几欲为之作呕,亦见此中座客之庞杂矣。

是夕也,一方兄首先有不耐久坐之议,余亦与有同感,遂相继退出。余等离座之际,咖啡杯犹炙手可热,问于仆欧,则营业时间以清晨四点钟为度,余等离此时,犹不过两点四十分也。赌场咖啡馆之吃账附加费为六成,视"金谷"犹心狠手辣,若非做此夜生意,保险有门可罗雀之观也。

(作者:柳青青,原载《社会日报》,1945年)

咖啡座来去

"新都"没有了冷气来,六楼的生意打了个折扣,大家都爱上七楼万象厅了,长窗透过温熙秋阳,音乐悠扬入耳,即使不跳舞,坐在沙发上凝思、阅读都不错。

西藏路上的"萝蕾",虽然是洋铅皮的建筑,可是每夜生意极佳,那里,逗留着一些无所事事的"少爷"们,而歌姬和交际花也不少,她们布置了"岗位",猎取"被消遣的男子",所以你如果有女侣,还是少去为妙!

虹口的"纽约餐厅",是一个不为人注意的所在,里面有乐队,有伴舞的女郎,布置有点像"圣太乐",可是那儿跳舞不上算,若是路过,去吃吃点心和茶,倒是极便宜的。

汇中饭店底层的咖啡和茶,都售价便宜,你坐在那里,拣那靠窗的台子,眺望浦江和街景,那是足够消磨去你小半天,会觉得胸襟宽阔,没有一般咖啡馆那样浮嚣窒息!

(作者:褐衫,原载《和平日报》,1946年)

南京路

编者按：

  1845年，英国殖民当局在洋泾浜以北设立租界。1848年，英国麟瑞洋行大班霍克组织跑马总会，并越出英租界，圈占五圣庙（今河南路西、南京东路北）附近80亩地，辟建花园和抛球场，在花园四周筑跑马道，成为上海最早的跑马场。从花园通往黄浦滩的小道名为"花园弄"，又称"派克弄"，这就是南京路的最东段。

  跑马场建立后，商贩纷至，街市大兴，适逢小刀会战火蔓延，上海县城居民大量涌入租界，租界地价陡涨十倍。跑马总会以十二倍的价格将原跑马场出卖，另购进周家浜（今西藏中路以东，湖北路以西）170亩地，于1854年建第二跑马场，称"新花园"。花园弄延伸至新花园，宽20英尺，表面铺碎砖、石屑，用石滚碾平，马车可在上面奔驰，俗称"马路"。随着新花园周围日益繁华，跑马总会又将新花园高价出售。1863年在泥城浜西岸（今人民广场、人民公园一带）建成占地430亩的跑马厅，号称"远东最大的赛马场"。花园弄再次延伸至跑马厅，并拓宽至40英尺，表面铺煤屑。扩建后的花园弄成为英租界的交通主干道，称"大马路"或"英大马路"。1865年英租界工部局正式命名大马路为"南京路"。

  南京西路名起于静安寺，原名静安寺路，始建于19世纪60年代。1862年租界政府为了方便军队抵达太平军前线，以越界筑路的方式，将花园弄（即如今的南京东路）向西延伸，穿过泥城浜（当时租界边界，现西藏中路），直通静安寺，与同为越界筑路的徐家汇路（后称海格路，现华山路）接通。这段新开辟的道路以静安寺前著名的涌泉而取名涌泉路，又名静安寺路。

南京路之旧影

海上繁华，甲于中国。得欧风之扇拂，受物质之陶冶。于是夷楼百尺，高楼云天，轨辙万端，迅驰流电。凡过南京路者，莫不目眩神迷，心醉色喜。以为模范之通衢，固当如是也。予生也晚，不知数十年之南京路，作何景象。即前辈先生之老于沪渎者，恐事过境迁，亦早付诸淡忘。一昨见西人某所藏之摄影，有旧时之南京路一帧。观览之余，不禁起今昔之感。影只摄南京路福建路口之一角，且以虹庙为主体。庙门树以栅栏，一若专制时代之衙署。门有楼楹，张犊鼻裈一，盖司香之役之所悬曝者也。庙之右则为市肆，皆单幢之屋。门窗绝拙陋，雨淋日炙，朽裂不堪。楼窗之下，更有承溜之板，板作倾斜势。此等制作，求诸内地，尚触目可睹，然非可言于今日之南京路也。肆大都为屦席杂货之类，主顾寥若晨星，门庭几可罗雀。自来火灯之铁柱，矗立路畔，独轮之小车且欹倚之，厥境之萧条冷寂，无以复加。谁料瞬息沧桑，萧条冷寂者，一

① 清末上海南京路街景。

变而为今日车水马龙,士集似房间麇,女趋若鹜之南京路哉。虽然,南京路固日新月盛矣,但我国之民生,反日窘而月蹙。其故何欤?还祈忧时爱国之君子,有以省揆之。

(作者:郑逸梅,原载《申报》,1932年)

南京路巡礼

南京路通称大马路,因法租界也有一条大马路(公馆马路①),为分别起见,故又加以"大英大马路"之称(上一大字读 da,下一字读 dou)。但"大马路"其实已为南京路专称。不会缠错的。这是上海第一条最富丽的路。富丽在两方面:第一,全路东从黄浦滩路起,西到西藏路至,路面皆以整方块红色木块砌成。这木块每块要卖一二角大洋,你想,这一条很长很阔的南京路,该用多少木块来砌成。听说这条路全部要值

②

---

① 今金陵东路,因位于法国领事馆门前而得名。
② 1893年上海南京路街景。

几百万元,这就可见其富丽了①。这条路工部局决筑不起,当初是由上海第一大财翁英籍犹太人捐资独造的,除他也再没第二人有此财力了。第二,靠马路两边,从东头沙逊大厦,西到新开的大新公司为止,差不多全是大商店。合计这些大商店资本总数,恐怕将近万万罢。这是南京路富丽的又一方面。因此,它得独称为上海第一条有名马路了。

我们从南京路东端看起,这里,矗立在两旁,作为南京路起头的两扇大门的,北首是高十几层的沙逊大厦,南首是汇中饭店。沙逊大厦,外部自底到顶,都以大块花岗岩铺面。屋顶作四方尖形,上冲霄汉,尖顶及四角,涂以金色,日光照耀,灿烂生辉。全屋建筑,极度富丽而精美,造价又不知是几百万罢。屋主系沙逊洋行,为英商所有。屋之中部,开设上海最高贵的"华懋饭店"。房间价目,听说起码要几十块钱。房间式样,各国式子皆有,英、美、德、法、日本、中国以至土耳其各式,都照样布置。对面汇中饭店,房屋建筑已老旧,但内部仍特别精美。靠大马路窗口,坐着喝啤酒进大餐的,都是最"高贵"的西人,华人从未看见(听说不能进去,就能进去,靠窗一带,也不让华人坐的,这样会"污秽"了他们高贵身份),这里大概是"高等"西人独占的地方。

由此到四川路口,这里有一家西人开设的大百货公司,那便是有名的惠罗公司了。也在这一段,另有一家西人开设的福利商店百货公司。现在在静安寺路帕克路②口,也开有同样一家,范围更大。再过去到江西路口,矗立的一座黄色大厦,那便是总握上海电气事业"托辣斯"式的"上海电力公司"总办事处,它是西人在上海租界唯一垄断的大企业。沙利文、麦赛而西菜店都在这一段。又过去就是南京路东段繁华中心的"抛球场"(河南路)了。丽华百货公司与亨达利钟表行,都在此处。南京路从东头到此,可以划作东段繁华区域。这里有一个特点,就

---

① 清光绪元年(1875),南京东路拓宽,洋商沙逊和哈同,耗资60万两白银,在南京路铺设从印度进口的400万块铁藜木,涂上一层柏油,成为远东最漂亮的道路。

② 今黄河路。

是商店大半为西人所开设,只有"抛球场"一段,有几家是本国人开设的。

①

从"抛球场"向西到福建路(俗名石路)为止,可作为南京路中段,这段中,作为中心大建筑的,是落成于"一·二八"时候的"大陆商场",为大陆银行所有。占地之广,在南京路上,除先施公司外,再没有比得上的。二楼全部为中国国货公司,为南京路上最大经售国货的百货公司。三层以上,出租作各种写字间,这一个庞大建筑内,好比一个社会缩影,什么都有,文化机关、商业机关,以至打拳、跳舞,形形式式,真好看煞人。在南京路中段,几家大银楼(如宝成、裘天宝、新老凤祥等)及大绸缎局(如老九和、老九章、大纶等)和大的南货店,都集中此一段内。这可谓是南京路中段之特点了。

---

① 清末上海"抛球场"街景。

　　从福建路直到西藏路尽头为止,这是西段繁华中心,也可说是南京路繁华中心,更可说是上海的繁华中心。因为在这段内,居于上海商家最高峰的四大百货公司(先施、永安、新新、大新)都集中此处,而且南京路与浙江路交汇之点,是贯通上海东西南北各大区交通中心点,经过此处的电车共有六路之多。他处人到上海,从北站乘电车到中区来,第一必经此处。现在我们来看南北屹立的四大公司。

　　四大公司,先施最老,房屋地盘也最大。次之永安,永安现在又在东首天蟾舞台旧址新造了十几大厦一座,以悬桥通新旧两部,姿态更壮了。新新公司在先施之西,大新公司系新造,于今年才开幕,房屋最高。这四大百货公司,雄踞南京路西头形成了上海一个最热闹中心区,晚间自远而望,各公司霓虹灯光,直冲霄汉,映半天作红色,从南京来的火车,过真如镇远远就可望见。他们真代表着整个上海的繁华。

(原载《家庭星期》,1936年)

① 1937年上海南京路街景。

咖啡,电影,冷饮

假使你身边有一些钞票,今天下午没事,预备在南京路消闲半天的话,让我给你做一个计划。

你在家里吃完了饭,就可以整装出发,开始今天下午的消闲了。

我们不妨由东朝西,自外滩出发。这里第一个去所,便是外滩朝南的汇中饭店。

房屋虽然陈旧些,里面却有富丽堂皇古色古香的装置,颇带有中古世纪的西洋宫殿气氛。沙发的座椅,古典的音乐,坐在沿南京路的玻璃窗旁边,泡一壶咖啡,望望窗外的路上的热闹劲头,听听动人的音乐,看看邻座西洋绅士淑女的交际应酬,很值得你在那里流连一两个钟头的。费用倒也不贵,一千零四十元一壶的咖啡,使你很满意地走出大门。

如果你是讲究实惠,而真正为咖啡而咖啡的话,那么可请再走几步到江西路附近的"马尔斯"去,六百元一杯的咖啡,的确是独步申江的了。

现在大概已二点钟了,该找一家电影院,花掉一千五百元,在冷气间内把身上的暑气先冷一冷。片子的好坏暂且不论,二个钟头的消夏该是首要的。

跑出电影院,是上茶馆的时候。这时茶舞的音乐正在开始,在新都、第一楼、大东、精美,都有冷气,兼备音乐。在那里喝喝茶,听听音乐,与数好友,携女友步入舞池,婆娑一番,也是一件快事。何况所费,远较舞厅便宜,一茶三点,比白开水一杯便宜得多。

你如果爱好"场面",要讲"派头",那么国际二楼的自由厅,也有冷气音乐,五时至七时二个钟头的消磨,很够你兴奋的了。横竖他的价目比起一般的舞厅还要"平易"得多。

永安公司的七重天,虽然没有冷气,却因屋高风大,别有凉意。那里也有三四个音乐师在弹奏些爵士歌曲,不过价目不敢领教,一杯咖啡三千六百元,比起惠中来,真有些不可思议。

但是你若情愿去享受一番而不计较价目的话,五时至七时的茶舞倒也可以去一试的。

(作者:辰,原载《世界晨报》,1946年)

咖啡馆中的伪装日侨

日本屈膝以后,除了大量的军队被拘集中营或遭送回国之外,其余羁留在上海的日侨,仍旧让他们住在虹口一带。中国军事当局为了消除这班居民或有越轨行动的发生,派密探在各处查探他们的行动。一方面复由日侨自治会发给证明文件及臂章,然后可以出外,否则一经查获没有臂章的,就以私行出走罪而遭严办。

本月五日上午十时,南京路马尔斯咖啡馆忽然有六个作国人装束的不速之客,冲进店来喝咖啡,起先仆欧们还不疑心他们是日本人,后来其中有一个家伙,忽然有一块东洋花纹的包裹布掉落在地上,给仆欧瞥见,就发生了疑窦,后来又看他们坐立不安、东张西望的样子,就更深一层去怀疑他们的国籍了。因为到咖啡馆来的人,从来没有像他们那样的惊慌失措,于是立刻打电话给专管日本人民的中国军事当局。

当调查人员抵达马尔斯咖啡馆时,这六个日本人还在鬼鬼祟祟的喝咖啡。调查人员将派司及来意说明后,这六个日本人显然是吃惊异常。可是调查人员为保持大国民风度,始终是对他们相当客气。这六个日本人的姓名是:加藤诚一、竹原真雄、文塚正、阿波田正一、名越三郎、木村幸一等,其中只是竹原真雄是有臂章的,其余五个都起先撒谎说在大衣袋里,后来逼着要查看不得不来一个"没有"的招供了,而竹原真雄的臂章却反卷在左端大衣袖子里,根本轻视中国当局的命令。

调查人员除了当场训斥一顿外,即将他们的住处逐一抄录下来,以便呈报他们的自治会加以惩罚。

(作者:黑子,原载《快活林》,1946年)

犹太老板算盘精

南京路东段两家著名的咖啡馆——沙利文和马尔斯,一向是绅士淑女们憩息谈心的所在,最近沙利文因怠工复业不久,又在中秋前夕宣告停业了。

马尔斯是在胜利之前以七根金条租下开业,老板是精于算盘的犹太人,开业以来,生意不恶,而且时常座上客满,可是因为开销太大,利润并不丰厚。犹太老板的脑子里,早已作着有利的打算,在这房荒严重、房屋困难的情况下,马尔斯以其地点,是很可以作一笔巨大的买卖的。终于他的计划获得成功,就在中秋前夕以八十五根金条顶了出去,据说承顶的是建国银行。

八十五根金条合法币一亿七千余万,为本市开创了金条顶屋的最高纪录。犹太老板在圆圆的明月下尽情欢笑,他不会想到六十几个职工,每人只拿到遣散费七十万整,仰望明月,为一家老小的生活低头长叹呢!

(原载《立报》,1946年)

热闹的光明咖啡馆

南京路上最有名的咖啡馆,该是"光明"了。"光明"的地方较好,门面宽,两旁是舞厅和戏院,使它成为上海最繁荣的咖啡馆之一。

它没有异国情调,如林森路上的那样,它是一个近于食堂的、浮嚣

的咖啡馆,每天吞吐着不少人群,有商人、舞女、大班、作家、记者、交际花、小职员、政客、白相人,真是五花八门,无奇不有。

"光明"的咖啡售价相当便宜,一杯咖啡万元左右,较之"国际三楼"来,"光明"是平民化了。"光明"的火车座很多,有不少情侣亲昵的谈心,坐在火车座外的桌子上的,则是大谈生意经。

多么不调和的空气呀!

然而又何尝不是男女交易市场,因为这里的女人,以"交际花"和舞女为多,有些女人的质地则在"交际草"以下,然而,她们坐在那里,谁不当她是一个贵妇。

舞女时常来的,大多是"米高美"、"维也纳"、"大华"、"仙乐斯"的一批,她们是与客人同来的,一到五六点钟左右,"光明"这类"人物"特别多。

"光明"后面便是"大光明"戏院,"光明"的厕所与"大光明"共有,所以"光明"的生意前后门都做,好不繁华也。

"光明"虽然好在地段,但售价公道是它的优点,花四五万元已够一饱,在起码的咖啡馆也不止此数。

(作者:茶博士,原载《小日报》,1947年)

舞客舞女集会处光明咖啡馆

在一年前,光明咖啡馆是被人认为是最神秘的,那时一般人,对于咖啡还没有十二分的好感,以孵茶室为多,现在呢,茶室的风气,都搬到了咖啡馆里去了。

光明因为地点适中,情形更是二样!观乎现时下午去光明咖啡馆,能找到一个座位,真是勿大容易,而所到光明的一般客人,又都是晚上在舞场里溜溜的,所以十个倒有六七个相熟的。

五六个围坐一桌,他们在谈论的,还不是舞女与舞客、拖车和龙头碰僵的事情,这几天时局问题关系,舞场营业清淡问题,说大都会在十一点打烊起始,谈到百乐门只有五六桌客人为止,你谈丽都,我讲新仙林,几路人一合摆来,于是等于你昨晚在各舞场兜过一样。

咖啡馆之得新繁荣,一半是女人的引诱,一半则系虚荣所催促,好像吃点心勿到咖啡馆,而进普通点心馆是勿吃价的。

至于女人的引诱,那完全是派头问题,带了女人上咖啡馆是派头,至少比上茶室有台型得多。

光明咖啡馆之盛,那是要归功于几个舞国大记者的,当光明还未受人注意的时候,一般大记者,就时常到那去。大记者足迹一到,就有张雪琳、张雪尘等一些与大记者相熟的跟了去,由此传了开来,光明咖啡馆现在就成了舞客与舞女约会之处了。

要得悉舞国的珍奇和新的消息,可到光明咖啡馆去坐上一二个钟点。

(作者:武曲,原载《品报》,1941年)

七重天的情趣

仲夏之夜,一切都懒洋洋地,可是一切都含有诱惑性和刺激性的,不是吗?这季节可真令人难受哟!

每当这个季节的来临,我们总会想及"心情怎样安排才是呢"。出门吗?夏威夷的山涯水际,尽有许多诗一般的环境,那里有南国女儿的歌声,随风飘送,不消一回便悠然入睡了。可是此际出门,又谈何容易呢?

现在时序又显出夏的姿态来了,我们又得预备安排心情的所在了。都市的夏天晚上,总不愁没处消遣吧!也许有人会这样说,但这一个问题,还不是很容易解决的,夏天我们白天烦够了,那么晚间的去处,当然不是随随便便就可以使我们满意的。

现在这里有一处值得流连的场所,他们事前替都市的仕女们安排了许多令人惊异的点缀,他们筹备多时,才表露它簇新的姿态,一切的设备都达到了理想的目标,十足表现出物资和艺术的进步,这便是今夏唯一的消遣胜地"永安花园咖啡室"。

咖啡室而以花园为标榜,我们可以想见它内容的概况了,他们因地制宜,在一层毗连的高楼的广阔洋台上,辟成一座火树银花的夜花园。那里茂林修竹,百卉杂陈,相隔不远,有几座茅亭小筑,正中是特式的星形舞池,当着霞初星夜、月地花天的当儿,假使和伴侣携手入池起舞,那时花影横斜,人影在地,真有虽非天上,亦非人间之想。

舞罢了,我们需要休息一回吧,在这里琼楼高处,我们根本就忘记了炎夏的威胁,我们还可以俯瞰都市的轮廓,因为这里是七层高楼呢,他们因此特地起了一个"七重天"的雅号。啊啊,多么美丽而有诗意的名字啊!

至于室内呢,地点是七楼的全部,左右翼建筑成两座幽邃的房座,这些房座的结构,好像迷楼似的,房屋外面又有光洁的舞池,他们聘定了著名的乐队,每日献奏爵士的名曲,在婆娑起舞之后,进点美酒佳肴,最后是咖啡,咖啡的香味,我们不难想象到的。

一切装饰和建筑,他们花了整年的时间来研究,所得的成绩是富丽、高雅和舒适,他如男女侍应生的训练、厨司的选择,在在都替来宾打算得无可再周到。

室内无疑的是适宜于四季和日夜的,但眼前是夏季来临了,我想聪明的时代仕女们,必然地一双双携手同游,享受这远隔红尘的七重天上的情趣吧!

(作者:逸公,原载《永安月刊》,1943年)

汇中的下午茶

我往往是爱消磨一个下午在汇中饭店的。汇中饭店的底层是有着英国绅士气的,厚厚的沙发,给予你一些忧郁、温暖之感。沿窗小坐,瞭望街景,这是最能代表上海的一段马路,你更将听到轮船的歌唱、码头

① 清末上海汇中饭店。

工人的吭唷声,可是你只感到劳动的美,你坐在沙发上,你的阶级是与他们悬殊了。

汇中饭店里的洋人们很多,"沃非司"下班的男女也不少,他们静静的谈着,不过有些洋琴鬼演奏者,他们为顾客奏些曲子,于是打断了谈话!

汇中饭店的下午茶是有名的,以前享受下午茶的,都是洋绅士,他们是"冒险家的乐园"中的人物,但他们的嘴脸戳穿了,于是中国客人也敢踏进来了,喜清净而爱听音乐者,我认为这里是一个乐园。

(作者:茶博士,原载《小日报》,1947 年)

西侨青年会的咖啡

西侨青年会[1]在一般人的眼光看起来是神秘的,他们认为中国人不能走进去,这是最卑贱的劣根性,是租界时代的遗毒流传,至今未能根绝,因此他们走过西侨青年会最多向里边探头探脑地张望一下,决不敢像那些碧眼黄发的家伙般的昂然而入。当他们看见有几个"高等"华人走进去时,那便引为怪事,以为他们十分了不得,其实拆穿讲,并无什么值得惊异的。

西侨青年会设有一个茶室,是营业性的,不论会员或非会员,亦不论华人与洋人,只要有钞票,都可一概而入,做他们的主顾。

在西侨青年会吃咖啡适宜于晴天,从明窗几净看到好一个艳阳天,是至有趣的。这里不太静,因为西洋人并非个个都是懂得礼貌的人,不过,你至少可以领略到一种难得一尝的风味。

仆欧是中国人,吩咐时可以用中国话。

因为是青年会,所以,不供给酒,连啤酒也没有,咖啡倒是挺香美

---

[1] 原址在今南京东路 150 号。

的,柠檬茶也不错,蛋糕不坏。价钱也不贵,当在附近电影院看电影或时间过早无处消遣,到这里吃吃咖啡是最适当的。一个人无聊买份报纸在这里泡上一壶咖啡,自斟自酌的消磨个半天也不坏。

唯一缺陷的是没有音乐,在寂寞时,从玻璃窗望出去,欣赏西泽女子穿花挟蝶的姿势也是消磨时间一法。

这里的西餐是地道美国式的,很丰富,价钱很便宜,难得一次上这里换换口味颇不坏。

(作者:沙洛,原载《时事新报晚刊》,1948 年)

马斯咖啡馆

南京路江西路附近,有马斯咖啡馆,进口处狭小,入内则其宽敞,据闻战前之马斯,尚大三倍,今已改为银行矣。

马斯之奶油糕,上镶杏仁酥一枚,乃为妙品,此间咖啡价不昂,国人西人各半,西人则为犹太商,将此作为茶会场所,国人乃银行街上有"犹太气息"之经理老板,请朋友谈话,故马斯大可改为"犹太咖啡馆"也。

(作者:定元,原载《真报》,1947 年)

时懋咖啡座表演节目

在时懋饭店新张的时候,我记得除了王渊的舞蹈外,还有金刚与裸女的表演。

这是一对罗宋夫妻的噱头,男的长得高大而英俊,女的则也颇秀丽,这一对,是时常在各咖啡馆演出这一套。不过因了"香艳、肉感、恐怖",每次演出,总传出热烈的掌声。

一开场,女的穿了单薄的纱笼,上身尽是些项圈和乳罩的点缀,赤裸的部分很多。她的大腿并不健壮,而细的苗条,很惹人怜爱。一个人跳了会愉快的舞蹈,可是电灯忽地一闪一亮,一个猩猩跳出来了,是她的丈夫扮的,他追逐她,使她吓得娇啼,可是终于被猩猩的巨掌攫获了!他乱甩乱丢,那样子,使观众代这裸女难受。

不过,留存在观众心底的是快感,在男性们,或多或少的有享受虐待狂的乐趣,而"金刚与裸女"的表演受人欢迎,便是在于有些虐待狂的滋味。

而表演既毕,观众都"恩哥"地喊起来,猩猩与裸女便跳起舞来,姿态颇滑稽、轻松,结果猩猩背了裸女进去了。

现在这节目仍是走红,在各咖啡馆轮流演出!

(作者:赫衫,原载《和平日报》,1946年)

静安寺路

编者按：

南京西路名起于静安寺，原名静安寺路，始建于1860年。1862年租界政府为了方便军队抵达太平军前线，以越界筑路的方式，将花园弄（即如今的南京东路）向西延伸，穿过泥城浜（当时租界边界，现西藏中路），直通静安寺，与同为越界筑路的徐家汇路（后称海格路，现华山路）接通。这段新开辟的道路以静安寺前著名的涌泉取名涌泉路，又名静安寺路。

1899年，静安寺路划入公共租界，沿路两侧的沧州别墅、英国汇丰银行大班住宅相继落成。1908年，英商铺设有轨电车从静安寺至外滩载客运行，交通便利，人口日众。1914年9月，西班牙商人雷玛斯在静安寺路投资建成夏令匹克影戏院。1916年，陆费逵在静安寺路建造中华书局。1917年，金鸿翔在静安寺路开设中国第一家时装商店。随着租界的建立和市政建设的发展，静安寺路由宁静马路逐渐变为繁华商街。

静安寺路巡礼

到大新公司为止,南京路终了,接着向西而去的,便是静安寺了。站在这马路角上向西看,我们看见前面有如高城矗立的,那便是华安保险公司大楼、西青年会大楼。这三座美丽而雄壮的高屋,依次并肩立于静安寺路头,对面是一片绿茵的上海第一大跑马场。这是到静安寺路首先给我们的伟大印象。

①

从此向西直到静安寺路底足有四五里路长,两旁皆为最华贵的洋房住宅及西人商店。道路十分洁净,人行道异常平阔,绿树成行,到底不间断,可算上海第一条最整洁最雅静而又华丽的马路了。

在静安寺路上,除东头三大建筑物(华安、西青及四行大厦)外,居于中段的大建筑,要算有名的"爱俪园"(俗称哈同花园)了。这园为上海第一名大富豪英籍犹太人哈同氏所有,哈同房产之多,在上海首屈一

---

① 1908年静安寺路开通有轨电车。

指,而这园便是他的公馆所在。园在静安寺路西摩路[①]口,大门紧靠静安寺路,后门直到法租界的福熙路,占地之广,可想而知。当我们走过其门前,只见朱漆红铁门,一带高围墙,里面台榭参差,树木蔽天,这就是了。园中建筑布置,据说富丽绝伦,各种建筑形样皆有,可惜笔者没有进去过,不然,是可以另篇来描写呢。

到静安寺路底,路得以命名的"静安古寺",自然值得游客注意的了。门首有古井一口,至今犹存。此处为一、二、十二各路电车终站,再过去便是愚园路了。站在愚园路口,值得在此说到的,便是上海最高贵的跳舞厅"百乐门"。内部华美已极,来此者以汽车阶级为多,穷措大莫想望门而入,最低价的大菜,每客要五元呢。但近来以社会不景气,也影响到"高等"华人的享乐,生意很清淡,已于最近宣告停歇,秋后只将跳舞厅一部分仍开放,余者将永远停业云。

(作者:清波,原载《家庭星期》,1936 年)

咖啡馆游记

冬夜无聊,每值晚餐之后偕余二三知己安步当车,徒行于静安寺路上。不二十分钟,抵咖啡馆矣。馆名圣乔治,二年前亦为爱普庐主人赫司伯之产业,今则转租于一俄商,所剩者附设馆外之露天影戏场耳。

馆之面积不大,而内部之布置殊华丽。座位之四周饰以鲜花,花色艳而不俗,香气四溢。程子步高比之如入芝兰之室,而忘其处身龌龊黑暗之上海矣。入馆不用购票,但须稍进咖啡汽水等物,物价略较寻常商铺为昂,以偿观舞之姿。观者且饮且观,舞者且舞且笑。于是饮者流连而忘返,舞者愈舞而愈神。夜半钟声,不足以动馆中人也。

舞价殊廉,番佛一尊可四度。应舞者,大都加拉罕之同胞,与夫伊

---

① 今陕西北路。

藤之同种。体态轻盈,飘飘欲仙。衣轻纱,着短裙,曲线之美,毕呈观者之前。未几余与步高亦舞。步高之同舞者体甚肥,姿态尚不弱。与余配者有濑川风韵。舞罢,步高喟叹然曰:"诚哉,价廉而物美矣。"及散,已钟鸣三,伟涛等已倦。而余与步高之游兴犹未尽,归而秉烛为之记。

(作者:SH 生,原载《先施乐园日报》,1927 年)

许啸天改行开咖啡店

许啸天是《唐宫二十朝》及《清宫十三朝》的作者,同时也曾标点过许多诸子百家的书,也曾编著过几本关于同学方面的书。在近年中,趋附新思想,也曾写作过白话小说,也曾主编过刊物、小说,虽然出过一阵小风头,可是并无特殊地位,要是分等级的话,他在新旧二派中,所占的地位,仅是三四流而已。

① 许啸天像,刊《眉语》1914 年第 1 卷第 1 期,第 1 页。

许啸天的日常生活,并不清苦,因为新华书局及群学社的老板,交谊很好。许一年的收入,倒也很可观,他的每月开销,总在百元以上。而他自己写作很勤,最好的收获,每日可得七八千字。脑力很健,当主干《红叶》周刊时,魏中天任助理,魏语人云,老许写作精神非常好,为常人所不可及。

许啸天自《红叶》周刊停版后,他曾有过新的活动,组织人本剧团,参加指导工作,有陈大悲、徐公美等。失败之后,又组织青鸟文学函投学校,并主编《青鸟》月刊,结果,学校赔本而不得不结束,而月刊之稿,则改编成丛书,分四册,装一函,题名《时代乐园》。名义上由绿灯书店出版,中有张资平、章衣萍、陈大悲,以及许啸天的作品,实际上由新华出版的。他也曾编过《铁鸟》周刊,但无销路而不能不停刊。不久以前,曾主办一个青鸟公司,接着又失败,现已结束。

日昨,许啸天语人云,彼最近获得一笔稿费,即连续在晨报上刊出之长篇《红棉袄》,价六百元,而将以此款,经营咖啡店,地点在静安寺附近,因该处很少此类店铺,到了夏天,改设饮冰室,其生意必很有可观。但他的友人说,此款尚未得手,但很有把握。老许的花头,可说是多极了。从前只是在文化圈中打转,现在竟跳出这个圈儿,而改行了,从事商业,又不知如何。

(作者:马来,原载《福尔摩斯》,1934 年)

静安寺路的咖啡馆

咖啡馆在上海分布极广,以静安寺路[①]一带为最整齐,最好的咖啡馆和最好的蛋糕都可以在那里尝到,这一带可以从国际三楼和大光明畔的"光明"算起,往西有静安"冠生园"、"皇后"、"弟弟斯"、"广生"、

---

① 今南京西路。

"凯司令"、"泰利"、"飞达"、"维多利",以迄"CPC"及"良友"等。但情调最美的却是霞飞路①一带,如"卡夫卡斯"、"文艺复兴"、"君士但丁诺"、"文艺沙龙"、"立德尔"等,均散布在这一区,都有很美的情调,且略具法国风味。至于虹口一带的咖啡馆,则多已演变为酒吧间;西藏路一带则近乎"□□",西藏路一带咖啡馆虽流入海派,生意却极佳,咖啡馆中有乐队,有舞池有表演,便是这一带兴起的。以前,"金谷"在这一带营业可执牛耳,其他如"皇后"、"圣太乐"、"时懋"、"萝蕾"、"大中华"、"爵士"等则流品较杂。目前,"圣太乐"、"时懋"先后改为舞厅,"萝蕾"、"大中华"相继停业,"金谷"改为饭店,硕果仅存的咖啡馆只剩下"皇后"一家了,不过"皇后"的营业仍不能因在这一区没有其他同业的竞争而起色,却日见没落。他们的顾客都移往东面到新新第一楼、新都六楼、大新五层楼、东亚又一楼、"南国"、"南华"、"七重天"这些地方去了,尤其是"新都",生意最好。

(作者:沙浴,原载《时事新报晚刊》,1947年)

咖啡豆

　　静安寺路一带西人饮食铺,每将原货咖啡豆,陈列于橱窗间,顾客登门,可临时于电磨机中磨成碎粒,以示无大麦黄豆粉之掺杂。是项咖

---

① 今淮海路。

啡豆,分生熟两种,生者作青黄色,有如小酒店出售之盐金豆;熟者呈赭黑色,则又如吃食铺出售之笋豆。一乡人初来海上,过静安寺路,见高尚华丽之西人店铺中,陈列生熟咖啡豆,辄为惊异失笑曰:"盐金豆与笋豆,乃贱物耳,在吾乡下人视之,固不值几何,今外国人竟居为奇货,盛以玻瓶,装入洋罐,善价而沽,岂不可笑?"继又见肆中人取豆磨成细粉,以付主顾,不觉更讶异曰:"外国人吃笋豆,竟磨成了粉末,此真所谓外国吃品,笑煞中国人矣。"

(作者:九公,原载《海报》,1944年)

饮食小志

中华运动场对面之美心酒家,曩日为余常履之地,自经改装后,其给予余之印象,较昔日弥佳,男侍者招呼周到,女侍者服侍殷勤外,菜肴之价格亦公道,点香肠白鸽、崧菜远牛肉、茄汁桂鱼条各一簋,连花雕一斤,白饭三盅,账为一千五百元。前一夜饭于旧福煦路福煦酒家,令庖厨治和菜,计三丝上汤冬笋焖鸡、生炒虾禄、连白饭三盅为九百元,虽耗费较小,然菜肴量少质桂,且侍者傲慢,遂叫人有不爽快之感矣。

今日一般咖啡馆之咖啡,每况愈下,人多讥为烧焦黄豆汤、红糖水,实不言过其词,其香味色尚能保持水准上者,厥惟静安寺路上之"西披西"、"弟弟斯"亦不差,然每杯连捐小百三十元,还不如"西披西"只卖九十多元之价廉物美也。

(原载《繁华报》,1944年)

坐咖啡馆

近年以来,咖啡馆满布海市,坐咖啡馆大率为双携之侣,而愚独不

111

乐为此也。愚至今日,对女人已无轻怜蜜爱之雅度,除非立起来跳,坐下来吃,横下来则睡觉而已。四十岁老奴,宁有闲情,效痴儿女之脉脉相对哉?

愚不好啖咖啡,偶啖,必啖名品,时登"七重天",同行者恒是之方,未尝着一红妆。上月与勃罗偕往,坐散座中,见火车座内,二女子并一椅,与一男子相携坐,二女子中,一人有殊色,言笑胥烫人心意。愚谓勃罗,咖啡室谈情,以一男一女为宜,女人而系一女人同来,则男人已断进身之路,我可不须顾忌。勃罗闻言,抽一纸振笔书曰:"今夜七时,第晚餐。"纸又折为小块,临行,投粲者身后,是夜勃罗宴客于阿凯第,待席终,粲者终不至,相与大笑,谓市井登徒之伎俩拙也!

愚不肯失约于人,然常常失约于女人之邀我坐咖啡馆者。一日,有人约我到"皇家",初拒,固请,则漫应之,然终不赴,及后相值,彼人大事咆哮,愚曰:"怒我奚为?坐咖啡要着打裥西装,梳飞机头,为男子者,表演其情深一往,女人则当如泣如诉,始与咖啡馆之调子谐和,不肖独非其伦也。"则曰:"约你吃咖啡不去,荡马路又不去,以我思之,约你开房间,你比去矣。"愚大笑曰:"惟此一言,最使我感奋,实告君,'固所愿也,不敢请耳'。"女人视愚为伧夫之尤,大都缘此?

(作者:刘郎,原载《海风》,1946 年)

咖啡小品

咖啡馆

咖啡馆在初冬的季节里似比往常闹猛,也许是外面太冷,咖啡馆里气温高些,座客大半是"避寒"来的。孵咖啡馆最好拣靠橱窗的一座,隔了一层薄帘和玻璃上青色的气流,看路上人影幢幢,不知不觉也会消磨掉二个钟点。

音乐与舞池

我不反对咖啡馆中有音乐点缀,不过咖啡馆中附设舞池,便大煞风景。咖啡馆与舞厅到底有个差别啊!

角子老虎

咖啡馆里有一架角子老虎,恬静的蹲着,一个罗宋人掏了一枚铜币,用力一扳,哗啦啦的吐出二三十枚铜币。一个呷咖啡的中国人觉得有趣,花了一万元调换二枚铜币,如法炮制,角子老虎具有"种族观念"的不理不睬,那中国人索性花了十万元,发狠的施展狂风扫落叶之手,不到一刻钟,二十枚铜币就被角子老虎吞噬了!

(作者:梁婷,原载《和平日报》1947 年)

热门咖啡馆比较观

"汇中"午后一杯咖啡,卖十五元六角,"飞达"里也涨到每杯十四元,"皇家"一次去时,咖啡卖六元,今天想来也涨了,但大致还比较公道。"飞达"里的巧克力,取值反而低于咖啡,相差四元,一反咖啡馆习惯。据说近来咖啡豆因需要之繁,涨势独盛,巧克力豆涨得低,故"核本定价",咖啡尤昂焉。

"飞达"里的女客,现在不及霞飞路"弟弟斯"多,而汇中饭店的茶舞时间是"近来居上"。意在"揭眼药"者,宜趋于"汇中"。若自携腻侣,孵咖啡馆消磨光阴,则"皇家"之飞机式沙发座,较得静中趣。日暮大寒,"皇家"不举火而有暖意,又胜"汇中"之清谈也。

(作者:柳絮,原载《飞报》,1948 年)

咖啡馆的武艺气息

丹苹大哥谈到喝咖啡难,则由咖啡价昂。我是俗所谓"脱底棺材",舞场里五百元一杯开水也常喝,倒不在乎咖啡价昂,只以缺乏理想的场合为憾耳!

还在老"大光明"①时代,我已经随家长在比邻的 Rose Marie 常喝咖啡了,深感其地西洋情调浓郁。不久迈入新"大光明"时代,比邻的那家咖啡馆的中文招牌"光明"响了起来,西洋情调虽减,论人头还是整齐的,我们这些大学生在周末要是袋里的钞票不敷跳舞,到那边去喝杯咖啡总是最起码的享受了。可是曾何几时,那些在"一乐天"与"仝羽春"讲惯斤头的红眉毛绿眼睛人物也转移阵地于"光明",从此"武艺气息"浓郁!

这"武艺气息",随着时间,蔓延到全沪咖啡馆,只有在"国泰"对面的"老大昌",我才不曾见过讲斤头的场面。我们还是读书人,喝咖啡讲究文艺气息。嗅到"武艺气息"哪会不头痛呢?

(作者:凤三,原载《铁报》,1949 年)

天津起士林上海亦开幕

天津之外国点心店起士林,最为天津中外交际社会所宠幸,每当夕阳初上之际,名流淑媛,无不趋之若鹜,地址在特一区(旧时租界)光陆影院对过,距英租界之住宅区甚远,而汽车阶级,竟有逐日趋往者(张学良每过津必门往小坐)。其肴核之精,点心之美,固有可取,而一般

---

① 于 1934 年 1 月 17 日开幕,地址为静安寺路 226 号。

社会轧时髦之心理,每以不到"起士林"不算时髦,于是"起士林"乃更名闻于南北矣。近日上海饭馆与酒楼,新开者如雨后春笋,而"起士林"之名,遂亦见于海上各西字报之广告栏,盖静安寺路七十二号,新开一外国点心店,西文亦名"起士林",与津门之"起士林"招牌,完全相同。其广告略谓著名之咖啡点心店"起士林",今在静安寺路七十二号开幕云云,但未知此"起士林"与津门之"起士林",是否一家,其点心咖啡,是否与津方同一静美,此则尚有待于顾客之试探也。又按津门之"起士林",已于数年前易主,原股东获得巨资,已归国(闻系德国人)享福去矣。

(作者:路人,原载《晶报》,1938年)

起士林

　　中区咖啡馆,论食品之佳,推"起士林"冰制咖啡与朱古力,奶油之厚不作第二家想,犹存"古典"作风,可抵五十步之外之"金谷"三杯。仆欧都为燕赵产,彬彬有礼,视役与其他咖啡馆中一般流气十足之徒,亦有隔时代之感。地段极好,布置亦不恶劣,然而生涯寥落,营业只及"金谷"之十一,真百思而不获其解。"起士林"之糖食,亦负盛誉,咖啡糖一味,脍炙人口,今则以原料关系,已无出品,即花式朱古力亦减少种类矣。日前四时一刻履此,座上客与仆欧各四,每人招待一个,凄凉万状,移时另二客去,乃成二人招待一个局面,不佞笑语。吾妇曰:"如此进食,不殊南面王也。"妇亦轩渠,虽不耐久坐,惟为撑市面计,俟另三客来始行焉。

(作者:文帚,原载《力报》,1944年)

起士林美籍女侍

　　静安寺路"起士林"咖啡馆二楼,有"美籍女侍应生",有东方美人典型,衣阔肩膀之绿色制服,足穿"开手"丝袜,肤色与身段之美,虽舞蹈专家苏珊亦不足望其项背。"起士林"之咖啡营业,日间犹差强人意,夜间则绝无市面可言,故夜市之早散为中区咖啡馆之第一家。
　　夜市散后,美籍女侍常共美国士兵作游宴,出入于西区诸家夜总会中,盛装赴宴,见之者以为是巨家闺秀焉。其人能言流利之中国语,惟发言时间极少,故平时不能常闻耳。"起士林"之待遇甚低,女侍故不得不在此间作外快之收入也。

(作者:夏威夷,原载《东南风》,1946年)

起士林被封内幕!

　　提起了矗立在赫德路畔的起士林咖啡馆,它是一向以另一种华贵的风格,来出现于大都市上的。它位居幽静的沪西住宅区,屋舍宽大,是独有的特点,五开间的铺面,柜台上陈列着五光十色的糖果和蛋糕,广阔的二楼休憩所,独备舞池,乐台上间而奏出抑扬顿挫的音乐,临街的阳台,布置清丽,"夏夜临窗坐,凉风拂面来",穿花蝴蝶般的西洋籍女招待,此情此景,多少总带着一点诗意。
　　"起士林"不论在售价和定价方面,价格总是较贵于其他店铺,因此"起士林"浸浸乎成为贵族化的场所,富商大贾们的总会在那里另有一种雍容华贵的气概,决没有低级、下流和烦嚣的氛围。"起士林"本牌的贵族巧克力,装潢之美,口味之隽,在战时美货没有进口以前,一向是握着这大都市底首位的。

胜利后，"起士林"一度改为美军招待所，大都市的宠儿们正盼望它重新营业，不料最近突为苏浙皖敌伪产业处理局所查封，黑白相交的封条，已赫然交叉地贴在大门首。原来起士林咖啡馆系德人主持的产业，应列入敌产一项，多数国人经营的咖啡馆主人，深恐"起士林"重新复业，于是以先发制人的手段，向当局密报，嗣经调查属实，二纸封条，遂结束了起士林咖啡馆的命运了。

（作者：容木，原载《快活林》，1946年）

晚上十一点后的起士林

上海始终是个莫名其妙的畸形社会，例如好几家价廉物美的吃食馆，每天在各报登广告，一天开到夜能有多少吃客上门？度之如起士林咖啡馆，在晚上十一点之后，非但不登广告，还把后门都拉了起来，好像告诉人家我们已经打烊不再接客了。然而事实上从舞场里散出来的男男女女，还是一对对的从铁门里挤进去，把"起士林"的上上下下都挤满了。"起士林"的食品并不见得特别好，招待方面，几个山东跑堂吃相之难看，比巡捕房时代的包打听还吃门，到那里吃咖啡假使勿识相，可能吃到他们耳光的危险。在这种情形之下，居然每夜卖满堂，原因就在十一点钟之后，静安寺路上除了"起士林"，各咖啡馆都遵守警章准十一点钟打烊了，吃不到点心的，肚皮饿就想触祭，因此，非到"起士林"不可矣。

（原载《诚报》，1948年）

起士林情调

中区的咖啡馆，"起士林"近亦为热门去处，舞场打烊后，舞客辄相率携其熟户头登"起士林"之楼,一时花团锦簇,身临其境,一面啜咖啡,一面在强烈的灯光下"搨眼药",赏心悦目。

"起士林"室不宽敞,两旁火车座,布置得很整洁,十一点左右上市时,往往挤得一团糟,因此,常有人打回票。这里自异乎所谓幽暗静悄的咖啡情调,所见舞人,大率都是来自"美高美"、"大沪"的红牌,孙致敏亦是常客,这只黄脸婆面孔,杂于其间,情景纵好,也倒人胃口。

(作者:冷遇,原载《小日报》,1948年)

昙花一现之金鱼咖啡馆

金鱼咖啡馆开幕时,颇轰动春江,营业亦佳,其静安寺路成都路地址原为虞洽卿之孙虞积澐所有,几经磋商,始获成功。积澐亦为股东之一,惟馆中事初不预问,一切胥由经理蒋介平等主持,积澐坐收渔利而已。按积澐在旧公共租界时代,担任特别巡捕有年,颇有地位,自抗战胜利后,特别巡捕仍得继续为地方服务,以不受薪给故也,利用此点故在宵禁时间,他家不能继续营业者,金鱼依然得以延纳嘉宾也。此次被美军封闭原因,闻厨房不卫生为一因,盖所用炉灶,系中国式,惟金鱼已尝奉令改装,原可无事,然卒被勒令暂停营业者,其故实由于违反执照定章所致。金鱼之酒吧间虽领有美军执照,咖啡馆则无之,乃当局贪利,擅将执照之牌,移至咖啡馆部分,兼纳美军饮啖。讵知美宪兵来查,竟被发觉,认为作奸犯科,于是挠照会矣。

至今已越多日,依然铅皮钉门,闻金鱼诸股东,日来正为此事,向有关方面奔走疏通,以冀早日复业,兹已略有端倪云。

（作者:韦陀,原载《新上海》,1946 年）

金鱼咖啡馆出盘!

"爵士"酝酿出盘未成,最近金鱼咖啡馆,则已成交。盖自去岁开幕后,适逢捷报胜利,盟军都来上海,所以很实惠的做到一笔美钞生意,更有一个时期做过通宵又发进一票横财。黄金时期终究不能久长,金鱼因售价太昂,In Bounds 被吊销,通宵被禁止,营业顿时一落千丈,因此数度有出盘之意,终因讨价太贵无人领教,直至最近才遇到一个江西人以六千万元双方敲落。该江西人者即爵士咖啡馆经理部全体人马,查爵士当局今房屋租赁发生问题,故经理部为伸后脚计,即有招股承盘金鱼之举焉。

（作者:黄鱼,原载《海星》,1946 年）

东方夜谈之皇家咖啡馆

今天有一家皇家咖啡馆开幕,这家咖啡馆投资很巨,差不多的新开银行,实力无其雄厚。有人说这也是一种长眼光的投资,现在开幕伊始,不希望生意好得怎么样,不过想做一块牌子出来,将来跳舞场一旦禁绝,他们发财的机会来了!

不过现在不开咖啡馆则已,要开一定要富丽堂皇,因为那般跳舞场一旦真的停业以后，未尝不能改为咖啡馆。这一点，那些草率从事的新兴咖啡馆，不能不予注意。除非不开，开起来一定要以今天开幕的皇家咖啡馆做参考。

（原载《东方日报》，1943年）

谈皇家咖啡馆

皇家咖啡馆虽然和静安寺路DDS近在咫尺，可是无论从哪一方面说来，皇家总是较DDS为优的。

第一，皇家的座位多，即使太嫌狭窄了一点，但因为有着墙壁隔座的关系，似乎不甚显著。同时，隔离的壁上装着镜子，这种设计较之南京咖啡馆尤胜一筹，它利用了错觉使得地位显大。

第二，皇家的光线舒畅（DDS则太幽暗了）□□普遍，是一种集中的情形，不显得太散漫。

第三，它虽比DDS嘈杂，但没有光明和南京的喧嚣，舞女妓女很多，而且近来也染上了"生意味"，可是仍不失其恬静。

其他方面，仆欧有男有女，年纪轻，不若霞飞路DDS的"老成气"，也不若静安寺路DDS的"老洋气"，对于顾客的印象，决不会有特殊的感觉发生。

（作者：茶博士，原载《小日报》，1947年）

皇家咖啡馆停业之余波

静安寺路皇家咖啡馆，近因亏蚀过巨，店主无意经营，拟将全部生财装修出顶与人，以一万万三千万成交。迨将签合同时，忽为全体职工所阻，垂成之事，于是告吹。

先是,皇家既有停业之议,职工即有遣散费若干月之要求,而店主则以亏折殊多,不允许所请。旋当谈判进行之际,店主忽以迅雷不及掩耳之手法,忽告停业。职工为此事出意外,遂论清遣散费,即一笔年终奖励金,亦将从此无着。因亟开紧急会议,决定出以留难方式,对付店主。

店主当为迫于无奈,即婉言谓其部属曰:"连年亏空过多,万不得已,始告停业,务请鉴谅。"职工代表则言:"老板如已无意经营,则将生财房屋顶与我们。"店主只求能顺利顶出,受主为甲为乙,皆无所谓。因言:"既然你们有钱,则让你们顶了也好。"代表又答称:"我们原先待你发下了遣散费来顶的,若是遣散费发不出,则皇家的生财店基,就只能作为同仁的遣散费了。"由是各执一词,势成僵局,迄尚未获解决也!

(作者:青子,原载《沪报》,1947 年)

飞达

近来的咖啡馆对于设备一方面很不考究,餐具方面有的残缺不全,有的龌龊不堪。"立德尔"最糟,盛牛乳的小把柄都敲去,银匙都褪了色,茶杯茶盆缺口的缺口,裂缝的裂缝,也没有烟缸,看了也打恶心。

西侨青年会也有如此状况,不过比"立德尔"略胜一筹。

其他譬如"CPC"、"大来"、"凯司令"、"起士林"之流也难免有端出破牛乳杯之举。最好的是"飞达",餐具精美清洁,座位又恰到好处,坐得很安适。四周谈话声只是絮絮聒聒的,并不是别的地方叽叽咕咕噪死人。蛋糕以前很好,现在的状况是忽好忽坏,没有一定。价目定得太贵族化,也许可以算咖啡馆中最贵的一家了!

而情调总算是不差的,坐在最里边,隔了大玻璃,可以望见平安影院穿堂的电影观众。这些观众有不少是教会学堂的女学生,讲究穿着修饰,漂亮的很多,男的也是穿戴得有青年绅士风度的。不过自从"平安"改映国产头轮以来,这些人物失踪了,代之以兴的是老太太、少奶奶之流,这是一大遗憾。

(作者:梁婷,原载《和平日报》,1947年)

飞达之今昔

"飞达"是一家有贵族气息的咖啡馆,光临的顾客以西洋人最多,中国人也不少,若加仔细分析,当是战前洋人多于华人,现在华人多于洋人,但多得有限。

"飞达"的环境好,很静,咖啡和蛋糕都不坏,不过有"老虎肉"之机。

曾有一个时期,"飞达"座客的水准很低落,舞女和十八流交际草都据此作施弄手段场所,一时眼睛爱吃冰激凌的朋友都趋之若鹜。

最近比较好转一些,一班太那个的女人都裹足不前了,里面的顾主,大都"有身份"和"有钞票"的,四轮阶级极多,上海几位亨字头都常莅临此间。

"飞达"和"平安"是芳邻,内部和"平安"的走廊仅隔一层大玻璃,在"平安"的穿堂里可以望见"飞达"的座客,"飞达"的座客可以望见"平安"的观众。

在"平安"未改映国片前,"平安"的观众多高尚人物,和"飞达"的人物相差无多,"飞达"的座客可能是"平安"的观众,"平安"的观众可能是"飞达"的顾客。因此在那些时候,走过西摩路往往可以看到漂亮的女人,现在可不能了,因为这些女人差不多都是绅士的附属品,而且多属老气横秋的徐娘,女孩子少得可怜,加之多坐汽车,从咖啡馆走出来便跨进车门,至多只能望一眼,"惊鸿一瞥看得不过瘾",这是揩眼药朋友对"飞达"的看法。

(作者:沙士比,原载《时事新报晚刊》,1947年)

飞达的售价

"飞达"的咖啡和蛋糕,售价比普通司业要高,"弟弟斯"的楼下,情调不比"飞达"差,售价则比它们贱,好在这一个时期是只要有东西吃,什么地方都会客满的。"飞达"也是热闹地方,自然是座上客常满了,价钱再贵些,是不在乎的。

"飞达"的捐小要比人家高出一成半,这是什么原因?不大知道,他们的栗子蛋糕,也是老虎肉,一动刀后,便感吃过吃伤。凭良心说,"飞达"座上的女客倒相当多,"揩眼药"也是好地方。

(作者:青子,原载《力报》,1948年)

三过新都

——茶座而曰君子,夜谈止于咖啡

新都君子茶座,闻名已久,然不佞素恶嚣尘浪迹,酬应既寡,遂亦未尝一履其地。月前友人谭惟翰先生请中联剧本组同人茶聚,即在新都,始被友人固邀而往,兴尽而归。其地清幽雅丽,复高高在六层楼上,歌声悠扬,灯影柔和,至可怡悦。招待又复殷勤,诸女子均尝受甚高教育,无都市庸俗脂粉陋习,亦甚难得。知堂先生公子丰一君及北大教授苏瑞成君远道来沪,报馆同人颜梁蒋诸公相邀,亦茶叙于新都。北国诸

友,盛赞粤式点心美,原不足异。惟数日之后,两君仍不忘新都茶座之乐。及北返,又驰函道谢及之。然则新都于远人印象之深,又可知矣。

新都有歌星数位,而欧阳小姐飞莺其尤著者。不佞于时下歌曲,甚不内行,每于寒斋听无线电,有靡靡之音,辄绝弃之。比来世乱群离,言不及义,偶有二三慷慨激昂,清新高雅之曲,亦咸为群众场面,非出自妙龄少女。然欧阳小姐则不然。其歌喉天成,雅曲佳音,有九啭黄鹂之妙,而又精文事。海上有小型报名大报者,时见其作品随笔,文字亦晶莹可诵,乃如其人。此种文字,捉刀者多,作者多吉士者流,读之,或忸怩生姿,或以流水起居注,毫无闺阁气息。略读飞莺随笔,乃不见此病,其为自作可知矣!及见其人,乃复温婉有东方美人风度,谈吐尤佳,无歌星习气,深觉难得。迩来不佞尝三晤其人,望之俨然大家风度,即之也温,听其言也婉约有趣致。其能于歌坛中享盛名,非悻致矣。

不佞不甚涉足歌坛剧场,更弗轻易誉人,所誉者,旧剧则程御霜,今享大名;宋德珠,亦学精一艺。话剧则石挥先生,为事变以来剧坛一大收获;蒋天流女士,大地剧中见成绩。今复得一誉欧阳女士,实出偶然,然非双眼别具,亦非指墨为白。惟值此动乱之时际,歌舞虽可以养生怡情,其甚者则近乎饮鸩止渴。都市娱乐,引人堕落者多,导人为善者鲜,今茶座而曰君子,夜谈止于咖啡,新都主事者诸公,实为开创风气不为师之人,驰而不张,文武弗为,一张一弛固君子自处之道。愿以此小文为新都前途视,亦为海上得高雅娱乐地贺焉。

(作者:柳雨生,原载《新都周刊》,1943年)

夜巴黎增设咖啡馆

咖啡馆在今日,真可以说是"店多成市",虞洽卿路不久当改名咖啡馆路,其他各处,也都是如此。将来咖啡馆将代烟纸店、老虎灶的地位,成为上海最普遍的店家了。但是我终不知上海还有多少咖啡?

愚园路的"夜巴黎",本月十六日起,也利用日间空着的机会,成为一家适合兆丰花园游客以及各机关公务人员需要的咖啡馆。老板是孙景璐,陈娟娟领衔。这陈娟娟是舞女陈娟娟还是影星陈娟娟,也弄不清楚,因为舞女陈娟娟不仅是"夜巴黎"的台柱,而且还是沪西一隅最兜得转的人物。

开幕之日,由潘达夫人揭幕,孙景璐亲自剪彩,这隆重的典礼,足以轰动沪西这一角落。"夜巴黎"经过几度改革之后,一切合于理想的条件,在那边喝喝咖啡,情调非常浓厚,何况孙老板又是常出驻馆的。

(原载《力报》,1943 年)

新沙华咖啡馆经理黄祖康

静安寺路西摩路口,新沙华咖啡馆经理黄祖康先生,粤之中山人,今年只三十四岁,盖上海商场中一少年老成之人物也,其尊父即前先施公司总监督黄焕南氏。君于少年时,即有志革命,热心党务,曾入上海党务训练所受训,卒业后,复入圣约翰大学求深造,故于中西文皆有根底。

弱冠后，即入先施公司任职，不久，即升部长，以做事有干才，复升任监察，现方担任先施进货部主任，盖以历史资质关系，俨然成为先施上级干部中重要人物矣。"八一三"战役时，先施门口曾降落一巨弹，先施同事之殉职者，达数十人，时君正与同事数人，在楼顶进餐，弹片飞处，余三人皆丧命，君晕倒于地，醒来时，已身在医院中。调养达二月余始痊，之后，君在沪举办事业达五六种，长袖善舞，飞黄腾达，此殆俗言所谓："大难不死，必有后福"欤？

　　黄君于主持先施公司进货业务外，复经营雅达行，从事出口贸易，以中华国货介绍至美国，为国家开一资源之路，使国货事业，得蒸蒸日上。后复添设进口部，亲至新大陆推销采办，与彼邦人士，多所交游，其总经理之公主香皂，年来风行市上，销路不胫而走，盖因品质优良，胜过常品也。

① 黄祖康与妻子何志贞合影。

太平洋战起后，一切海外贸易，进出口业，皆告停顿，于是君乃致力于化学工业，任裕华工业社及雅丽化妆品有限公司董事，一身兼数职，富有创业精神，其精明强干之才，可谓得天地独厚已。

黄君于社会事业亦素热心多加，凡遇公益善举，皆踊躅干将，于乡梓间事，尤所关怀，现有担任三教道德会理事之职。

最近，君有出其余绪，与亲友合股开设新沙华饭店于静安寺路西摩路东，资本达一百五十九万股金，设备富丽，布置堂皇，开幕伊始，营业发达，成西区第一流高尚饮食乐府。从此君致力于工商实业之余，复一跃为咖啡馆业巨擘，能者固无所不能也。

（原载《东方日报》，1943年）

毳咖啡馆

愚园路上，有一老牌咖啡馆，殆因地段偏西，而又不近电车站，故其营业欠佳。路过时探首内望，座客辄寥寥无几。近该咖啡馆门口，忽置一水牌，牌上写明："没有音乐，没有舞池，没有跳舞。"于是滑稽者流，名之曰"三没有咖啡馆"。

按：江西人呼"没"为"毛"，宜可简称为"毳"咖啡馆。海报同文，近于"毳"饭，正大加考据。料想此摩登之"毳"咖啡，千年以后，亦必有后出世之执笔人，加以引证也。

（作者：退庐，原载《海报》，1944年）

咖啡馆开在弄堂口

弄堂吃食店，不外排骨、年糕、油条、大饼、豆腐浆、山芋汤，以及百叶结面筋之咸而已，自海上形成屋少人多之现象而后，除所有空地，争建矮平房外，凡处热闹地段之弄堂，亦多被利用，以吃食店尤占多数，但大部因陋就简，只能迎合普罗阶级，间有摆几张小桌子，摊几方白台布，已为此中最最上乘者。龙门路有一新开饭店，兼设咖啡座，规模也称宏丽，俨然上海第二三流吃食座，然揆其实际，大门设于一个弄堂口，惟此弄堂，经过化装手续，乃不似踏入普通弄堂之腌臜龌龊，入亦不易觉察是为弄堂耳。是则改咖啡馆可谓弄堂吃食店之王，而弄堂中不堆垃圾，不准小便，居然衣香鬓影，杂沓其间。弄堂有知，当亦认为无上荣幸，推而进之，将来或有弄堂跳舞厅、弄堂银行，以至弄堂××等之发现，正亦未可知焉。

（作者：大佛，原载《东方日报》，1944年）

立德尔咖啡馆

立德尔咖啡馆本身有法国情调（这是指装饰而言）。店里有两个罗宋侍女，"叽叽括括"的以生硬的罗宋话聊天，使座客又有身处俄罗斯酒吧的感觉。咖啡来了，发现置白糖的是缺口金边的中国酒盅，于是又想起了中国。

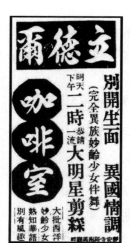

付了账，给了Tip，门口的一个没腿中国乞丐替你开门，说着中国的吉利话，你才知道真的回到中国来了。

愚园路上有一家匈牙利的Cafe，进门时要从人行道上跨下几步石阶，坐在里面从窗口向外眺望，正好看见路人的脚。

墙上涂抹着大幅的东欧土风舞蹈画，四座冷清清的，隔或有二个不知国籍的人以陌生的言语谈论着，大有匈牙利小说所描写的地下酒室风味。

（作者：梁婷，原载《和平日报》，1947年）

凯司令咖啡室

吃咖啡爱附尝蛋糕的,都称道静安别墅近端"凯司令"的松、香、甜,说是跟西摩路的"飞达"不相上下,甚至于有胜过他们之处。"凯司令"虽有三层楼,而生意好的时候,会在一小时内全部客满。

不过我始终认为"凯司令"毫无情调可言,光线不充足,死气沉沉的,座位不舒展,装潢也退板,而价格终算是便宜的。

咖啡以一壶为标准,可分两杯,一个人喝似嫌分量太多,两个人喝则差不多。蛋糕中以栗子蛋糕较好,奶油扑夫则和外面无轩轾。

到"凯司令"喝咖啡,一个人闷喝,太没有意思。我早说过,他们没有情调,最好是两个人一块儿去,可以边吃边谈,你会忘了不舒服的座椅、讨厌的人物以及钟表上的针的行动。

(作者:梁婷,原载《和平日报》,1947年)

维多利亚咖啡馆

做学生时代很爱到"维多利亚"去,那是在"平安"看好一场美国电影后,继续存在的兴致所激动的。其实我对"维多利亚"并不感到兴趣,地方不在僻区,空旷旷的地方,零零落落的座客,望出来也荒凉,女孩子走过这里很少漂亮,却看见大的无轨电车与公共汽车在交叉挤着,还有一大堆三轮车、黄包车、卡车、自备汽车……聆着"叮叮当当,稀里哗啦"的声音也头痛。

咖啡不太好,蛋糕不配胃口,往常总要拣着冰冻的可口可乐呷;杯盘太旧,很多残破,与"立德尔"犯一样毛病,带爱精致的女友来,她一定会埋怨你。

不过,东西是便宜的。

(作者:梁婷,原载《和平日报》,1947年)

福州路

编者按：

上海开埠前，福州路原是通向黄浦江的四条土路之一。1850年前后，外滩至界路①一段，筑成泥沙石子马路，早期称劳勃三渥克路，因西面通往基督教伦敦会教堂天安堂，故名布道路、教会路（Mission Road）。1856年向西延伸至第二跑马场②，1864年筑路至泥城浜③。1865年以中国港口福州之名正式命名为福州路，俗称四马路。

---

① 今河南中路。
② 今湖北路。
③ 今西藏中路。

四马路

四马路即福州路,在上海也算一条很热闹的马路,自跑马厅起一直到外滩止。现在我将这条马路上的情形来说给诸位听。

靠近跑马厅第一家就是大中华饭店,也是上海的一家大旅馆,现在还没有造好。过去是上海舞台,起初叫大新舞台,建筑和座位为上海各舞场之冠,后来因为营业不振,盘给他人,乃改成今名。上海舞台对面有家出名的番菜馆,叫大西洋。东对面有家三山会馆,三山会馆有爿点心店叫顺兴馆,里面的炒面和炒排骨,从前在上海着实有点小名气。

在浙江路口有家大旅馆叫神州旅馆,过去就是济良所。济良所对面就是一支香西菜社。再过去有爿京剧馆叫丹桂第一台。丹桂第一台对面是一家游戏场,叫神仙世界,从前本来叫绣云天,因为营业不佳而闭歇,后来曾有人将它开为旅馆,不久便关门大吉,最后乃开神仙世界,现在门票只要一角大洋。下面有家神仙理发馆,用的都是女理发师。过湖北路有爿长乐茶馆,是一个大茶会。长乐对面有家美的书店,是大名鼎鼎的性学博士张竞生所创办的,现在已被临时法院封闭了。美的书店过去有家很出名的酒店,叫言茂源。过石路有二爿茶馆,叫四海升平楼和青莲阁,一到了夜里,雉妓会集,一辈所谓正人君子的,都裹足不前。青莲阁对面的几条弄堂都是她们的窝巢,一辈卖淫书(即春宫)的小贩都在这一段路上。过去有一排新造房子,有家有名的广东菜馆叫杏花楼。那满砌蓝瓷砖的屋子,就是中西药房,对面的红房子就是世界书局。

过去一条直马路就是山东路,俗叫望平街,是报馆林立之所。商务印书馆和中华书局在过去河南路口,是中国最大的两家书局。出著名固本肥皂和亚林防疫臭水的五洲药房也在那里。五洲药房对面就是总巡捕房,俗称老巡捕房。巡捕房隔壁就是工部局总办事间及电气处。对面的一所高房子就是美国俱乐部,过去在四川路口有爿上海电报局,凡是打到中国各地去的电报,都可以到这家电报局里去。中华汇业银行就是在这家电报局的斜对面。中华汇业银行对面,就是正广和洋行,沿着外滩的一所高大的水门汀房子就是汇丰银行,再过去就是黄浦江了。

①

(作者:明道,原载《上海常识》,1928年)

公共租界之咖啡车

本月十一日,函致工部局,据称,拟在公共租界内设一咖啡车(即流动夜餐馆),夜间在南京路、黄浦滩口及百老汇路②与西华德路③转角,与其他居民往来繁盛之处,售卖点心,如咖啡、茶、夹肉热面包、热

---

① 清末望平街。
② 今大名路。
③ 今长治路。

汤、糕饼及若干盘菜之类,每夜所备花色不多,就卫生与烧煮便利之所及,置备有限之食物,并不售酒。车身建筑结实而洁净,用福德式汽车,或用四轮马车,其样式当特别构造,以合需用。此种咖啡车,世界各大城邑多已有之,车内置一狭柜台,旁设客座,车行时并不多占街道之地位,其宽狭仅如一寻常装重二吨之汽车耳。择不妨碍交通之处,或就捕房指定之处停车,特请工部局给予执照,准其营业,如需车样,当即缮呈云云。二十日工部局复函准之,惟限定夜间营业,咖啡车仅可停于捕房指定之地点。至于应缴捐费,应照车之种类,并照餐馆捐费而酌定之,由捐务处办理云云。

(原载《申报》,1921年)

---

① 露天咖啡车。

露天咖啡馆

沿外滩二三马路之间,开着不少的点心摊,在目前已有八九处之多,一幅简单生财——白瓷盆、瓷杯、褪了银色外衣的刀叉匙,一盏煤气灯或是洋烛,二三个伙计而已。十时以后是上市的时候了,只限于水手,那些或是花完了钱,无法上咖啡馆、酒排间去的,或是从市区倦游归来,吃些宵夜回艇的。价目方面的确十分便宜,吐司四大片二百元,牛奶一杯二百元。水手们似乎已习惯于这些,吃完不必"皮尔",便探赏付账而去。摊主们说得些轻量英文的话,生意更好,他们也有字号牌子,也有了熟客人。

每一夜,这些摊主的收入是惊人的,至少在二万元以上,较之市中区的小饮食店要好得多。他们收市归去,售去了累赘的东西,轻便地带回银角、法币回去。

据说也有放账的水手们可以签,L. O. L 给摊主,到有钱时付与摊主,信用并不很坏,逃账是绝少的事。

十一时左右的外滩,向例是凄凉的,目前则否,假使一定要说有什么帮助市区的地方的话,那便是繁荣夜市了罢!

(原载《铁报》,1945 年)

关宏达摆吉普咖啡摊

影坛"五百斤油"关宏达,一度为远东运动会铁球选手,自入电影界拍片后,其名益彰矣。关在伪华影时代亦一度为张善琨就犬马之劳,故这番检举伪影人彼亦挨着一脚矣。胜利后一度有出码头淘金说,近因生活所逼,竟在干下当生意了。昨日路过泥城桥①,见一玻璃店前,有咖啡摊一,招牌用红纸书写,名曰"吉普",一男一女正在主持摊政,男的非他,仔细一看,原来便是关宏达,他正拿着一块土司在揩"全姆",自己在说:"香来!咱们的土司交关香!"旁边有一位吃客,也许是昔日他的影迷,一面呷着咖啡一面和他大谈电影经。关宏达有些不胜沧桑般地说:"电影饭啥吃头,不如在此摆摆摊头'落胃'。"我问他一日可做多少,他摇摇头说:"也许是由于我老关的一块招牌,这儿生意还好,一天可做毛五万,其他的摊子可惨啦。"我问他:"可以开销了吗?"他点点头说:"苦赚苦用,勉强能开销得过去。"接着是一声长叹,他又摇摇头说:"文人没路摆摊头,想当年活跃银幕诚不堪回首也。"我掼下四百只洋就走了,他非常客气的握握手说:"朋友帮帮忙的介绍介绍。"

(作者:大甬烈士,原载《海涛》,1946年)

咖啡摊贩一日记

胜利的确给我国不少的利益,就是一班人力车夫也节节高了,以前是奢侈品的牛奶咖啡,现在竟无限制的供应,价钱比豆腐还便宜,而座位有单台布的台子,精美的玻璃杯,从未上口的糖浆面包,又香又甜,价目略比大饼油条贵些,而货色高之千倍,小三子之流无不乐于一饱口福。

这种露天咖啡茶座几乎接踵皆是,陈设得相当清洁。在摊贩中购来,够得上一句"富丽大方"四个字了。

摆这种摊子,利息厚得令人咂舌,而最大的资本只是一些道具,一块台布,美国玻璃杯便宜东西,最贵的就是一辆车子。再买些听头牛奶、果酱、咖啡、糖,一爿自命"××咖啡馆"的摊子就成立了,事业在摊

---

① 今西藏路桥。

贩中也算得大而本钱甚轻,赚头倒不小。

谈到利息,至少对本利,以二片糖浆面包来说,一支面包六百元可切上十二块,二块一百元,五十元火力果酱,可净赚一百五十元,所谓白塔油只是麦淇淋而已,生意好的话十天之内本钱可赚转,信不信由你!

他们再有一种本钱就是招徕术,如遇有人上来喝咖啡,可以再问一句:"面包阿要买一客?"等客人听到"面包"二字,肚子的确觉得有些饿了,顺便就喊一客吧,六百只洋吃一顿点心,何等便宜。

在夏天,弄只冰淇淋筒来摇摇冰淇淋,可以兼卖冰咖啡、冰淇淋等冷饮,冷天卖热面包、热咖啡,真是寒暑皆宜。

生意忙,一个人着实忙不过来,非二三人以上莫办,所以有的夫妻出动,家主要兼任女招待,儿子扇扇风炉,全家出动,无一人失业,这倒也是援救社会失业人士太多的一个好方法(?)!

最近外面捉摊风气很厉害,尤其这种摊子最不易躲避,这也是它的弊点之一,但赚头好是真的,新的不断在产生出来,罐头货的涨价也可以添罪于他们身上了。

(原载《秋海棠》,1946 年)

露天咖啡馆

街市间,近多设摊售咖啡牛奶土司等食品,新闻路卡德路①一带,此摊犹多,几于触目皆是。试论其质,都美国货,问其值,亦廉乎其廉,大抵在咖啡馆中吃咖啡一杯,摊上可吃三四杯。惜摊头上吃客,人头欠整齐,黄包车夫汗流浃背而至,往往与西装革履之青年并肩杂坐而共饮啖,以故此等普罗化之露天咖啡馆,体面朋友罕有做成生意者,至于男女侣就座把盏,更鲜发现。其实,趋高贵之咖啡馆,全是吃家什,买地

---

① 今石门二路。

方,真正吃咖啡牛奶土司者,何所憎而勿去摊上?一言以蔽之,曰"不雅观",甚矣!一般人之虚荣心也!

(原载《罗宾汉》,1946年)

姐妹花咖啡摊

继烟摊、舶来品摊之后,最近咖啡面包摊又代之而起了。如果在较热闹的市街上跑一趟,十步一摊百步一铺,便会使你有懿欤盛哉之慨。据马路巡阅使语人,目前仅有八只座位的咖啡摊供一个,供应路人充饥,每日竟有毛三四万之进益呢。戈登路[2]美琪大戏院附近,每逢黄昏时间,辄有一个令人注目的此类咖啡摊出现,题名为"姊妹花",是三个崇明姑娘主持摆摊政。她们据说都是大公司的女职员,夜间摆摊原是拆拆外快的,最大的芳龄曰廿四岁,老主客是称为大阿姐的,掌理财政以及揩家什、餐具工作。老二称为二姑娘,堂理烘面包、揾土司、烧咖啡

---

① 露天咖啡馆的漫画。
② 今江宁路。

工作,顾客们亦有以"土司西施"尊之者。老三叫三小姐,头上一朵玻璃花,苹果般的脸儿,柳条般的腰身,是怪讨人爱怜的,身上围着一块玻璃裙,她的工作为周旋于顾客之间,担任招待工作的。

那摊子每天的营业时间是在九点到十二点,座上常无虚位,有着不少客人传竟为专程来此,"饿汉之意不在土司咖啡,却在乎饱餐秀色"。她们出售的物品,货价并不比一般咖啡摊贵,然而货色却比众地道。她们三朵花,有一个共同之好规矩,那便是绝不取客人之额外赏赐,盖防人家动她们脑筋也。这并非她们小人之心度君子之腹,因为此类难堪的事件曾一度发生过,据说有一天,当一位顾客吃完土司之后,在杯底下留下了一封香艳的情书和美金票三十元,不用说,这便是登徒子钓鱼的"挖耳"。她们后来虽然把三十元美票助了难民,登徒子虽也没有来缠过,然而她们总防着这一着的。

(原载《一周间》,1946年)

美式配备街头咖啡座

在巴黎,街头咖啡座是很发达的,宽阔的街道边,大的圆伞,摆上小柜子和藤椅,和朋友歇歇脚,喝喝咖啡,谈谈天,消磨一个下午,多么潇洒,有诗意。法国一些诗人与艺术家常在咖啡座上来完成他们的理论与杰作的。

现在的上海这一星期,拥挤的街头上忽然多起咖啡摊头了,红蓝布条子的篷,铺上花格子布的毯子,上面陈列着美国货的杯子,咖啡、可可、罐头牛奶和面包等,在摊旁,一个煮咖啡和烘土司炉子,燃着熊熊的火,摊主和伙计穿着短衫,热得大汗滴滴的忙碌着。牛奶可可三百,土司也是三百,有的只卖二百五,清咖啡也有卖二百元一杯的,价廉实惠,早晚成了小公务员与学生的集中所,似乎比吃大饼油条更有味点。

据摊主说一个木摊包铅的,要三十万法币,加上牛乳咖啡的办货费、烧咖啡的炉子等及热闹区设摊的费用,便要百万元,可是每天有五六万元的生意好做,合到四五分利,一天便可赚到二三万元呢。

现在这种摊头发达的原因,一是为了美国来的咖啡牛奶等来的货太多了,其次,一班以前赶单帮的贩子,现在一律改做这门生意了,而且有一人兼摆三四个摊子的,其收入大有可观。专贩美国咖啡等物品的商店,有虹口小菜场及大世界等处,都有几家最大的,一些咖啡座的摊贩,都是向他们转贩来的,据说其中有大批私货呢。

(作者:思农,原载《铁报》,1946年)

露天咖啡茶座

不论你是有闲阶级,或者是忙得透不转气,偷片刻空暇,当你慢条斯理地呷口可可茶,斜睨打量着台布花格的图案时,你就会觉得一阵快感,是轻松,是优裕,可说不上来。

真的,孵咖啡茶座,已经成为这些人的嗜好,差不多像茶园子里的老茶客,风雨无阻,每天驾到。专摇笔杆的朋友,呷口可可,略为欣赏一下图案,"烟士披里纯"来了,于是他的笔底下流露出至美的性灵。玩股弄条的家伙,呷口可可,略为欣赏一下图案,生意经来了。爱聊天的,正在尝恋爱味道的,在这时,都会说出他们心底所欲畅谈的话。

孵咖啡茶座,情调至美呵!但是上面的咖啡座是上等的,价格当然相当可观,有几个受用得了。

露天咖啡茶座的出现,该不会是偶然的吧!而且,天也在热起来了!你别小看露天咖啡茶座不登大雅之堂,它的情调是你从没领略到的。一家子,妈在做招待,爸在烘面包、煮咖啡,孩子在收拾刀叉杯匙,你会觉得片刻温暖的。

挺卫生,他们有纱罩呢(我是在说挺上等的露天咖啡茶座。普通点的,又糟又脏,它的对象是贩夫走卒,不在本文描写所及)。你放心,价格挺便宜。不用捐小呢,你有点饿,就唤二客土司吧。

趁他烘面包时,你可以同样欣赏洁白的台布的花纹,或者注意着街头,有什么你爱瞧的,尽大方点,有谁会取笑你,顾客都是和你一样的派头,怕什么来。

或者,你看看他的布置也不错,美国雀巢牌淡奶一听一听地堆着,还有 Hershely 的可可,那还是美国的白脱,还有美国的 JAM 呢,面包是花旗式的。你花了一笔小钱,却享受了一下地道美货,中国配制的味道。

①

(作者:巡使,原载《和平日报》,1947年)

咖啡摊上有西施!

居所之近处,月前有一新设之咖啡摊,简洁几净,是故生涯茂盛,摊主为一少年郎,似兼作他事,此其副业耳。日间,摊主无暇顾及,摊事悉委让其娇妻掌理。其妻年少而具有姿色,复好装饰,每日临摊视事,擦

---

① 上海法租界的露天咖啡座。

粉其面,涂其唇,衣薄绸之履衫,着白色之革履,俨然风姿粲粲,虽贫穷家妇,一经打扮,亦予人不吝频投贪婪之眼,于是摊业亦因之为盛焉。盖为顾客者以同一市价,除得可饮冰咖啡牛奶之外,复有此冰淇淋之眼药可揾。一昨,友颖川生过余寓,谈及此妇,亟拽余一莅是摊,作成生意五六万元,因留恋不忍去,饮之转饮,直至腹鼓如牛,未能再装而后已。归后复语余:"此摊生涯虽盛,然测其寿命必不长。"余不解其意,究之。则曰:"此女可称为咖啡摊西施,则此咖啡摊必为此西施而成咖啡摊之先遣部队,先化为乌有矣。"此言虽夹机至尤,惟视此女之花苗,日常置于街头巷尾,谁能保持住伊人不有意外之事欤?余实为此少年摊主不胜担忧耳。

(作者:冷人,原载《上海人报》,1947年)

大西洋咖啡馆的滑稽表演

中区咖啡馆除音乐歌唱外,并有滑稽表演助兴。据说这档节目很能抓住一部分坐客。福州路上的两家咖啡馆,大西洋与中央,本是"生意浪"女人的大本营,知识程度自然很低。"大西洋"现由唐笑飞、吕笑峰演出,唐笑飞自诩能随口编辙儿,受过"高等教育",但所唱的曲子,非但都是"滥调",而且狗屁不通,英语更是不知所云了。

"中央"为程笑飞任咪咪,亦一无是处,鄙见以为朱翔飞尚可一听,余若笑嘻嘻、朱培声之流,只会搭亮子搅女人,此辈除了吃耳光,简直无乐可谈。笑嘻嘻前在"中央"已因桃色纠纷吃过一顿生活,之后当知所要警戒了。

滑稽表演在中区咖啡馆之能受欢迎,正因听客文化水准太低,若在程度较高者听之,其不当他们放屁而掩耳疾走几希!然而此辈低级趣味之"滑稽家",力图上进者极少,以为有口饭吃,就胡天胡地的搅下去,哪里再会去研究与发明,所以唱独脚戏的人才,也一年少一年了。

(作者:朱雀,原载《诚报》,1946年)

咖啡馆之电话

"中央"与"大西洋"等处的外来电话,大抵是打给几位花间娇女,家里催她"转堂差"。中区以外的咖啡馆,则接电话者多属男宾,论时论地论人,事情必不重要,如果电话频繁,此君必好"招摇"。有些自称"忙人"的座客,到处有他电话,其实是自己家里打来的,盖为"广告作用",欲使闲人争传其姓名也。

咖啡馆对于外来电话,照例是在传声筒中报告其姓名,以便座客往接。然报告时往往讹其性别,以先生为小姐,于是使在场座客,闻声而置之,以为别有其人也。"中央"里的电话报告员最聪明,亦能不惮其烦。例如接电话人是章怡芳,他往往如此报告:"章怡芳先生电话!章怡芳小姐电话!"数庶无间男女,他总不错。或曰:接电话者如是钟雪琴,他这样报告更得体。

(作者:柳絮,原载《罗宾汉》,1946年)

中央咖啡馆之复兴

余既有慨于"咖啡街"之衰,兹悉中央咖啡馆实无歇菜之议,下月份起,并拟励精图治,使振衰局。若干年来,余之夜生活,寄情咖啡街,亦不忍见此一有历史性之咖啡馆,归于沧桑一例,今能进而期以复兴,维咖啡街之坠绪,我人自乐闻之。

　　闻中央咖啡馆之董事方面,认余前稿有希图颠覆原局而趁虚以入之意,实则鄙人无意于承盘咖啡馆,亦不受人利用,兴衰无关于及身利害,前记但据所闻。自萝蕾归油沙多汽车公司收还,圣太乐改营舞场,大中华又让之电料公司暨证券号后,中区吃咖啡地方益少,感慨在此,殊不忍有幸灾乐祸意也。

（作者:柳絮,原载《飞报》,1948年）

延安路

编者按:

　　延安东路原为黄浦江支流洋泾浜,系英法租界的界河,两岸形成两条道路,浜北沿河叫洋泾浜滩路,后改名松江路(英租界),浜南是法租界孔子路。为方便行人往来,浜上陆续架起9座桥,大都是木质小桥。自东向西有外洋泾桥(中山东路)、二洋泾桥(四川中路)、三洋泾桥(江西中路)、三茅阁桥(河南中路)、带钩桥(山东中路)、郑家木桥(福建中路)、东新桥(浙江中路)、西新桥(广西北路)和北八仙桥(云南中路)等。东新桥、八仙桥等地名一直沿用至今。

　　1915年填平洋泾浜,又并入了两岸原有的松江路和孔子路,成为全上海最宽阔的马路,经过两租界协商,最后定名为爱多亚路(Avenue Edward Ⅶ),名称源自英皇爱德华七世。

　　1943年上海租界被汪伪傀儡政权所接受,为清除英美势力影响,爱多亚路更名为大上海路。1945年8月日本投降,国民党上海市政府将其更名为中正东路。1949年上海解放,1950年5月最终更名为延安东路至今。

　　金陵西路至华山路段为延安中路,清宣统二年(1910)始筑,因路南长浜取名长浜路,为当时公共租界与法租界的界路。1920年以法国陆军上将姓氏命名为福煦路。1943年改名洛阳路,1945年改名中正中路,1950年改名延安中路。

已成历史的上海路名

在几十年前的上海,那各路名和现在有着许多变换不同。当时的路名大多以本地的土名取之,可是这些毕竟淘汰成历史上的名字了,只偶尔在一些人们嘴上发见。在这儿,你就可以窥得全豹。

一般老上海所最熟悉的首推洋泾浜,然而这也是一个古旧的名字了。现在取笑一般讲中国化的英语,就叫做洋泾浜,原因是因洋泾浜和外国人接属的最早;另外公共租界土地规定法,也名洋泾浜规定法,其实洋泾浜是和苏州河、曹河泾、北新泾,在英法租界交界处平行的一条河流;现在已把它填平了,成了现在著名的爱多亚路。

这爱多亚路的继洋泾浜而起的事情,一般上海人也很熟知。少数外国人把和爱多亚路相交的路都取了个特别地名,像外滩和爱多亚路交界处称"外洋泾桥";在四川路转角和爱多亚路相交处,当时也有桥的,不过后来因河填平了,桥也没有了,这就是"二洋泾桥";在江西路爱多亚路相交处就是三洋泾桥;至于河南路和爱多亚路交接处,当然不是"四洋泾桥",在它(桥)毁灭之时的名字叫"三茅阁桥",因为当时有只庙,名字就是"三茅阁"。这些"二洋泾桥"、"三洋泾桥"、"三茅阁桥"等的名字,已被公共汽车公司公开承认,在路角的标记或在车程表上,也都用这些中国土名。

有一时,在洋泾浜的河面曾建筑起二条桥梁来,一条在湖北路,另外一条在江西路,当时名字为"东新桥"、"西新桥",桥虽都已拆去,名字却还留着。另外还有条唯一无二的桥,在山东路跨过洋泾浜的,这就是外洋泾桥。

大多数的中国人把上海著名的五条马路,都不愿说南京路、九江路、汉口路、福州路和广东路,却喜说"大马路"、"二马路"……这是为了便利起见。你知道"六马路"吗?这是北海路,是一段很短的东西向

① 清末外滩洋泾桥。

的马路,在广东路和爱多亚路之间,又接虞洽卿路(不久以前叫西藏路)。

中国人又欢喜把一条整段的路,分成数段各加以一专名,像在河南路南京路,以"抛球场"出名;南京路浙江路交界处,名"日升楼"。这些名字的来由,是因路角曾有一家娱乐处或是茶馆店。在河南路福州路的转角,又有"棋盘街",这是书店集中的所在,不过谁也不明了为何叫这名字。有的说那边路沿常设有许多职业的棋摊,诱着人去往钱;也有说这名字来因由于事实,因河南路、福州路、交通路和山东路,极像棋盘的四方。现在福州路已以"文化街"出名,这就因有许多书店。

在广东路有一条"宝善街",近湖北路的转角,路虽已隐匿了,路名却还记忆着。同样在汉口路和湖北路间,有名"大新街"。

在上海又有二"斜桥",不过桥已都找不到了,其中一个在静安寺路,另外一个在石家浜。近西门,当时也有一座团城的桥。讲到城河,现在早已不能发觉其痕迹了,路名为"新闸河"。"老闸"、"新闸"、"闸北"这些名字,也常可听到。"老闸"的意思,就是管理河流水平线的一个建设。福建路是用石质铺砌成的,所以现在仍称"石路",而福建路桥也名"石桥"。谈到了桥,这江西路桥,又名"自来水桥",这名字来因由于桥边的自来水栈塔。

河南路在出名之前叫"铁马路",这是因为淞沪铁路是在它北面经过。比较奇特一些的名字,要算"偷鸡桥"了,这是在北京路浙江路相交处,这就是说那边有一小石桥,不过现在也无痕迹了,至于说到称为"偷鸡"的原因,没有一个人知道。

在四川路中国青年会下一条马路,这就是"老街",很狭小的,在最新建设之前,这是条充满肉铺、酒馆、饭店的狭小旧城街。在上海工部局决定路名受洗礼时,确也有许多土名被选用采纳,如"九福弄"、"金洋街"、"唐家弄"、"寿家桥"等。同样在中央区,南北向的路都为中国省名,如四川路、江西路、河南路、贵州路、云南路等;而东西向的路都名中国大城市,如南京路、九江路、汉口路、福州路、北京路、广东路、苏州路等。

(作者:润圭,原载《申报》,1939年)

爱多亚路[①]上之一瞥

天晚了,浅红淡绿的灿烂灯光,把"大世界"附近的景物照耀得有如白昼一样,高耸天空的洋楼下,挤着成百成千的人们,男的、女的、老的、幼的,他们的脸蛋上,大都是蕴藏着满面春光,而是爱在那里徘徊荡漾。

"别克"、"道奇"鲜丽的汽车,一辆辆,在光滑而平坦的爱多亚路上,风驰电掣的驶往,"叭……叭……"的声音里,似乎是"马达客"里的巨商绅士,太太小姐们意气洋洋的说:"这是咱们的福气哩!"

近旁林立的电影院、咖啡店、跳舞厅,勾引了一般摩登情侣,交头接耳,

---

① 今延安东路。

情话绵绵,一对对的向里跑,以消磨他们整个的夜晚,为它们追求,沉醉。

马路边上红红绿绿的姑娘们,每日处于十八层地狱里,勉强制造人工的"曲线美",婀娜娇态的一排一群陈列着,以图博得问花寻柳的朋友们,好像追臭逐膻的蝇蛆般的跟了她们走。

"卧云山人"、"庐山道人"的预言家,更是不胜其数,每只机台上,公然也有一两个老婆婆、三四个苦朋友,被那暗淡沉沉的煤油灯光吸住,目不旁瞬地望着那块写着"贫穷不取分文,相不空谈"的玻璃板,而且还唠哩唠叨地问说,怎样叫做"父在母先亡"?怎是"穿我的鼻子,吃我的耳朵"?

墙角弄堂里,有种白相人,怪难听的喊着:"要押速押,勿押马上开……"有的是会哈哈笑,也有的倒是呆木木。

刚从××宫里饱醉出来的福气有钱人,少不了迎头遇着鸠形鹄衣的乞丐,跟着他们祝福祝寿的讨着钱……

假如你不晓得上海究竟是怎样,那你只消跑到"大世界"前后看看,包你刹那间,即可见其写真,一切的一切,都好像是在描写罪恶两字的具体缩影;虽然另一面也可见到交通的便利,文化的发达,其如终觉"瑜不掩瑕"何?

(作者:洪水,原载《申报》,1932年)

宝裕里咖啡馆

中国人摹仿外国人,未必便是外国人,即如茄菲这一样东西,比较中国的茶,是好是坏,吃过人自然明白。现在霞飞路上有许多茄菲馆,馆中设备亦还清洁,花钱不少,便可消遣三四小时,又有各种外国报纸好看。

宝裕里[①]自从法租界禁烟赌之后,什么公司搬了场,燕子飞飞另觅

---

① 今宁海东路120弄、延安东路285弄。

画梁,早先满街小摊贩,拥挤不堪,现在只剩了两家小番菜馆代售茄菲,只要八枚铜元便有一杯很热的茄菲,并且加有牛乳,你要是添吃几块面包,他们当然是欢迎,你再要叫一客大菜,他们老板都要出来招待。这因为生意清淡,不得不如此殷勤。

这大约是两位无聊的学生,偶然走入这街头茄菲馆,叫了两客茄菲,便昂然入座,问他要报。因为学生说的外国名词,堂倌听不懂,那一位学生便来作翻译说道报,堂倌说:"报多得很,街口小摊子就有的卖。"学生便说:"你们这是茄菲馆,为什么不预备报?"

"我们连字都认不得,要报作什么用?"

两位学生茫然了,便连忙吃了茄菲,付了钱,一路走,一路说,什么叫爱国?中国人开的茄菲馆,连报都没有,还是到外国茄菲店去罢。

我因为他们说到爱国,便发生无穷的感慨,果然是爱国者,为什么不到茶馆去?但是中国的茶馆,也没有外国报纸看,这又当奈何?

(作者:无聊,原载《正气报》,1933年)

咖啡室音乐

柳絮兄论咖啡室音乐,宜作小弦切切之音,勿当作大弦嘈嘈之声,此言实深得吾心。咖啡室应为促膝谈心之地,今人视咖啡室,已无殊青莲阁一乐天,若所奏音乐,更作急管繁弦之声,真将使"偷浮生半日闲"之侣,望而却步矣。红棉酒家之"盐邀轩",延康脱莱拉斯乐队,吹奏娱宾,可谓不惜工本。惟乐工当知咖啡室与舞场有别,疯狂之曲,奏之于舞场,足以助人踏步之兴,而咖啡室则勿宜。坐"红棉",康脱莱拉斯亦时时奏《康茄》之曲,在康氏为卖力,实则犹未明咖啡室与舞场,情调宜有异致也。

(作者:蝶衣,原载《社会日报》,1944年)

咖啡座之音乐

万象厅展幕之前,"新都"当局希望乐队勿奏过于疯狂之曲,以为足以影响咖啡座上之情调。是故今日爱普罗斯所敲音乐,大抵是靡靡之音,偶以"伦白"、"快狐步"娱客,亦勿强调,盖遵当局命令也。

"红棉"新辟盐遨轩,由康脱莱拉斯乐队伴奏,繁弦急管,一贯其"摇摆"作风。其实,"摇摆"只宜于夜总会与"凯勃来脱","抱而弄"犹不适合,更何况咖啡座上?日前聆奏南美土风之"却克却克蓬却克",虽是十分热烈,情形究属"伤科",凤以视占雅□之"盐遨轩"三字,实系一种极不平衡之对比。譬见以为咖啡座上乐队,应废其管乐器,则曲曲缠绵,既不影响情侣娓娓清谈,又可增进环境之美化焉。

（作者：凤三，原载《社会日报》，1944 年）

叶子咖啡馆的风情

不佞酷好咖啡,业已臻于有瘾的地步,写文章在咖啡馆,休憩会友也在咖啡馆,职是之故,上海各式各类的咖啡馆,当有百分之八十五以上,印过我的足迹。

在百分之十五例外中,福熙路①的"叶子"咖啡馆,才在昨天去过。尝闻人言,"叶子"的情调与众不同,是个谈情的好去处！我听了漠然,

---

① 福熙路东段为今延安中路,福熙路西段为今金陵路。

为的自己目的在喝,与情无关,加之"叶子"的位置不在中区,也就懒得去尝试。

昨晚跟事务上的一位女友,漫无目标地踏进那里,第一个印象,灯光黝黯得像在防空。我们以为侍役会招呼人入座的,但是没有,相反,一个幽灵似的侍役从斜里出现,他回说座位没有了!我指着许多散座,问是不是统已定去?他觉悟过来还打着道歉口吻:我以为先生要隔离座位的,如此,随便请坐好了!

我心中一怔,渐渐意识到我们表面上是双档,通常的情形,大概非隔离座不可,侍役虽误会,但也是他的经验。于是我注意到隔离座。

这里的隔离座确是一种特色,小巧玲珑,如果不是鸟瞰,不容易给你发现里面的人物。有台灯,虽设而不常开;有侍役,非揿铃不得擅入。我没有身历其境,然而想象一男一女,掩藏在里面,确有意想不到的情调!

没有多停留,我们即付账出来,我们感到自己在那里不伦不类,而且同去的某女士,她像发现一种细碎的声息而脸红,再坐下去,该是多窘!

(作者:勤孟,原载《图画风》,1946年)

叶子咖啡馆

在中正路①成都路朝西三九〇号的"叶子"咖啡馆,是为一般青年

---

① 今延安路。

男女所熟悉的!

只因为过去颇有一种特殊的传说,有着十许只火车座,地位小得像木箱子一样,真可说得是仅容"促膝",就在这一点,足为一般青年男女所"借重"了!

这里面设备既然这样,当然不做早市了,在下午二时后方始营业,愈夜深愈有主顾,其妙就在火车座的设备! 记得前岁的冬天,笔者由一个好友的约会,在某一天早上十时,来到"叶子"咖啡馆,后来才知道这一种规矩,方始明白。

我们真感到醉生梦死的青年太多,而社会上的一般商人,抓着这个弱点,以予以迎合,怎不使人可憾呢,而负责管理风化之责者有否知道?

(作者:老 k,原载《和平日报》,1947 年)

叶子,皇家,良友

说起光线阴暗,我便想起了"叶子"。"叶子"座椅的隔座高,光线又阴暗,因此是男女谈爱的好去处。不过并不高尚,交际花、姨太太、舞女、小开、暴发户之类太多,谈爱时的态度并不圣洁,静坐咖啡馆时,可以听到邻座的浪声浪语。

静安寺路,南海花园畔的"皇家"光线也幽暗,有一个时期有音乐点缀,座客和"叶子"是一路人。

最清雅、幽静的好去处是赫德路协进学校对门的"良友","良友"下面是糖果肆,上面才是咖啡茶座。情调极佳,有一缺点,便是咖啡不大好,蛋糕也不精美。不过,到这里谈情说爱的学生们很少顾到这些口福问题。假使你要约一个女朋友见面,可以约在这里,因为这里很静。

(作者:梁婷,原载《和平日报》,1947 年)

叶子咖啡馆的仆欧

不到"叶子"咖啡馆只两个月,近阅报载,此间诸"鸳鸯座",皆以干禁被拆矣。

"叶子"咖啡馆,雇用仆欧,只有一个,在全市之业中为奇迹,室以食客之无事于传唤,故此役"政清事廉"也。跑"叶子"者,颇有憾于此一仆欧之态度倨傲,"鸳鸯座"既禁,"叶子"无可号召,此人当不复敢慢食客矣。但据余所见,此一仆欧招待常来之食客,亦亲习如家人,记忆力尤强。余就食其间,恒先自入座,迨所期则至,不劳问询,此人自能延之入余座。盖凡曾见一二面者,仆欧强记,不敢乱点鸳鸯也。

"叶子"是否收风俗,余不敢言,亦无意于阿私之辩。惟当今"公馆"林立,人肉成市,在位者明察秋毫,无视与薪,殊不能无感耳。

(作者:柳絮,原载《飞报》,1948年)

谈叶子咖啡室

有一个朋友,要我写一篇东西骂骂"叶子"咖啡室,我问他为什么要骂?他告诉我几则故事如下:

有一位女教员,新交了一位男朋友,那位男朋友请她吃咖啡,她觉得吃咖啡也无所谓,哪晓得那位男朋友一带带到"叶子"咖啡室。结果那位女教员坐了不满五分钟,无论如何要走了,从此和那位男友绝交。

这是第一例。

有一位朋友带了女友到"叶子",所谓"雅座",明明是空的,仆欧阻止他们,不放他们进去,气势汹汹,说是有人定好了。问他此地是否对号入座,那位仆欧依旧气势汹汹,蛮不讲理。这是第二例。

他的结论是,咖啡室为什么要装潢成这种样子,有伤风化,非禁不可。我反问他:你既然晓得它有伤风化,为什么还要带女朋友去,自取其辱?他语塞。可见"叶子"咖啡室,可骂不可骂也。

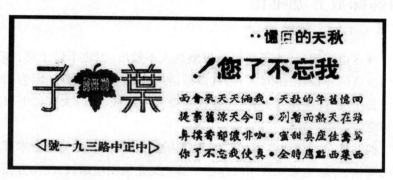

(作者:玉如,原载《小日报》,1948年)

龚秋霞等开设"四姊妹"咖啡馆

龚秋霞、陈琦、张帆、陈娟娟,自从合演《四姊妹》一片后,亲密的程度,真像是四个姊妹,她们平常的称呼总是"大姊""二姊"的,比之亲姊妹实在有过无不及。

为了要永久在一起,她们想要做一种事业,即使其中有人离开电影界,或都不吃电影饭后,还是能在一起生活。许久之前,她们预备开店,后来没有听说这事究竟怎样了。

最近有个可靠的消息,说是有个有钱的人,肯放资本给她们开一家咖啡馆,并且定名为"四姊妹咖啡馆",龚秋霞等于就是为这件事而忙碌。

近日她们正在分头进行找铺面,听说已经略有头绪,她们希望在三十四年一月一日,这家"四姊妹咖啡馆"可正式开幕,以后这四姊妹除了拍戏还要兼理店务,那末将更忙了。

(原载《青青电影》,1944 年)

四姊妹放弃咖啡馆

现在电影明星,为了所得的报酬是入不敷出,因之不做生意,如百乐门饭店的开张,便是周璇、白虹做做活广告,分一些报酬。因为明星认的是干股,蚀本死人不管,而赚钱却要分一些钱,所以大家说电影明星写意。

四姊妹——龚秋霞、陈琦、张帆、陈娟娟,也有人为她们出资本开一家咖啡馆,办法也采取百乐门办法。继之又是挑明星赚钱,而一方面也想倚仗了明星的活招牌赚些钞票。本来是想借浦东大厦下"璇宫"旧址的,可是以谈判未成,只得告吹了。

于是加以考虑,因鉴于咖啡馆之太多,决定改变计划,四姊妹要开时装公司了,预备将这四位明星做做"模特儿",那一定可以招徕生意。但规模不大,大约盘下同孚路的一家,定名"四姊妹时装公司",由她们四人设计服装样子,一定架得太太小姐欢迎。同时如龚秋霞以至陈娟娟等,结得一手好绒线,因之,开张的时候,将以面授结绒线号召,那当然比冯秋萍有噱头了。

陈娟娟早已想开一爿童装公司,但未成为事实,这一回,或许可以实现了吧!

(作者:羔羊,原载《海报》,1944 年)

四姊妹之"咖啡乐府"

读云郎《开店未成记》,知动咖啡馆脑筋者,实繁有徒。浦东同乡会楼下璇宫剧场原址,在不久之将来,亦将有咖啡馆开幕,厥名"四姊妹咖啡乐府",主其事者盖即龚秋霞、陈琦、张帆、陈娟娟银幕上之四姊妹也。初,四姊妹有创设咖啡馆之议,由陈琦介绍其戚单某与龚秋霞谈判,由单某负责筹备地点。单某最初着眼于百乐门,不料接洽之后,反至画虎不成,春光漏泄,百乐门踢去单某,直接与四姊妹商洽,终为四姊妹所拒绝。旋由谭兰根介绍,假用周璇、王丹凤等八人之名义,草草开幕。单某既不得志于百乐门,则改与沧洲商谈,然沧洲主事者,举棋不定,迟延拖宕者达月余之久,事终勿谐。最后始决定璇宫,但浦东同乡会每月之中有三天须将璇宫出租,单某之踌躇不前者,盖以此故。经数度之往返磋商,始决定此三日中租赁礼堂者,其菜肴全部由"四姊妹"承包,事乃定居。

近已扬工屯材,进行装修,预算在十一月以前,必可正式开幕,本地风光,即由四姊妹举行剪彩,将来即由姊妹四人分任经副襄理之职,于拍戏之暇,常以驻扎店中,指挥一切。日来龚等四人,正设计剪裁一式之旗袍、皮鞋,服之以与宾客周旋,亦一种"新噱头"焉。

(作者:梅子,原载《力报》,1944年)

"四姊妹"咖啡馆开幕

"四姊妹"咖啡乐府启幕之前夕,曾张盛宴招待报人,其地位于浦东同乡会大厅,为前璇宫舞厅旧址。是日樽边,颇多隽闻、随录数则,借见其盛况一斑。

是夜,四姊妹全体出席,各歌一阕以娱嘉宾。朱凤老座次适与四妹相对,有谓凤老今夕饱餐秀色,艳福不浅者,凤老乃得意非凡,充四妹歌唱义务报告员若干次。

潘柳黛小姐自蚌埠归来后,首次参加公开宴会,以宾主一再要求,在麦克风前播唱《支那之夜》,掌声雷动。

严独鹤、朱凤蔚两先生代表来宾演说,妙语解颐,阖座称善。

王雪尘兄之座在南端主位,谑者谓白雪今夜颇有慷他人之慨之嫌。

"四姊妹"占地之广,为全沪咖啡馆之首席,有乐队,有舞池,刀疤美人阿韦任此中女侍,招待较前更为殷勤矣。

(原载《繁华报》,1944年)

"四姊妹"咖啡馆招待盛宴的花花絮絮

也许是为了大米突过五关吧?明星们也感到要"另展鸿猷"了。

银幕上的四姊妹——龚秋霞、陈琦、张帆、陈娟娟,经营咖啡馆的消息,宣传已久,而隆重揭幕的一个镜头,迟到今天始克献映。一件事业的成功,是不容易的。

她们择定的地址在浦东大楼,就是固有的璇宫舞厅。论这块地盘,以前"天风"和"中旅",都上演过话剧,可说是尝遍戏剧歌舞的滋味,现在又让它试咖啡气息,那儿地位的宽大,市上全体咖啡馆,无出其右。假使在以后煤电不发生问题时期,夏天冷气,冬天汽汀炉,还有点赶不退冷气的侵袭。然而,厂子说是宏大的。

前天,招待全市新闻界及咖啡同业先进,做她们"开幕"的先声,男男女女,济济一堂,虽然朔风在发狂地呼号,到的人却相当不少。

首先使我看到的,女侍群中,刀疤差人韦锦屏,又活跃其间,四姊妹倒有些罗致人才的本领。

四姊妹亲自出马,招待来宾,大姊龚秋霞,穿的咖啡色花旗袍,老二、老三、老四,都是不同颜色的花衣裳,"四朵花"一般的春风面,笑开这个盛宴的热烈。

我们那报坛前辈朱凤蔚先生,这晚特别兴奋,三杯落肚,老兴勃然,请四姊妹引吭一歌,于是龚秋霞唱《蔷薇处处开》,这本是她拿手好戏,陈琦唱《卖糖歌》,张帆唱《我爱我妈妈》,陈娟娟唱《讨厌的早晨》。陈琦在银幕上难得听到她的歌喉,这晚唱来,倒也觉得和李香兰不差到哪里。

朱凤老兴还未尽,硬要请他的小妹子潘柳黛上去唱曲《支那之夜》。潘小姐的文章是大胆的,但是唱歌的胆子并不大,苦了凤老拜揖打躬,然后在大众如雷的掌声中千呼万唤始出来。其实,唱得真够味儿,然而大家高叫"再来一个"时,她已红涨了脸,如飞的逃回本席。

柳黛小姐大约是存心"报复"吧,请朱凤老去代表来宾致辞,不得不"蓝青官话①"表演一番,朱凤老那句"大米卖五万元一担",和严独鹤先生说的"四美具",都是即景妙辞。

陈琦答几句谢词,很轻松。在余兴未阑中,严济民君表演口技,在高乐舞场曾听到他的警报,这晚算是二次空袭,的确可以乱真,这功夫有点不容易。

新试四姊妹咖啡乐府的西餐,觉那样犹太咖喱鸡饭,纯粹犹太化,味道不差。

---

① 方言地区的人说的普通话,夹杂着方音,旧时称为蓝青官话(蓝青:比喻不纯粹)。

盛宴散了,四姊妹亲送来宾,以银幕红星的号召力,来致力咖啡馆,也许能够实现她们的理想。

(原载《社会日报》,1944年)

四姊妹投资咖啡馆内幕

四朵花——龚秋霞、陈琦、张帆、陈娟娟,活跃于银幕上,她们平时相亲相爱,同出同进,而且是义结金兰的。

或者是银幕把她们搬演得太苦太累了,或者是生活的竞赛奔得太快太紧张了,电影明星都在纷纷的改行,从艺术圈子跳到商业场合来。过去有韩兰根、殷秀岑的办瘦西湖,周璇、白虹在不久之前向百乐门大饭店投资,而此刻"四姊妹"也开咖啡馆了。

今日开幕

今日揭幕,"四姊妹"在璇宫原址登场,都以董事兼副经理的姿态出现,她们还第一次当"老板",此中风趣,当是别有一种滋味在心头。

昨天去看"四姊妹",随便的闲谈,拾取一点牙慧,是关于她们开始建筑这一个"老板梦"而至"支票兑现"的前因后果。

龚秋霞已经是有了孩子的妈妈,却还是那么天真可爱的说:"吃艺术饭,真是越吃越没有办法,公司里发下来的薪水,还不够做一件大衣,即使拿一个戏的酬劳,又能够买几担米哩!"

我说:"龚老板,别的我们不谈,谈正经话吧,告诉我一点你们四个姊妹,怎样合作来开这一爿店?"

陈琦纠正我的语病,抢口说:"不,不是店,是咖啡馆。"

张帆又立刻下一个注释:"说店并无不可,说做一种'生意经'也无妨,总之'电影'不能当饭吃,还是改行。"

陈娟娟冷冷地说了一句:"此刻的上海人,都得喝杯苦咖啡。"

沉默五分钟。

……

话题再拉到"开店"上边去。

每人集股百万

据"四姊妹"的共同口供,这一爿店的资金是一千万,她们各人拉了一百万的股款,其余的六百万,则由桑发元、徐益康、傅松龄、韩芝灵等几位商业巨子筹集。

压岁钱充作资本

打算开咖啡馆的计划,早在一年前。今年夏天,"四姊妹"同徐君偶然谈起,就此决定"合作"。在拉股期内,"四姊妹"分别认筹进行,凭各人的能耐,作不公开的竞赛,娟娟小妹子,把连年储藏于祖母处的压岁钱,也都全部充作"开店"的资本了,那样子的"勇"足以媲美一切的。

每人月薪一万

"四姊妹"不分阶级,一视同仁——董事兼副经理,每人月薪暂定一万元,将来咖啡馆如有盈余,则照股份派,立单为凭,决不食言。

歌唱娱宾

有一点郑重介绍,"四姊妹"将以董事兼副经理的资格,每日在场亲任招待,并献歌以娱来宾。

访"四姊妹"归来,我忘不掉娟娟小妹子说的那句冷语:"此刻的上海人,都得喝杯苦咖啡。"然而我怀疑苦咖啡的功劳,是否能"刺激"上海人的神经?

(作者:路德曼,原载《力报》,1944 年)

"四姊妹"咖啡乐府开幕盛典

中华民国三十三年十二月十八日。

大上海路。

耸立着的浦东同乡会。

巨幅的白布红字:四姊妹咖啡乐府今日下午三时开始营业。

二点四十五分。

拥塞在门口的人。

推开玻璃门:系着粉红色丝带的花篮,系着粉红色卡纸的花篮……一直蔓延到院子里,越过音乐台,爬上了面对着大门的高台。

高台上面的壁上高踞着希腊神话里的四姊妹!披散着长发,丰满的胴体,娇艳的肤色,嬉戏着,洋溢着青春的魅力,青春的光,青春的喜悦!

青春的喜悦!浮动在整个院子里,象征了这里的主人,影圈里绝无仅有的四姊妹。

可是真正作为她们的标识的却是四朵梅花。

四朵连缀着的梅花,发现在壁上,在音乐台上。

坚贞不拔,傲霜耐寒的梅花!也令人想起了"疏影横斜""暗香浮动"的情致。

充满在这四周的将是春天将临的欢欣。

就在这欢欣中,宾客们陆续霸占了所有的客座。

满了,满了。

大门外还是堆满了那么多青春的脸,待望着什么似的眼睛。

来宾也是一个接一个推门进来。

忙也,穿红衣的小姐。

——对不起,先生,就请这儿拼个桌儿吧。

——啊哈,老王,你也来了!
——……

主人呢?

剪彩的呢?

来也,来也,久带达了,袁美云小姐!

跟谁在打招呼?

是严俊、黄河、徐立、殷秀岑、关宏达、韩兰根,崭拥在一桌上。

那近旁还有张帆的真假干爹李萍倩和裴冲。

还有呢,仓隐秋、凤凰……

可忙急了那么多来宾的眼睛。

充满着魅惑力的那位高个子的白光小姐,更给"带"来了四位披着不同大衣却有着一条心的主人。五张充满了喜气的粉脸,圆的,不怎么圆的,看起来是圆的……

白光与袁美云坐在一起,忽然想起了《银海千秋》:"听说您要请大家吃红蛋了。"

于是,推镜头!

四位主人又拥来了一位像是殷秀岑的先生。

谁呢?

不见了,不见了,一会儿又不见了我们的主人。

膛下那位大姊的"先生"胡心灵,四处招待。

还有一位——是经理啊。贵姓?徐。

看过《桃花湖》吗?那位与胡枫有过一吻之缘的赖乃德,就是他啊。

主人又出现了,跟在后面的是——剪彩的来了!千百双眼睛的瞄准。

胡枫、王丹凤。

胡枫的姊姊,王丹凤的姊姊。

剪彩也得把场?

有谁笑声夹着语声。

到时候了。

麦格风,严俊。——又是他啊!

那位胖先生上了台,幕揭起了,啊,啊,原来是张善琨!

继着咔嚓,闪光灯亮了一下。在院子中央。

两把雪亮的剪子,夹在两只纤纤的玉手上。

——预备——

剪彩的小姐,主人,来宾,拍照的……

咔嚓,闪光灯又是一闪。缚着的丝带腾空而起。一张张快乐的脸。

快乐、欢欣、幸福的音乐。四位主人不知何时已脱去了大衣,现在是一式的红衣服,红鞋子,红色的康乃馨。

忙了拍照的先生。

——请随便用点茶点吧!殷勤的招待。娟娟的婆婆逢熟人打招呼:

——简慢啊!

空气中流动的是说不清的音浪。

说不清的喜气。

(作者:巴东,原载《上海影坛》,1945年)

"四季霉"咖啡馆

浦东同乡会楼下,近年曾改弦易辙者不知若干次,初由舞厅而剧院,复改为今日之四姊妹咖啡馆。

四姊妹咖啡馆开幕迄今,营业向不茂美,尤以最近为甚,四姊妹场地□宽,空气恶浊,四壁如装火炉,座客皆不耐久坐,于是造成座上小猫三只四只之惨象,仆欧人数,有时乃超过座客矣。

一夜,天奇热,四姊妹座客寥寥,总计全部收入仅得十二万,亦见四姊妹咖啡馆营业之凄惨矣!

咖啡馆无冷气设备或夜花园者,夏令售座大抵无甚把握,四姊妹一家则不独夏令为然,便在夏秋冬三季,亦从未臣门如市,因有人称四姊妹咖啡馆为"四季霉咖啡馆",风水所系,定名亦不可不慎于先也。

(作者:青子,原载《罗宾汉》,1946年)

四姊妹咖啡馆的广告

咖啡馆视广告为宣传要途,以论事实,所做广告要给识字的人看,足以喷饭,不识字的人亦不会看,等于白做耳。

四姊妹咖啡馆最近有"蓝田",其实系场内过热,而做场外交易而已。地陋不足以当环境,偏称"神秘情调"。更可笑者,有赠送"圆形摇风"之举。送圆扇则送圆扇矣,必称"摇风",两字系浦东白,岂便"风""雅""颂"乎,可笑!

金门八楼有茶座,广告上称"云山帆影,美景无边",上海除黄浦滩有海轮船囱外,何来帆影更称"云山",真疑撰广告人来自"兼厘峰"焉。

(作者:曙天,原载《繁华报》,1945年)

四姊妹咖啡馆将改舞场

徐益康以小开姿态去开咖啡馆，原是门外汉的，不过初初以四姊妹为号召，而又正逢咖啡馆生意最好的黄金时代，所以让他混过了些时，营业勉强过得。可是几次风潮一闹下来，四姊妹本身已岌岌可危，他却又去弄一个中美饭店，结果终于坍台，弄得一身是债，逃之夭夭，而且带出一段张帆的谣言，使张帆与她的父亲张恂子带了女儿上《新夜报》大兴问罪之师。徐益康呢，自然要暂避一时，向家中及亲友慢慢设法，好把那些乱开的空头支票还清。可是四姊妹咖啡馆却为股东盘于一个酒菜业的钜子，据说是四十五根条子，但职员却闹着要解散费，至今尚未谈妥数目。本来如新买主仍开设咖啡馆倒可以容纳原班职员人马的，据说新主人却将改为舞厅。其实现在咖啡馆已成尾声，舞厅更是强弩之末，毫无噱头可看。经济不景气不清除，咖啡馆舞厅都勿是生意经也。

（作者：何道，原载《星光》，1946年）

四姊妹咖啡馆酝酿改组

四姊妹咖啡馆是隶属于天一食品股份有限公司所管理的，自然开幕以还，董事会与主持之经副理等，意见始终不甚融洽。与四姊妹的经理徐某，简直势如冰炭，同冤家一样。

四姊妹开到现在，结算下来并无盈余，占地广，以前生意清淡，最近因为宣传得力，始转繁盛。的确，中区一带的咖啡馆，未免太狭小了，要宽敞一些的，就只有到"四姊妹"去。

因为最近生涯有了转机，渐渐的有盈余希望，于是董事会又有新花样了,酝酿着改组,而谋取大权。但是现在的主持人,也有大部分的股票捏在手里,要想人事调动,倒也不是容易的。

现在双方正在勾心斗角,好戏还在后面,我们且等着瞧吧!

(作者:刘仁,原载《秋海棠》,1946年)

四姊妹咖啡馆出盘

成都路中美大饭店,其发起系由四姊妹咖啡馆经理徐益康主动,资本一万万元。因四姊妹无冷气设备,逆料夏季生涯不能美妙,故必需挖取有露天花园之房屋。其时适成都路有花园洋房一座,屋主人愿以洋房底层,及花园出顶,余即出条子三十根顶进。在当时值价已为六千万元,再加装修设备器具等,比及开幕,已亏空数千万元,而开幕之后再需要流通资本,遂由徐商由任职之股东暂垫。迨夏季既过,生涯转淡,而股东所垫之流通资本,又急于收进,迫不及待,直接向会计处支取,致所开支票,因受影响而退票。刻闻徐已将四姊妹出盘,得资为中美善后之费,而四姊妹新股东,并表示仍用原名,挽留龚秋霞等四人,一仍旧贯云。

(作者:知了,原载《快活林》,1946年)

经纪人改行开四姊妹咖啡馆

万祥证券号老板合股接办了四姊妹咖啡馆,连得茂昌三位老板也加入了,这是经纪人准备改行的先声。

经纪人公会日前派史久栽、林宗靖、俞明时三人到证交,请证交事前先示迟延交割办法一贴,手忙脚乱,为了一成现金,二成股票保证,经纪人公会,定今日下午三时召开理监会议。

证交通告各经纪人,缴付三十万零五千元之电灯电话押柜费,现由经纪人公会提出备忘录,提醒这是证交之出财,一点不关经纪人之事,用弗着经纪人负担。

周五后市又传五十一号经纪人不稳,希望大家不必重视,挽救股市要紧。

二〇四号周五一记头敲进信和三十余万股,这是信和失了舵后,二〇四号之"环头"。

美盛绸厂结束事,本人已接获读者恽振华君详告已证实,幸美盛绸厂股东们注意,今晨为周末,弄股者切实注意。

(作者:西泠,原载《飞报》,1946年)

沙利文咖啡座的音色

初秋的太阳下,苹果味的周末。

静安寺路上开展着十月中的人间画廊,红色玻璃鞋露出涂上蔻丹的足尖,宽领挺胸窄袖口的短大衣,盖了半个脸蛋的大型黑眼镜,古铜色的旗袍,杜比西的《牧神的午后》的闲逸的意味,透过巴黎,幻现在这花儿一样的女性群众身上,幻现在咖啡座的楼头,也幻现在白桌布上的一杯柠檬茶上。

闲逸的咖啡座,女客们堇色的衣饰和绛色的笑靥织成的网,蔷薇色的。

低低的安详的话语开始了,冰河似的流去。

如果有一串旋转如风铃的咖啡座音乐?

那永远是爱情的谜语,有人说。但是,华发雾鬓之下的脸懊丧地低下了,好久是一种失望。星期日的时间已经没有音乐地点饮食俱佳的咖啡座,光线暗淡,灯笼飘忽,我们走不入音乐的黄昏里去。昔日沙利文二楼的二重奏时常令人神往,轻音乐的节目如《白鸽》,孟棱尔仲的

《春歌》，鲁宾斯汀的《F调曲》，贝多芬的 Fur Fglise，许勃的《圣母颂》，Drigo 的《小夜曲》《安杰拉小夜曲》和《树》，还有施特劳斯的华尔兹什锦与斯蒂芬福德斯的黑人民谣什锦，奏来真是千回百转，荡气回肠，不作第二人想，曾嫌逸园露天音乐会作品沉重的人一定趋之若鹜。

"女士，让我吻你的手吧！"那一支西班牙舞曲奏起来的时候，从台上的盆花偷望过去，那边有人嫣然微笑了，值得记忆的约会吗？这样想的时候，提琴手的弓略停之后猛地一转，《莫忘吾》和 Souvenir 的音调更流入人的心里来了，无言相对，一点灵犀暗通，心里燃烧的是平静的火焰。夜色苍茫中立起来要走了，正赶上《我的青天》的小笛，轻俏的脚步踏下古英国风的木楼梯，《晚安，我的甜心》到了尾声的悠扬。

忘得了那个周末的黄昏吗？忘得了那惑人的三重奏吗？

又是初秋的苹果味的周末，如今时间却是早过去了，走过沙利文，倚窗小坐，顿觉暮色消沉，不是留恋忘返了，何日再来一支 Till We Meet Again 呢？

只有临窗闲眺街上车辆的五光十色的大赛会吧，看仕女如云的散步的流行线也算是一种消遣，这是沙利文的特色。

（作者：伯昂，原载《和平日报》，1946 年）

风韵犹存的沙利文大姊

有人以上海代表中国精华的总汇，那么南京路是代表上海的结晶。

不论腰缠万贯的大富翁,身无分文的穷小子到上海来总要上南京路观光一下,因为上海并没有什么名胜与古迹,有的仅是摩天般的建筑物、新式发亮的汽车、灿烂夺目的橱窗布置,而这些都是云集在南京路上,如全国著名的商场——永安、新新、先施、大新等公司;富丽堂皇的国际、华懋、汇中饭店;甚至还有"沙漠中的绿洲"跑马厅;还有首轮影戏院大光明、大华;还有熙熙攘攘的红男绿女;还有……皆是诱人注目。因此南京路也就是变成全国的繁荣荟萃区了。

当你由西朝东步行到抛球场,定会给前面一幢矗立突出半巨厦挡住前途,这半巨厦的仪表,虽不出类拔萃,但是他有他的典史与机遇。交通当局虽认为他是妨碍中区交通上的绊脚石,却不敢与跑马厅般地拆掉充扩路面,来给山姆叔叔吃饱了酒来驾吉普车,横冲直撞,这是可认为奇迹与值得骄傲的,而全市、全国甚至外国驰名的沙利文总店,也就在这"奇迹"的地带上。因地利之故,营业久占了全市咖啡馆的宝座。

沙利文总共有三个姊妹,皆系山姆叔叔的千金。大姐沙利文年华将近四十,但豪华依旧,不让年少,又加她交际手腕灵敏,所以"闺房"日日豪客盈门。她的亲生父亲沙利文老先生,因其他行业经营惨败,含泪把大姊卖给别人后只身回国。养父念少女孤怜,不忍将中文名字沙利文更改,而换英文名为 Chocolate Shop。据闻全市闻名"冷若冰霜"美女牌小姐也与她同族。不久胜利来临,山姆叔叔来了,大姊恢复当年的风韵,但是不幸的是她又拜中国人为寄父,由寄父管理一切,山姆叔叔坐收渔利,享受清福,门槛之精胜过犹太人。

在她"闺房"门前的玻璃橱窗内,透明地放着木心奶油蛋糕、棉制的冰淇淋,还有狗饼干,吸引了不少饥饿者的垂涎与羡慕。大姊是一个势力主义者,虽然一个只花六千元在她身上的咖啡客,也是无任欢迎,惟有无钱的顾客,她是恕不招待的。假使谁肯花九万五千元,她会将浑身解数,以最宝贵之物——木板牛排酬客,使你心花怒放,嘻嘻哈哈而去。她还能烹调一手美式西菜与精制"圣代"。那双上海独一的"方登",不论冬夏常年开放,供有各色冷饮。假如你再不吝啬的话,她还备有饼干、蛋糕、巧克力、什锦糖给你带回,无论男女老幼,不分任何国籍的客人只要肯花钱,她是无不欢迎的。

大姊"闺房"设有四招待处——前堂、后堂、阁楼与二楼。前堂专供商人谈生意经;阁楼供男女谈情说爱;后堂设有火车座沙发,以请客最宜;二楼只招待午餐客人,分设的井井有条。再加夏设冷气、冬有水汀并聘有比一般水准较高的侍者,个个仪表非凡,服装整洁,谈吐自若,招待周到,使客人称心满意,因此营业蒸蒸日上,执全市同业中牛耳。

在这男权社会里,女人似乎是到处居于男子之下的,惟有沙利文是女权社会,女人职位皆高于男人,连女厕所也大过男厕所,这是大姊沙利文表示提高女权之征象。

大姊沙利文,虽日进斗金但对职工待遇,仍是刻薄非凡,无合理的工资,因为"她"本身还是资本主义社会的商品。

(作者:马尔斯,原载《餐工》,1947年)

沙利文楼上邂逅姚玲记

前午,与犬儒坐在静安寺路沙利文楼上闲谈,忽见姚玲单身而来,坐在我们隔壁一桌,我们只好隔了桌子说话。我不知说了一句什么话,忽然好笑起来,姚玲说:"你吃了什么笑药了,这么好笑?"言未毕,她自己也笑将起来,把手绢按了嘴直笑个不停。她又说,隔了桌子说话不方便,叫我们坐过去。

她叫了一杯巧克力,巧克力上有厚厚的一层奶油,某报说她茹素,当然证实其不确了。她说今天约了一个女朋友在这里,是打算给她介绍男朋友的。

忽然她问我们:"你们等什么人?"我说:"等着了你,还要等什么人呢?"她瞪了一眼说:"你今天吃荤,还是吃素?"我说:"你请客,我荤素随便。"她说："我当你今天吃素呢,怎么总想吃豆腐!"姚玲这个小娘子愈来愈会说话了,我顿时语塞。

她站起来去打电话,打了好一会儿才回来说："电话也打不通,我这个女朋友不知到哪儿去了。我先到对过皇家去转一转,如果我的女朋友来了,你们叫她到对过来。"她又告诉我们她女朋友穿灰色镶绿呢大衣,姓殷。

但是我们足足坐了一个小时,终不见那位殷小姐前来。走出沙利文时到皇家去回头一声,见姚玲与一中年男子坐在火车座里,她还是呷一杯巧克力。我对她说："我们等煞快,也不见灰色镶绿呢大衣的小姐前来,绿呢镶灰色的倒有!"

我们转身就走,姚玲却又赶了出来频频问着："真有穿绿呢镶灰色大衣的小姐来吗?"我说："你忘了我今天是吃素的吗?吃吃豆腐罢了!"

(作者:白香树,原载《小日报》,1947 年)

早晨的沙利文

上一夜,从大都会舞厅回家,一夜没有睡着,早晨秋高气爽,就坐了一辆飞车,刚九点钟,已经坐在贝当路①的沙利文里,吃一些早点。他们的鲜牛奶还没有送到,可是听他们说,轧面包长蛇阵,已经散去,一个人限买一只,等我去时橱窗里已经空空如也。

阳光从大玻璃窗射进来,这店里因为收拾得干净,所以一身有爽洁之感。我坐得很长久,吃早点的人,三三两两,也没有把这个地方挤满。

---

① 今衡山路。

他们的生意,往往夏天好过于冬天,当夏天的下午,这里面方始坐客如云。今年我来过几次,同来的女伴,因为嫌他们的座椅太窄,认为情调是不坏,而享受并不舒服,那是在疲倦的下午,才有这样的感觉。今天我是早晨来的,叫阳光一晒,只觉得我的健朗,忘记了坐处的不安。

(作者:刘郎,原载《东方日报》,1948年)

沙利文停业前后

南京东路沙利文总店停业,起因于年赏纠纷。劳方要求两月,资方却认为时难世艰,此数不能同意,遂以倒闭闻。说者谓此一手段,实袭燕云楼前身南华酒家之故智云。先是,劳方在谈判期内,以所争不得要领,发动"勤工",客菜容量,倍丰平时,例如"炸猪排"一客,原为两件者,供四件,期使赔累。资方供虑来日生意之愈艰,遂无意于营业。沙利文总店之午间营业,占"写字间区"饮食业首位,德大饭店出其下,高等写字间阶级,大抵呼朋唤友,就其间解决午膳问题。自其歇业,德大与吉美两家座无隙地,前来主顾,皆沙利文旧客也。

(作者:柳絮,原载《飞报》,1949年)

霞飞路

编者按：

  1842年，中英签订《南京条约》，上海被辟为通商口岸。1844年，中法签订《黄埔条约》，法国人取得了在上海通商、居住、贸易、建设租地的权利。1849年4月6日，上海道台麟桂与法国驻沪领事敏体尼商议，同意其辟设法租界，占地986亩。

  法租界建立以后，多次扩张。1898年，法租界强占四明公所，激起寓沪宁波人强烈反抗，酿成血案。经法国驻华公使毕盛与总理衙门交涉，达成协议，其中一条规定法租界当局可以在四明公所地面上开筑交通上所需的道路。1900年1月27日，法租界西界推至顾家宅和关帝庙浜，即今重庆南路一线。1月30日，上海道余联沅与法租界公董局总董宝昌，达成解决四明公所事件协议，言明法租界可以按照原定线路修筑宁波路，即今淮海东路。其后，法租界顺宁波路西进，筑西江路、宝昌路，其交接处在今重庆路，东为西江路，西为宝昌路。1906年10月10日，西江路、宝昌路统称宝昌路，是为今淮海中路。

  1915年6月21日，宝昌路更名霞飞路，以法国名将霞飞命名。1943年10月8日，更名泰山路。1945年10月，更名林森路，以纪念原国民政府主席林森，以西藏路为界，分别称林森东路、林森中路。1950年5月25日，更名淮海路，以纪念淮海战役的胜利。西藏路以东部分称淮海东路，以西至华山路部分称淮海中路。东起华山路，西迄凯旋路称淮海西路，始筑于1925年，系法公董局越界所筑，原名乔敦路，以英国驻华公使名命名，1933年更名庐山路，1945年更名林森西路，1950年更名淮海西路。

霞飞路的由来

挺直而宽阔的"霞飞路",或许有许多人还没有忘记这条路的身前历史吧!它的原名叫做"宝昌路"。"宝昌"与"霞飞"都是两个人名,以人名为路名的。"宝昌"他曾经在法公董局中做过六次的总董,对法租界的规划颇多出力,况且与法租界有着十七年深的渊源,当然这租界当局要对他有所表示,才把这条路以他的"宝昌"之名作路名,以示纪念。

这条路的两边种着整齐的树木,洁净的街道。到了春夏之交,绿荫如木,入晚之后,凉风树梢吹来,两旁的楼上一阵阵的琴声,轻飘荡漾,诗意洋溢,散步其间,疑其为林园。有着大小的影戏院,如"国泰"、"巴黎"、"恩派亚"等,还有平民化的罗宋番菜馆,确实贱而美,普通的五角一客,也够果腹了。有汤一只很是可口,面包听客取食不加限止,还有许多神秘勾当,与以前的四川路相伯仲,大概由于它繁荣缘故吧!沪战时公共租界的南京路弄得死气沉沉,只有它"唯我独尊"。好像满不在乎战神的威胁,仍不稍减当年的繁华,所以住在这条路上居民,如果不走动的话,几不知"战事"为何物。福人生福地,羡煞!沦在战区的女校,大都在它的相近先后开课,所以现在这一条路熙攘往来的女生独多。早晚散课后,莺声燕语,美不胜收,点缀得这条路分外灿烂,摩肩接踵,无怪有人叹着上海"人满为患",单就这条路上讲已经增加了多少的人呢!闲文表过,且谈本文。

却说"霞飞路"如何来的呢?一九一四年欧洲大战爆发,"霞飞"将军此时任法国东路军总司令,玛纳一战,挽救了法国的危局,法租界当局为表示感激欣喜起见,便计划将这"宝昌"路改为霞飞路。

至欧战终了,霞飞将军乃于一九二二年春到中国来观光,法租界当局在这条路上,铺张得很热闹,算为正式的把"霞飞路"开幕了。

霞飞路是法租界里最长的一条路,东自敏体尼荫路起,其中经过的共计卅余条马路,西止海格路,计首尾共长五千五百公尺左右,而"宝昌"路的名目变成历史上的陈迹了。不过现在霞飞路、白赛仲路①、麦琪路②的岔路间,还有个三角草地,名叫"宝昌"花园的,算是硕果仅存的纪念物了。

③

(作者:左灵,原载《上海生活》,1938年)

咖啡座之夜

气候总在三十度之下,冬季的时令风,总是吹得使人发生了寒冷,尤其是太阳在西山没落之后,慢慢的长夜,益发使人感着冬夜不如春夜的想念。于是在那最寒冷的一夕,便跑去咖啡馆里消磨了半夜。

咖啡座在那新兴神秘之街的霞飞路与另一条马路的转角上,它淡蓝色的霓虹灯缀成的Cafe,映漾在寒夜树叶影里,从远远地望去,真的

---

① 今复兴西路。
② 今乌鲁木齐中路。
③ 清末霞飞路街景。

有些新诗人的诗意,旧诗人见了,也似乎有些翻然出尘的想念,仿佛一个素装轻盈的少妇,她在鬓上插上了一朵梅花。

白俄的小童,穿着陆军尉官的制服,趸在 Cafe 的门旁张望。我们踏上了石级,他便在里面拉开了门,很恭敬地表着欢迎诚意,还说了一句法语 Bonsoir(晚安)。他肃然立着让我们走进屋子去。

屋子里有温和的火炉子,有美丽的女人,更有非常动听的音乐,有浓烈香味的咖啡,有香甜的各种糖果,有土耳其烟味的各种纸烟,壁上张饰着热烈情调的油画,电灯光因用着淡蓝色的泡子,屋子内便觉得另有一种趣味。

梳着垂马鬓,穿着粉红绸衫子,束着绿绸裙子,那个高丽女郎,她含着带有诱惑春意的笑,过来招待我们。在一张白色漆的小圆桌边坐下,她问明了我们所需要的饮料,便去用精致的木盘端来,一一的安放在我们面前。虽然她一声儿不响的动作,然而我们已是摇动的心儿的思念,真的,那异国的少女,十分可爱。

在十分钟之后,那可爱的异国少女,她和我们坐在一起,她操着流利的英吉利语,和我们笑谑,她低声地唱了一支高丽国情歌。她的歌声使我们想起了鸭绿江,使我们想起了金刚山,虽然我们不是韩国的人民,却替她想起了"国破家何在"的凄惨。然后她仍是无事地不觉,仍是脸上充满了春意的欢乐,无疑地,她不知有"国"。

我们喝完了这杯浓烈甜香的咖啡,神经质上起了兴奋,那坐在我隔肩的 H,他第一个去拥抱那可爱的异国少女,和她深深地接了一个长吻,这是咖啡座里平淡的事件,四周许多座客,绝没有一些儿鼓噪的表示。咖啡座有可以跳舞的光滑地板,H 和那可爱的异国少女,在那光滑的地板上,仿佛如同醉人地跳了一次舞,她的粉红绸衫子,她的绿色绸裙子,在淡蓝色的电灯光闪映,几乎使人疑心是"梅博士"在那里唱着

《嫦娥奔月》。

不知在什么时候,我们的座上,失去了 H,而且也失去了那可爱的异国少女,自然这是有些神秘色彩的失踪,可是我们却不曾引为惊异,只是静静地坐着,再添一杯咖啡来喝。H 来了,那可爱的异国少女也出现了,壁上的时钟,已指示是近黎明四时了。于是我们离开了咖啡座,别了那可爱的异国少女。在那冷气凌冽的黎明时候,咖啡座熄了门前灯光,一所神秘的夜生活场所,暂时停止活动,太阳预备从东方起来了。

(作者:青霜,原载《上海报》,1933 年)

都市散记

黄昏瞑漠中,我同铁华踏进了公馆马路一个小小的酒家,在街头看见几家商店都在大减价、大甩卖的声嘶呐喊,但顾客却也寥寥可数,有的站在玻璃窗橱外看一会就走了。在这里也可以看见都市的经济在日趋崩溃,繁荣的内在已经暴露了疲乏的征象,使时代的蜕变,陷于不能避免的命运中。

两个在都市中几年来艰苦挣扎的青年同伴,压制不住埋藏在心头的悲哀,时常用苦酒来麻醉自己,借酒浇愁。明知无益的,但不能使我们不这样借酒杯来对于人间罪恶、离合悲欢某一刻的遗忘。旁观者将认为牢骚,当局者的心情实在难言,也不会给人了解。

薄醉中离开了酒家,就在街灯燿灿中走入霞飞路。含有异国风光的霞飞路,红是欢情绿是笑,也就是红是凄怆绿是愁,这两种不同的滋味,须踏在霞飞路上的人去细细体会的。

在吕班路口,看见新夏威夷咖啡座,于是挟了从来没有去过的兴味进去,推开两扇小门,露出淡淡的灯光,就有两个俄国侍者态度很谦恭的招待。我们进去拣了个座位,喊了两杯咖啡。一间小小的咖啡座,布置还好,靠里面是一个音乐台,时光还早,没有几个顾客。音乐响了起来,红晕的灯光,衬在绿色的顶幔上,别有一种情调,几张壁画也成了异彩,凄婉的曲调,使我们埋沉在哀愁的心情中了。

音乐声方才停止的时光,来了一个俄国妇女,年华老大,但还涂脂抹粉,卖弄年轻时代的风骚,这样便成了丑恶。青春是值得宝贵与骄傲的啊。也许这个妇人年轻的时光,是个贵族的小姐,漂亮的修饰,奢华的享乐,傲然的行动,给予绮年公子、裘马王孙的拜倒。现在什么都完了,以前的一切什么都像一个殒落的梦,将残败的肉体、残败的灵魂,漂零异国,来供人蹂躏,博得代价维持自己的生活,怎样的引起人的悲悯啊!

最后坐了一刻,就在再度音乐声中退了出来,那个妇人方在同一个好像约会的中年男子于棕榈掩映中谈话,我们就在夜色中惘然的散了。

①

(作者:郭兰馨,原载《申报》,1933 年)

---

① 霞飞路街景。

俄罗斯咖啡馆

　　推开了小楼的窗,微风温和的挟着花香送进来。从我窗口望出去的天空,晴朗的一片,繁星点点,隔院子里传来的歌声在静穆的空气中激荡,人会悠悠然地,直靠到写字椅里,抽着土耳其烟,阖上眼睛,想起一切平时所永远想不到的事事物物。

　　这是春之夜。

　　春风在 Ladies 的蓬松头发上打转,在 Gentlemen 的紫花领带上跳舞。游春专车送着大批的都市男女去呼吸另一个世界的春的气息。牠带来了轻快活泼的情调,每个人沉醉在春的怀抱中。

　　几个年青人在南京看了云裳艳曲出来,几条腿轻松地滑上霞飞路,踏进了俄罗斯咖啡馆。大块的牛排,刺激性的酒精,放肆地和女侍调情,悲哀掉在欢乐后面,尽量的享受这一刻值千金的春宵。

　　歪斜的跌出咖啡馆,霓虹灯映着我张绯红的脸,唱着,笑着,像水手们一样,黄包车围拢来喊着"立刻写"。

　　"有花堪折直须折,莫待无花空折枝。"一个异国女郎微笑的注意着我们,她不明白说话的意义和我们笑的理由。

　　右手凑近唇边送了个飞吻,她娇嗔地一声 Nansehce,像音乐一样的动人。春天,这是快乐的季候,我们只能笑,人生为欢几何,莫辜负了好春光;乐罢,这春之夜。

　　几个人打着肩头,踏着沉重的步伐,大军进行曲似的,直向霞飞路西行。晚上的霞飞路富于诱惑性,两旁店铺里幽绿的灯光照着女人的内衣,春装的模特儿,年青人的心跳荡着,罪恶恐怕就在这里开始搜捕牠的俘虏。

　　行行重行行,追出了每一个行路的人,渐渐地不闻电车声了。夜色已深,不由地返过头来"回去罢"。窗饰内不见了女人的内衣,春装模特儿,咖啡馆中的音乐也懒洋洋的没有先前有劲,俄罗斯女人碰着我们的肩说"Love me to-night"。

归来,倒身在写字椅里。出神似的望着天空,悠悠然的想起许多可爱的故事来,她是像春宵一般一刹那的不复可追了。

"……回来罢,甜蜜的梦……"隔院的歌声,不绝地随春风送来。沉醉在甜蜜的梦中的人儿啊,乐罢,莫辜负这春宵!

①

(作者:柴燕,原载《申报》,1934年)

神秘的霞飞路,神秘的咖啡店

霞飞路是一条神秘之街,而这条神秘之街之最神秘的地方,是在咖啡店里。

这里,有红的灯,有绿的酒,有令人陶醉的音乐,也有那异国的妖艳的眼睛、英国的绅士风度、南欧的火热情绪、露西亚的憨直、法兰西的温馨,都集中在霞飞路上,特别是霞飞路上的咖啡店里。倘若你从八仙桥

---

① 勃罗乃丰咖啡室。

起,顺着霞飞路往西走罢,当你还未到吕班路以前,你就可以看见路右有一家咖啡馆,他底名字很有风趣,叫着"罗曼蒂"(Normandi)。这是一家富有法国风味的咖啡店,里面地方不大,然而是那样的清洁。你高兴吃一餐晚餐么?只要一元五角,味道可以保险是很地道的,绝不比大西洋太平洋之流的中西合璧。

再上去,法兰西饭店、A.B.C饭店,这都是很值得一去的。

金神父路口是咖啡店集中的中心,这里,最出名的"文艺复兴"(Reuaissnce),这一家,原来在街左,不久搬到对门,与柴拉报一处,以后,又才搬回来的。这里面的老板是俄国人,地方很大,所有的菜肴也特有风趣,他底座位很多,咖啡么,只要两毛大洋一杯,可是,质地都是很好的。夜晚八九点钟,一对对红男绿女在这里品茶谈心,上面的音乐一响,还可以起来跳舞。他后面有个花园,暑天时候,花园里燃着红绿的电灯,一阵阵的微风过处,响着爵士的调子。这些地方,自然以外人来得最多,但我们同胞的"高等"华人也颇为不少。

要吃南欧的菜,可到回力球场对面西班牙菜馆(塞维尔与巴塞洛拉),这里,西班牙和意大利的菜味是非常十足的。

你还要尝点东洋的东西么?那末马斯南路口也有日本料理的,出名的"什基雅基"是在那弄堂里面,只要你进去,他们是非常欢迎的。

的确,霞飞路是神秘之街,他底神秘是在咖啡店里。这里,红的酒,绿的灯,妖艳的眼睛,绯红的嘴唇,的确充满着神秘的风趣。

不到这些地方,不能了解霞飞路的神秘的。不过,你是穷小子吧?你也不要妄想!

(作者:绯梦,原载《众生相》,1937年)

神秘之街霞飞路风光

霞飞路,充满了神秘和欧化,战前称为神秘之街,战后更增加了热闹与美丽的憧憬。

走在光洁的人行道上,望着两旁诱人的窗饰,或横过马路,注视交通灯艳丽的瞳子,有各色各种风景与人物,交织着一番异国情调。

霞飞路有高尚的浪漫情致,这与北四川路只有单纯的肉色感觉是不同的,这里没有东方色彩,无论是衣食住行,都趋于洋人的风格。

霞飞路上的西装店称雄海上,他们的西装做得不好也不坏,一般的常穿洋装阶级,都是他们的老主顾。因为静安寺路一带的西装店,料子太贵,大新街一带的价目太低,霞飞路就比较经济合适,这里的店家大都是宁波老板,很会做生意,无论新装和现成的都有。

自年前虹口一带成战区后,北四川路和吴淞路一带的店家很多搬了来,因此售钟表、首饰、打字机、望远镜、运动器具等等,也可称为货真价实。

霞飞路上有许多罗宋菜馆,店主都是俄国人,女店主亲自在店堂招待客人,操着一口流利的上海白,殷殷勤勤。罗宋大菜的价格十分便宜,一两块钱就可大嚼一顿,所以华洋各邦人士趋之若鹜。"罗宋大菜"以结实见称,菜肴并不丰贵,侧重于猪排、牛排、通心粉汤等,但面包可以予取予求,毫不吝啬的,极其实惠。

另有创有一种神秘风格的,是一种洋化的咖啡馆,有华籍与西籍的妙龄女招待,男子们借着喝一杯咖啡,而一解心底之寂寞的,大有人在,自然有发生许多艳迹。一杯咖啡的代价,自一两元至十余元不等,其他有许多更为神秘处所,外行人是很难道其真相的。

霞飞路上另外有一种特别作风,是公寓式房子的众多。上海的住房除了静安寺路相近愚园路一带是"那莫混①",霞飞路也算不坏了。公寓的房子,可以"清洁漂亮经济卫生"八字概括之,住着各种不同的人群,常常是,房东是个罗宋老太,住在二层,三层租给法国人,底层租给日本人,亭子间租给中国人,大家各自为谋,不相侵犯。

---

① 即英文 Number one。

自孤岛生活程度高涨之后,霞飞路的住房差不多成了禁区,有钱的外国人也不容易找到住房,当然十分失望,但也愈证明这区域的可贵,从霞飞路上出来的人,总比一般人来得高贵、安闲、潇洒和风流。

(作者:江湖,原载《奋报》,1939年)

专以色欲诱惑顾客的咖啡店

上海地面本就是万恶荟萃的所在,神秘的地方尽多,新近霞飞路上又发现一爿类似前北四川路上的汤白林咖啡店。店面布置堪称富丽堂皇,各厢位皆有布帘低垂,初入内的人,但觉鸦雀无声,甚是幽闭,不想这就是个藏春的所在呢。倘然向帘下偶视,会发现双双男女的脚儿,频频颤动。据识途老马云,该店堪称目前上海最神秘的咖啡店。但有金钱,立时可以买到接吻及拥抱的乐趣。

就坐既久,每闻得个厢里发出接吻声、撒娇声,洋洋盈耳,真能使青

---

① 20世纪30年代上海的咖啡馆场景。

年人心情摇荡。倘使坐客无有带女友的话,那么店里花枝招展的女招待绝不会放过你的。她们先问你吃些什么,少顷,食物送至,始用眼波频射,继则并不客气,落帘就坐,于是种种神秘的把戏,一套一套向坐客进攻,只要客人不明拒就得手。有权利必有义务,她们并不能给人干玩着一无所得,必先向人索请食糖果,请喝啤酒,一一要求,了无魇期。如果遇到了老嫩的客人,她们就大施好身手,非致客人倾囊不止。当她们索食的时候,客人都每每不肯自暴寒酸的去问及价格,及至账单开出来,那么谁都会骇得一跳,一包小小的牛奶糖开价八角,苹果一只五角,价格之昂贵可谓极矣。但是食物已到她们的肚里,还有什么话,辩也无用,没有一个不暗自伤心,自认冤大头而已。

这一种专以色欲来诱惑顾客的咖啡店,本来是北四川路的老套,不想今日又出现于霞飞路上,伤风败俗。倘希嗜色的人们,有以鉴之,不要贪这个便宜,揩油不得也。

(作者:子胥,原载《都会》,1939年)

霞飞路上的外国咖啡座

走进了霞飞路一家法国咖啡店,爵士音乐正在兴奋的奏着,虽是从留声机中所传出来的,但那种热烈的调子却并不下于舞场的音乐。霞飞路上的咖啡店,多是外人开设的,里面的一切设施,也都是为了他们的西洋主顾的,中国人很少进去。

设备非常清洁幽雅,最精巧的小桌,柔软的椅子,音乐有的是留声机,有的则是无线电,一曲悦耳诱人的爵士音乐,加上你面前放的浓郁的法国酒,或者是富于陶醉性的咖啡,你的神经自然会极度的刺激起来。许多的咖啡店是很简单但是也有相当精致的小型舞池,在那种音乐和醇酒两种刺激下的人,如果自己带有女伴,那末当然会情不自禁的婆娑起舞了。即使没有女伴的,那末咖啡店里有的是善解风情的西洋侍女，她们在你物质条件的支配下，也可暂时当作你狂舞的对象。不过进咖啡店和进舞场不同，进舞场目的多半是为了跳舞，进咖啡店则多半是为消闲，在这样一个灿烂辉煌的境界里，啜啜咖啡，喝喝啤酒，听听音乐，待到夜色阑珊时，兴尽回去在没有安慰的心灵上，暂时得到一种解放。

①

咖啡店里最多是外国水兵，他们从严肃的军舰上跑到这色情诱惑非常燥烈的大都会，自然想狂饮纵乐一番了。在咖啡店里看见许多的外国水兵，歪带了他们的军帽，要了威士忌啤酒之类的在那里放怀痛饮，高兴的时候，和那些妖艳的侍女，唧唧哝哝地谈着情话，粗暴的则动手动脚，乱摸乱动，弄得那般侍女打情骂俏起来。一阵阵刺耳的淫乱的笑声侵入人的耳鼓中，会感到一股异样的压迫。在咖啡店里真是四季都是春天，在里面，找不出一点忧郁的色调出来。

就饮品的售价而论，一杯咖啡普通须售六角，啤酒各个咖啡店不同，售一元一杯的有，甚至售五角一杯的也有，没有一定的价目。

---

① 20世纪40年代上海酒吧中的美士兵与舞女。

霞飞路咖啡店里的侍女，多半是法国少女，但是白俄也不少。这些白俄妇女在世界大战前，都是雍雍华贵的贵妇人，或是被父母视为掌上明珠的女千金，然而现在，她们被放逐出国之后，为了生活压迫，不得不这样卖笑度日。

咖啡店的外表，固然是欢乐淫乱，但是内层却也包含许多不忍想象的景色呢！

（原载《都会》，1940年）

泰山路上的咖啡馆事业

西藏路已成为咖啡馆路，从南京路汇中路起，女皇、大可乐、沙利文、义利，以至静安寺路大光明、静安、飞达、凯司令、大来、大喜，以及几家外人经营的咖啡馆，这一条直线，已是洋洋大观，不过有的距离太远，有的打烊时间太早，还不合一般"咖啡群众"的胃口。现在将继西藏路而有第二条咖啡之街希望的，泰山路（霞飞路）的呼声很高，除了一家老牌的弟弟斯、复兴，以及卡字头的一家，和好几家罗宋人主持的小型咖啡馆之外，国人经营的，有一家萝蔓。而广州酒家最近改组以后，也预备急起直追。还有冠乐、大合，都预备布置的合于咖啡馆条件，设法延长打烊时间。华府饭店也新开咖啡茶座，而且都集中在吕班路[①]至金神父路之间，这样在近距离之间，一家一家的增多。我觉得在店多成市的条件下，这颇有抢西藏路生意的可能。咖啡馆一家家开出来，户口糖一期期少下来，苦的人苦，甜的人甜！

（作者：大记者，原载《力报》，1944年）

---

① 今重庆南路。

今日之咖啡馆

泰山路上如"弟弟斯"与"文艺复兴"等咖啡馆，今日只售咖啡与红茶等饮料，蛋糕及"浜格"等点心，已不供应矣。凡此盖受节电影响，缘蛋糕本大批制就，藏电气冰箱中，否则历久即变其味，电气冰箱今既无电，索性不做，而"浜格"之属，亦用电炉烘烧也。

中区情形特殊，咖啡馆之逾规定时间而私自继续营业者，几占泰半，各项食物亦应有尽有。不知有何神通乃克臻此，诚使人百思而不获其解也。

今日之咖啡座上客，流品更不如昔，竟有人跷其足而捏脚，其事视"讲斤头"更恶劣，惟当局以此辈衣食父母，亦不敢有所干涉耳！

（作者：文帚，原载《力报》，1944年）

咖啡馆中之印度女巫

自从美国的洋房牌、老人牌咖啡，大量运来中国市场后，价廉物美，人家都不愿牺牲数万块钱去上咖啡馆。在家中，一门老小，花上那么五六千元，一罐咖啡，一磅方糖，日日夜夜可以吃得使你发厌。于是全市的咖啡营业清淡得门可罗雀，老板们终日愁眉不展，为的是表演节目，已看得座客们腻了。

最近霞飞路一带的咖啡馆的经营者，鉴于不弄新鲜噱头，简直干脆关门大吉，一时新鲜的"印度女巫"便应运而在"神秘之街"之咖啡馆中出现了。几个印度少女，年纪是那么的青，乌黑而灵活的眼珠，褐得发亮光的皮肤，浑身披上了一件"沙笼"，似穿花蝴蝶般的周旋在座客之间。这批年青的印度少女，似乎是训练有素的，会说中文和普通的英文话,和座客们周旋,绝无格格不入的情形。她们来自何方,不得而知,总之,受馆方当局的雇用则毫无疑义。

她们一群,并不是以表扬印度歌舞来做幌子的,她们是一群女巫性质,借敏锐的目光和伶俐的口才,来换取客人的金钱。她们通常手中执着一副扑克牌,会用扑克牌来猜测座上客人的心事,代价是每事三千元,至五千元。这在上海是一件新鲜的玩意儿,喜欢新奇的上海人,是绝不会吝啬几千元钱来错过一种新奇玩意儿的,何况印度女巫们,又是那么的年青,那么的天真可爱呢?所以近来霞飞路头的几爿咖啡馆中,出现了不少印度女巫,同时咖啡馆的营业,似乎也有上了一点蓬勃气象。

真的,咖啡馆中柔软沙发、馥浓的咖啡,配合着灯光,穿插了几位披上沙笼的印度少女,它的情调的确是够得上一声"美化"的了。

(作者:不唱,原载《海燕》,1946年)

林森中路散步

十四年前,我住上海薛华立路①时,每天下午,我常在霞飞路一带散步,从法国公园华龙路起,一直走到回力球场亚尔培路口为止。这一段街道,非常清洁,且常常遇见朋友,那时孙福熙住在环龙路花园别墅,他家里好像是大本营。

这次抗战胜利后,朋友多半星散,我返沪一年多,各处回来的人,又重新聚在上海林森中路一带,我依然常常在这一段路散步,不过比昔日两头放长点,东首要到马当路口,因为我常到上海市教育局;西头延至襄阳北路,甚至延至福开森路②口,世界文化合作中国协会在那里。吕

---

① 今建国中路。
② 今武康路。

班路有云林书画社与黄山艺苑,林森公园附近,有香雪园与文艺咖啡馆。李石曾住蒲石路,孙福熙现住环龙路近陕西南路,巴金住霞飞坊,欧阳予倩住林森中路、陕西南路口,毕修勺住长乐路,汪亚尘仍旧住原地薛华坊。所以这段路,不但不寂寞,而且感到比十多年前,格外繁荣!

上海市体育馆,分一部分房间,做了上海文艺作家协会与上海市美术馆筹备处;由重庆迁移来沪之文协总会,会址在康悌路①,比较路程远得多;但作家书屋则在近邻,王进珩与刘海粟都近复兴公园左右,鲁莽常常到新闻专科学校,以上的朋友,每逢星期六下午,大都到香雪园茶座聚谈。徐仲年虽住海防路,但是他回上海,必在这一段路上奔走。

四川北路朋友甚多,但路程太远,很少跑到那里去,就是关于文化活动的事,也多半集中在林森中路一带。昔日散步,以法国公园为中心,现在以林森公园做中心了。可惜陆不如的黎明学园已停办,否则公园内又多一番热闹。

(原载《申报》,1947 年)

文艺咖啡座漫谈

最近上海文艺咖啡座的兴起,着实是替"沙龙"地界闹猛一番。忆当初上海还在沦陷时期,一批文化人都住在黑暗的亭子楼里,除了一些影剧团的人,比较活动外,其余都以地下工作的姿势隐居着,但,偶然也有几个作家出现于霞飞路的"弟弟斯",和辣斐德路②亚尔培路③的"立德尔"咖啡馆。"立德尔"正好和上海大戏院比邻,于是乎,一批艺人作了这儿的买主,而空气也就"文艺"气脉了,也可说沦陷时代的"文艺咖

---

① 今建国东路。
② 今复兴中路。
③ 今陕西南路。

啡座"了。

"弟弟斯"以前专做水手生意,而在战争时期,这批买主是没有了,因此,马马虎虎的做起中国人生意了。"弟弟斯"的特点是静得可爱,几个所谓罗曼蒂克的作家,常在这里找到灵感。从这里,我又想到以前的皇后咖啡馆,因为皇后咖啡馆的主持人是文艺界人,所以亦有些文艺气味,它的火车座的特点,就给予人以好感,但现在却被俗气不看的暴发之类的吃客占据了,当时的文艺气息,现在已经完全找不出了。

①

胜利之后在虹口却有一些地道的文艺咖啡座,它们的特点是予人感觉岛国的情调,颇合文艺界人的胃口。如吴淞路塘沽路转角就有一家沙龙咖啡馆,市参议会隔壁的"文艺小憩"也都是文化人们的好去处。

而最近一时期,上海有些报纸的副刊编辑人每星期六也必举行茶话会——这些都应该属于"文艺沙龙"一类的集会的。譬如像小型报人,以前都喜欢集中"新雅",而自然地集成一个"沙龙"的团体,在这

---

① 20世纪40年代塘沽路上的咖啡馆。

里,大谈其风花雪月,确也是一种乐趣,也更可以称为文艺的咖啡座的。

（作者:老马,原载《和平日报》,1947年）

谈谈咖啡热狗

闲下来的时间,总喜欢在林森中路一带的咖啡馆闲坐,卡夫卡斯、DDS我都常去,以前曾一度上"文艺"咖啡馆,不过现在那里很多庸俗的都市商人,以及不伦不类的男女,实在太没有"文艺"气息,使人裹足不前。

为了喜欢清静,在亚尔培路的几家俄罗斯人开设的咖啡室,独坐窗下,细呷咖啡,似乎另有情趣,至于取费方面较DDS为廉,倒是便宜地静的去处。

在国泰戏院对过的"老大昌",点心的制造可以说是不错的,尤其"热狗"蒸制得很合法,每客取价五千,闲来偶尔作座上客,论其代价,较之繁杂的茶室实惠多了。

所以你如喜欢上林森路去玩,我想对于物色适宜的"咖啡馆",或西点之类的食物,倒须要事前考虑一番的。

（作者:梵华陀,原载《小日报》,1947年）

弟弟斯咖啡室一幕难为情的演出

弟弟斯咖啡室,这是霞飞路一家最高贵的咖啡馆,除晚上经营酒外,白天还兼营茶室。

昨日下午四时许,该室忽然光顾一批茶客,男女双档,共计四对,视之,女的乃是百乐门舞厅李月香、王琴珍,仙乐斯汪蓉和国泰的徐曼云,男的谅是她们舞客。

弟弟斯茶室,本来是很静的,无论是一桌茶客,或是坐满全厅,然自这几位进来以后,顿时立刻热闹起来,嬉笑浪谑,声喧全厅。照理,一家酒楼或是一爿茶楼,人多一热闹,总是讨什么一声吉利,叫"越闹越发"。可是偏偏弟弟斯咖啡室里的几个管事,有点蜡烛脾气,他们认为这样的闹,是妨碍他们营业的秩序,有点不大欢迎,然而究竟因为他们是主顾,只好睁大了眼睛看他们。

但是这几位并没有觉得几个罗宋管事在讨厌她们,还是照样的我行我素,后来益形放肆,交头接耳的不知在谈点什么。却给几位有点顽固的罗宋先生看见了,只当他们在公开表演"开司",立刻便打起了罗宋官话,说:"请你们放稳重点,这里不须要恶劣的态度,要亲热的话,伟达饭店就在过去点。"这几句又恶刻又谑的官话,说得坐在旁边几个罗宋老太婆都笑了起来,她们听了后,倒很知趣,立刻付了账就走,连得坐在旁边的我,也不好意思的付了账就走。盖全室的眼光,都集中在这一面,看得我也怪难为情呢。

(作者:小王孙,原载《东方日报》,1939年)

咖啡情调

谢梦有卖文之兴,余为介绍至他报执前夜,乃与之约晤,于咖啡座上。馆方欲得千梦小影,刊于报上,以为画里传真,千梦亦不吝一页相赠,其影有清绝尘寰之势,试加褒语,真冰肌玉骨之姿也。余别千梦久,相见转少寒暄之语,惟觉与伊人同座,辄如好花时易之能怡我情,不自觉其时间过去之速,并恨咖啡馆之提早打烊,真是煞风景之事也。

坐咖啡馆既惯,亦几日久成瘾,向者吾辈茌止,辄在傍晚之时,人多声杂之最好时间,宜在晚上十时左右,地点或"飞达",或"弟弟斯",往时必擎一素心人,如谢千梦者为侣,唤咖啡一盏,清话于丝绒沙发间,则其情亦未尝不可消愁也。林庚白有咖啡馆遣兴诗,余最爱其中间之一联:惯与白俄为主客,任他青鸟有沉浮。其意犹然,但得常为咖啡之饮,则于幽情之叙,可不必更问青鸟使矣。具情绵缈,使人怀远,而以白俄对青鸟,尤见其笔调轻松。意者,庚白生前倘亦常假咖啡馆一席地,作为谈情说爱之场所欤?

（作者：波罗,原载《东方日报》,1945 年）

Confeserie 咖啡馆感赋

咖啡如酒倘浇愁,日夕经过此少留。
惯与白俄为主客,最怜青鸟有沈浮。
忧饥念乱今何世,怀往伤春只一楼。
归向小窗还揽镜,吴霜休更鬓边儿。

（作者：林庚白,原载《长风》,1933 年）

漫谈三个"弟弟斯"

上海有两爿"弟弟斯",一家是在南京西路,一家是在林森中路。

南京西路的"弟弟斯",只有楼下,适于吃咖啡,女招待是"西粹美女",所以有一位"才子"认为:"为了这两个女招待,花一杯咖啡代价便值得。"

我喜欢坐在靠窗的那边,阳光照在沙发上,有极舒适的感觉,推开了纱窗门进去,你总觉得有如维也纳的咖啡室的情调,和隔壁的皇家咖啡馆的浮嚣的空气两样了。

林森中路的"弟弟斯",楼下售咖啡,楼上舞池,那螺旋形的扶梯,入夜如一个踯躅的艳妇,罩着神秘的面纱,年青的男人们都爱走入她的怀抱。她的怀抱是一个灯火始终像打盹的舞池,乐工弹着"心弦",支支音乐都美。表演节目有五六场,是两对男女轮流,一是近于古典的舞蹈,一则是袒胸裸腿了。

四川路中央路角上,也有一家"弟弟斯",狭小得像一间小厢房,专卖一菜一汤一红茶的"西式"客饭,午餐生意不错,户头都是写字间朋友。三家"弟弟斯",近来买卖都不如从前了。

(作者:茶博士,原载《小日报》,1947年)

弟弟斯

咖啡馆中,我对"弟弟斯"最具好感。"弟弟斯"有二家,一家在静安寺路南海花园附近,一家在霞飞路上。静安寺路的一家幽暗得有情调,比"皇家"胜过多多;霞飞路的一家有贵族气息。以女人来喻咖啡馆,"皇家"是出卖青春的女人,而"弟弟斯"却是欧罗巴名胄的命妇,雍容、华贵,自有一番气派。

门口备有一个司阁的印度人,十年如一日的卑恭而□□,替顾客拉着门。走进去,劈面就看见陈列朱古力糖和蛋糕的玻璃柜,花式繁多,还有一个侍立在玻璃柜畔的俄罗斯女职员,这些便够你赏心悦目了!

左面是一间惬意的咖啡室,遇着晴天,里面的光线相当明朗,不会使你想起一丝忧郁感。

他们还有楼上,上楼是要经过盘旋式的楼梯的,这么再上一层,便变了一个环境。这里很像英国电影里所描写的咖啡室,昏冥、幽暗,摇曳着音乐的符号,摇曳曳的风过你的耳膜,再加上两句风情味的巧笑倩语,走上几步,靠壁的占一方雅座,舞兴起时,你可以和你的对手翩翩起舞。不过这里的音乐是下午五点钟开始的,时间很短。

在从前这里有很精彩的舞蹈,有时是美国式喧闹的大腿舞,有时是贴金片缀金铃的印度舞,有时是灿烂多姿的吉普赛舞,遗憾的是没有中国古典舞。

因了太贵,又没有伴,差不多整整的一年里没有踏过"弟弟斯"了!未知"弟弟斯"依然旧日风貌否?

(作者:梁婷,原载《和平日报》,1947年)

"弟弟斯"

与卡夫卡斯有同一种情调的是"弟弟斯",不过"弟弟斯"比"卡夫卡斯"显得贵族化,在"弟弟斯"里声色之娱与口舌之福是并重的。这里有极柔和的灯光,极精致的建设和装置;楼上很幽雅,有小舞池,也有音乐,音乐是全沪首屈一指的,略有好莱坞风味。

"弟弟斯"有两家,霞飞路一家比静安寺路一家好。霞飞路一家有最精彩的歌舞表演,价目比较贵些,胜于坐在没有意思的舞场里。这里的咖啡很浓厚,蛋糕细而有味。若遇周末不愿至舞场或电影院,可至这里消遣消遣。有伴侣的话,连咖啡,连蛋糕,最多花去十万元,当然比到舞场白相合算。

(作者:沙洛,原载《时事新报晚刊》,1947年)

两家咖啡馆

咖啡馆中,现在的"七重天"是"热门",但除食物尚佳外,其他一切全不可取,房屋太低,使人感到窒息,西洋情调又缺乏。

现在我只喜欢西区"沙利文"与林森中路上的"弟弟斯"。坐在"沙利文"楼上可以仰望美丽的春天,与浸在艳阳中的色彩绚烂的女人——要是晴好的话,太阳下去了,再到"弟弟斯",那边的灯光,座位与音乐等都够水准,连座客的谈话也不像"七重天"里的嘈杂。

十二年来凡我喜欢的女人都带她到过"弟弟斯",同坐过那边每一只火车座,每一只火车座上都留着梦的断片。春天已到,我想做新的梦了。

(作者:凤三,原载《小日报》,1948年)

DDS 的冷气

林森中路之 DDS 咖啡馆,每当夜晚,裙屐翩跹,衣香鬓影之盛。热咖啡售二十余万元一杯,蛋糕则每件售三十万,光顾者亦不以为昂也。其地今已开放冷气,惟冷得不大厉害,场子低,人头多,座上的女客于是纷纷挥动其檀香扇不已。我说:"这样的冷气可以不开,窗子关上了反而气闷,窒息得人透不过气来。"

DDS 沿林森中路的窗口,积垢不除,沙发上也尽为灰尘,这里的玻璃窗在冷气未放时始开,据一个仆欧说:"这天刮风,灰尘都从窗口中飞扬进去,致使座椅不洁。"这不是充分的理由。

这篇稿子,我在 DDS 写,成本计六十万,拿了一个月稿酬,可以在 DDS 摆四次架子,车钿以及女伴的饮料在外。

(作者:青子,原载《铁报》,1948年)

弟弟斯的猫

林森中路的"弟弟斯"里,养着一只大猫,全身灰白色,咖啡上市时,此猫亦徘徊其间,绅士似的舞步,与乐声相应。飞达里也有只猫,颜色相同,身体更大于此。两猫不知其雌雄,如果恰巧"对搭",安得好事者撮合之,虽然脚步蹒跚,跳起来倒是"标准舞"也。

咖啡馆里养猫,宜于住宅的"小雅"建筑,依依于座客襟袖间,使人有家庭意味的温暖感。今以"弟弟斯"与"飞达"之稠人广众,出现一猫,颇与环境不调和。闻"弟弟斯"厨房有鼠患,蛋糕恒多梅花趾印,调味品与布丁粉之属,不加收拾,必饱鼠囊,故不能不养猫以禳之云。

（作者：柳絮,原载《罗宾汉》,1948 年）

戴望舒华林开设文艺咖啡馆

写《雨巷》一诗闻名诗坛的麻面诗人戴望舒,他的诗既获到了读者后,也便搁笔不写,专爱跑跳舞厅了。在上海的时候,孵孵咖啡馆,跳跳北四川路上阿桂姐,已成为他的嗜好,而战争期中,在香港,曾一度附逆,但人缘颇佳,故无人检举。

而他到了上海来之后,写文章卖诗稿已无去路,于是与怪老头子华林计划开一文艺咖啡馆,印起认股书,欢迎文人们投资,布置绝对艺术气息。本来华林也是一个怪派著作家,他在二十年前便曾开过文艺咖啡馆,现在竟还有这豪兴,看来这件事有成功希望,那么文士们又多寄身之所了。

（作者：文士,原载《星光》,1946 年）

文艺咖啡馆小记

世界上最著名的文艺咖啡馆集中在巴黎。咖啡馆上加以"文艺"字样,必然有它的特点。到这种咖啡馆里去的人是文艺家,当然不在话下;但是,这还不够构成文艺咖啡馆。在外表上,文艺咖啡馆不求华丽,却必须幽雅。所谓"幽雅",从室内装饰、灯光,直到音乐,必须予人以安宁,予人以快感。在精神上,每家文艺咖啡馆必然有若干中心人物,或某种文艺主义为中心思想。这些中心人物大都是"大师",即使不是"大师",至少也是文艺界的红人,为青年作家所崇拜者,他们走到哪里,青年作家跟到哪里,犹如拱卫。某学派自有某咖啡馆,而以主义为吸引力。换句话讲,二十世纪里的文艺咖啡馆,就是十七、十八、十九三个世纪里的文艺沙龙的放大。

在中国,偶尔有文艺茶会,在上海除了美术茶会、文艺茶话会、星期六文艺茶座而外,尚有香雪园的粥会、丽都与大观园的茶会,若论文艺咖啡馆,以前霞飞路的"文艺复兴",还有些文艺气息,自从店主换了人,这种气息已经消失了。

以前长江某埠有一家"文艺沙龙",我好奇,去探险了一番,觉得它的名称似乎应当改作"文泥沙龙",因为视文艺如"泥"也!

五月三十一日下午,我出席香雪园的星期六文艺茶座。华林告诉我,上海有一家新开的"文艺咖啡馆",主人认识我,希望我去玩玩。因为它开在香雪园的附近,华林便领我去。

文艺咖啡馆的门首有一尊银灰色的维纳斯像在那儿迎接嘉宾。维纳斯的古像很多,这尊是模仿弥罗岛上的维纳斯像而塑的。维纳斯是文艺女神,也是爱神:文艺与爱情不能相离。走近门,馆主已经笑迎出来,原来是留法建筑工程师、上海美专的老教授(迄今十一年)、艺林建筑公司的经理,洪青先生!一切由他亲自设计督造而成。目下地方不太大,可容二十余人,但是,不久可以扩大一倍,或以上。

咖啡馆的对门是公园,没有嘈杂的商店或住家,这也是可喜的一点。总之,这个环境很合乎文艺。

(作者:徐仲年,原载《新闻报》,1947年)

爱美的文艺咖啡馆

林森公园,在林森中路①与襄阳北路交界处,地方树木阴森,丛花似锦绿草如毡。公园东边,有香雪园,四周有喷泉、石山、松竹、草原,是上海文艺作家聚会处;西边在襄阳北路旁,有一座"文艺咖啡馆"。门前装饰一座希腊女神,内部壁灯暗淡,净几明窗,透过纱窗,对面就是林森公园的树林,约二三知己,谈论上下古今,咖啡一杯,陶然欲醉。举首看见柜台高处,放置一座乐圣贝多芬塑像,这是一位与运命决斗的天才,鼓励许多文艺青年,向前迈进。希腊女神是文艺的神,也是爱情的神,我希望每座文艺咖啡馆,充满了人类的爱,从男女相爱,把他扩大充实起来,爱到整个人类。整个宇宙的星球,这是美的世界,要文艺家来创造。

(作者:华林,原载《申报》,1947年)

咖啡座上

花气烟香互郁蒸,今来静坐对娉婷。
三冬恒似中春暖,一饮能教百虑乘。
枉以诗名称跌宕,已专殊色况飞腾。
当时欲说心头事,而我心如录重刑。

从前不习惯吃咖啡,现在每天要吃一杯,有时候拣最冷僻的地方去吃。我们到过一家是林森中路一三二七号白俄开的咖啡室里,我于是想起林庚白的两句诗:"惯与白俄为主客,最怜青鸟有沉浮。"你能说这不是好诗吗?

---

① 今淮海中路。

其实那里的咖啡与膳食都不是上品,我欢喜的咖啡,倒是靠近我办事室的西青楼下,与陕西北路的吉士饭店。上面的一首诗是我新近在咖啡座上写的,我不怎么欢喜我的诗,但写出了我近来的一些心曲。

(作者:高唐,原载《铁报》,1948年)

文艺复兴:神秘风味的咖啡座

霞飞路是一条神秘之街,而这条神秘之街的顶神秘地方,是在咖啡店里。

金神父路①口是咖啡店的集中地,顶出名的是"文艺复兴",这里的老板是白俄人,地方宽大,座位很多,所有的菜肴也特有风趣。咖啡么,只要两毛大洋一杯,可是质地是很地道的。晚上八九点钟,对对红男绿女在这里品茗谈心,上面的音乐一响,还可以起来跳舞。它后面有个花园,暑天时候,花园里燃着红绿的电灯,一阵阵的微风过处,响着爵士的调子,使人有点飘飘然。

的确,"文艺复兴",是个神秘的去处。这里,红的灯,绿的酒,陶醉的音乐,妖艳的眼睛,绯红的嘴唇,南欧的热情,露西亚的憨直,法兰西的温馨,的确充满着神秘的风趣。

要了解霞飞路的神秘的朋友们,请上"文艺复兴"去!

(原载《玄妙观》,1938年)

文艺沙龙

前天,途经祥生交通公司旁边的一条路,看见有一家咖啡馆,新开

---

① 今瑞金二路。

出来,尚在装修门面,中文字是塑为"文艺咖啡馆",西文名是用法文的,称 Le salon de Log Renaissance,直译是"文艺复兴的沙龙",其实如用"文艺沙龙"这名字,倒也颇别致。

在霞飞路"卡夫卡斯"的斜对面,前有一家咖啡馆叫 Renaissance,普通就叫"文艺复兴",情调颇佳,爱到"弟弟斯"去逛逛的仕女,常会光临该处,享受一些异国风味。现在却有了同名的兄弟。

这家"文艺沙龙",辟处西区,后面是俄国教堂,左面是盖瑞纳公园,情调尚可,将来有否号召力全睹其内部的设施。我却有几点意见提供:一,应用古典音乐的唱片,以增加文艺气,如用"爵士"音乐,我极力反对;二,供有中外近期文艺杂志;三,光线宜调度适当,以备茶客高兴写稿时用,则不损目力。这种营业是一种尝试,但希望能有一些不俗气的特点,才能指望它的蒸蒸日上。

①

(作者:陈伟,原载《和平日报》,1947 年)

CPC[②] 咖啡大王

张宝存被控旁听记,根据本报白雪先生以前所记,摘录于此。

---

① 霞飞路上的俄国咖啡馆。
② 即西披西咖啡馆。

CPC咖啡大王张宝存先生,多年奋斗,把泰兴、ABC等洋商打倒乃有今日之成就,不过今年该是张宝存先生的"倒霉年",有一张祥生饭店的支票五十万元,给一个相熟的下野舞女交际花张雪尘秘密取去,张女取得这张支票之后,便预备搭乘火车赴京,张宝存追至车站,要求张女交还,当有张弟之进,签订支票,到期退票。于是张宝存向警局报告,由警局派人到南京去把张女提回归案,由张女向五十万支票交出了事。

这件事情本来可以告一段落,不过张宝存现在是大名鼎鼎的咖啡大王,上海"帮闲者"多如粪缸之蛆,于是张雪尘像表演万籁鸣先生设计的木偶戏般,又在法院中,对张宝存提起诬告之诉。

开过二次庭了,昨天下午三时又在地方法院刑事自诉第四庭开庭,记者在下午二时一刻,和杨乐郎先生约定,在青年会乘车出发,冒充北风,度着外勤记者生活。

两点三刻到达法院,各报记者足足有二十人之多,公堂记者元老派陈石笙、夏成梁等,挤满了律师休息室,承蒙各位"专家"指示推事、检察官,以及两造代表律师的姓氏,但是为太生疏,除了重心注意原告报告之外,不能多记牢一点。

杨乐郎提议下次应当带一本拍纸簿,这在民国二十三年,南市地方法院审理经济学博士捉奸一案时,我和陆诒坐在一起,用拍纸簿写过,扯几张纸头揩屁股,一时大意,把摘录的全部付诸"揩",还是前功尽弃。

张雪尘来得很早,有一个身材顾长的姊妹淘陪着,线条极佳,后来又来几个姊妹淘,再后来,有一个面孔很熟,像画家俞肃的一个男子陪伴,据陈石笙先生指示,这位先生叫张小龙,过去在机关任事,大概也是张雪尘舞客之一。

张宝存站在被告栏内,对张小龙微笑,张小龙也笑,不过审判长问起张雪尘肯不肯和解,张雪尘却涨红了面孔说:"我们做舞女的拿了舞客支票要报捕房,以后还有生路吗?"大有"维护同业法益起见"之慨。

审判长又再三劝张雪尘和解,张雪尘说得很硬:"假使我认为满意,便撤回诉讼。"当由两造律师先试行和解,和解不成,本月十二日再开庭,那天或有宣判可能。

(作者:局外人,原载《繁华报》,1944 年)

咖啡老举

同文中潘勤孟的咖啡瘾头最大,辛辛苦苦稿子写来几张钞票,全是送在这刺激品上。相信咖啡确乎有"瘾"的,名导演方沛霖,也有这个毛病,而"吃"又非 CPC 不可,静安寺的 CPC 咖啡总店,他是一个最老的长主顾,据他说,当初静安寺路这咖啡店,是张宝存先生的 CPC 打样间,专门供给来买咖啡的顾客试饮的。方沛霖从那个时候,就每天一早光临,风雨无阻,一直到现在,没有一天误过卯,从两角五分一杯的咖啡吃起,一直吃到现在三百五十元一杯。论中区一般咖啡馆,黄豆汤滋味也要卖七百元,真正 CPC 咖啡,价钿便宜一半,在那吃的,都是一般咖啡老举,所以该地早市午市,有轧破门窗之势。方沛霖尤其是老举的老举,有一次和张宝存先生说笑话,要张先生的特奖他"金牌"一块,其理由是以他这"CPC"老主顾的资格,假如在过去一段里程碑里,"CPC"有什么"摸彩""赠品"的花样,得奖的一定是他。这话也很对,只是 CPC 咖啡,全赖真牌子卖铜钿,不摆所谓的噱头,方沛霖也无从来发这单"小横财"吧?

(作者:胡椒,原载《繁华报》,1945 年)

CPC 小坐记

对于咖啡有着特殊嗜好的人,我想他们都会知道,在这时候要喝一杯物廉价美的咖啡,是非到 CPC Coffee House 去不可的,现在,那里每杯咖啡的代价,只有三百四十元,是任何一家咖啡馆所喝不到的吧?"CPC"的总店在哈同路口,因为地点偏僻的缘故,喝咖啡同志的份子并不复杂,可以说是一个比较清静的地方,虽然里面座上客常满,但决不像"茶馆式"咖啡馆那样的热闹和嚣杂,所以我想喝一杯咖啡的当儿,是非此莫属的(按,我和 CPC 的经理张宝存先生并不认识,决不是替他作义务宣传)。

 昨天,我又到那里去小坐,却见到一个从来"CPC"不曾发现惹厌人物,是一个带着江北口音的西装青年,正和一位老者在谈着生意经的事情,不但带着阿流讲斤头的口吻,而且高声大嚷,冲破了幽静的空气,使每个客人和招待都向他侧目而视,可是他仍旁若无人,侃侃而谈。我适坐在他旁边的一桌,不觉如坐针毡,赶快喝完咖啡就走。在路上,我想,照他说话的神情和语气,以及他身上穿着的那套雨色的西装,就是有钱的话,也是一个剃头师务出身的暴发户吧!目前,上海这一流人物触目皆是,真令人为之倒抽一口冷气。

(作者:海生,原载《繁华报》,1945 年)

我与咖啡

 好多年前在香港岭南大学(战后从广州迁香港)读书的时候,课余之暇,总是和二三个要好的同学在香港大学的茶室里或德辅道上的聪明人餐室呷咖啡。一杯在手,觉其滋味香醇而隽永,日久便嗜痂有癖。四年前来上海,生活情形,每天在早茶及下午茶的时间,老是履诣咖啡馆喝咖啡成为了我日常的课题,大有不可一日无此物之慨。上海所有的咖啡馆,也皆印有了我的行脚。那时靠着父荫,赀囊绰绰,日时常二次至三次咖啡。迨"一·二八"之战开启,南洋汇款中断,我只得自食其力,为人作嫁衣裳,呷咖啡的次数不得不略为递减,惟度压线生涯以及滥竽操觚所入,除膳宿二项必要开支外,仍大多耗用于呷咖啡上面,我真可说是嗜咖啡若命了。

不过从前物价较贱,对呷咖啡支出的负担也不感觉到达。记得在三十二年春,我在《大报》上写一篇《咖啡行脚》,关于"凯司令"一节有云:凯司令新制一种面包,质美味甜,每只只售一元九角。一壶咖啡,两只面包,八元可以结账。时隔二年,一切已恍如隔世,目前凯司令的面包卖四百元一个,一壶咖啡,连捐小需费二千五百元。至静安寺路哈同路口的 CPC,三十二年春,一杯咖啡四元,今日则售一千二百元。我虽酷爱咖啡,但自目前各咖啡馆售价之昂,实在令人有呷不起之感,何况物价尚在日涨夜大的趋势中,我顿将有一日,再也没有能力上咖啡馆,而要体味到"望屠门而大嚼"的痛苦矣!

(原载《繁华报》,1945 年)

明星们孵豆芽的咖啡馆

在好莱坞电影杂志上有许多影迷游览指南,告诉到好莱坞去的人们,在什么地方可以看见大明星们的庐山真面目。在夜晚几家有名的夜总会里,也许泰隆宝华在你隔壁一张桌上请客,也许丽泰海华斯在舞池中擦你身旁惊鸿一瞥,这时你看到的明星不再是在化妆术下强灯光中的十全十美的人物,可是你也会觉得很高昂美金的夜总会门,没有白花。

在中国好莱坞的上海,说不定你在马路上会看见周曼华坐在三轮车上,或是严峻骑着那辆黑色的脚踏车,甚至于在常举行的歌唱会上看看他们的真面目。上海也有好莱坞那样影星齐集的夜总会吗?可以说是没有。中国明星的薪金还不能允许他们那样挥霍,可是他们也常常在几家咖啡馆碰碰头,谈谈天,或是讲讲"公事"。在那里,他们和你一样,叫了一杯冰咖啡,坐上了几个钟头。

霞飞路的两端,离"巴黎"大戏院很近的"西披西"咖啡馆是明星们

集中的地方。"西披西"的楼下，没有优美灯光，也没有舒适的火车座。可是每日下午一定可以看到不少的电影界名人，有一些是每日必到的"常务理事"，像：徐欣夫、李萍倩、王引、严俊、屠光启、顾也鲁等人。因为这些导演每日必到，所以要找他们谈话也非到那里去不可，所以像欧阳莎菲、杨柳、仓隐秋、王丹凤，她们常在这里出现。至于他们所以常到这个地方的原因是屠光启、严俊曾在巴黎大戏院演过戏，离这家最近，天天来走熟的缘故。

另一家"维多利"则是话剧明星们的集中点。维多利在外观上比"西披西"舒适得多，也没有零售咖啡粉的机器狂吼，这个地方的第一个常务理事是韩非，后来的有白穆、穆宏，他们每天在这里消磨了整个的下午，石挥、张伐、冯喆、沈敏、史原都是经常的座上客。尤其演了《雷雨》后，他们预备经常演出，这些计划都是在这咖啡馆里谈出来的。

然而这都是不预备舞池的地方，如果夜晚要跳舞，天没有热时，常在"四姊妹"等出现。因为离"丽华"、"光华"都近，天热了，大家都涌到"南洋"夜花园，因为是韩非哥哥韩雄飞办的，这里常出现的孙景路、狄梵、刘琼、赵丹、秦怡等人。

（作者：公子，原载《铁报》，1946年）

咖啡大王一件大秘密

去年因小花狗张雪尘一件狗皮倒灶的支票案，而轰动一时的咖啡大王张宝存，自从大批美国咖啡进口之后，有不少人都替他担心事，甚至对咖啡馆的 CPC 广告牌,也为他命在旦夕而担忧。

哪知事实上,并不如此,所谓国产咖啡,还在他南翔的农场里试验,何日可以不致咖啡定种下去,开花结果是黄豆,此时尚无把握。过去完全是靠上海一般瑞士、犹太、罗宋国户的供给,胜利之前,那咖啡大王早托瑞商洋行转向美国订货,这次美国咖啡涌到,数量很多。所谓国产咖啡还不多,大部分还在他手里,他一见外面售价公道,就大量吸收进去,现在一共只到过两批,给他一成,外面就形成求过于供。至于他把这咖啡收去,当然改头换面,羼一点存货进去,又变成 CPC 应市了。

还有一个秘密,SW 大跌价的时候,他那 CPC 价不跌,一面收货,一面使散户发觉了 SW 比 CPC 便宜,一听两听的买去,市面上更可使 SW 咖啡加速度绝迹,而一般咖啡馆则不得不作成 CPC 生意,因为他是担保人家供应绝不中断,不像 SW 要出去觅。咖啡大王这次的"噱头"又成了。

(作者:花龙,原载《海花》,1946 年)

卡夫卡斯

几所夜总会中,以霞飞路、圣母院路①口之"卡夫卡斯"最配胃口,该处由俄国人经营,顾客亦多俄人,国人之籍至者因绝迹。所以配愚之胃口者,则以其热闹也。地方不甚大,楼上、楼下各一室,唯楼上有歌舞表演而楼下则无之。舞池长广不足百方尺,故每奏舞乐,池中必挤,于

---

① 今瑞金一路。

酷爱婆娑之士,诚为英雄无用武地之苦,愿下池者则转以拥挤为乐也。其奏音乐也,不若其他总会隔数分钟奏,乃视舞者兴致而定,是故有时连奏十数曲亦不为奇,有时则奏一二古典乐章,纯供顾客欣赏也。

其他有表演舞蹈之俄女名托斯卡者,色艺俱臻上乘,而体态之美更不作为第二人想,高峰细腰,肉感万分。每为献技,精彩迭出,犹善西班牙舞,扭腰摆臂,热烈诱惑,令人为之蚀骨销魂焉。此为私生活殊浪漫,□□□□□□□□□□□,则视西班牙舞尤过之。聆其言,更不胜□□其动焉。尚有歌手一人,亦俄女,名卡琳娜,天赋佳喉,情歌一曲,神为之夺。其名作有《乞纪达》者,唱□□□,群为附和,极其动人。老板粗胖,于思满愿,亦善□舞,一次酒酣,以香槟酒一瓶直置头顶,急步趋入舞池,且歌且舞,而瓶不落,洵见其功力。

其地色白大菜①,价不甚贵,愿"阿辣卡透"则□乎是。点菜中有名"歇许里克"者,为一种烤羊肉,以羊肉穿铁条上就火熏烤而成,味殊鲜美。据云系高加索人于战场上之吃法。有名"沙库斯加"者,则系一种冷盘,亦佳。

(作者:杨均,原载《繁华报》,1944年)

色白大菜

沪上每于夏季有色白大菜之名目,色白者,即英语所谓夜餐也。夜凉人静,偶作小餐,亦大乐事。惟以沪人心理推测之,其对于色白大菜,不过色白其名耳,盖几曾见有峨冠博带气度整肃之辈往餐色白者,其所往者,大都惨绿年少,挟其所欢,以行其秘密勾当而已。或曰色白大菜可曰拆白大菜,则又未免谑而虐矣。

(原载《时报》,1918年)

---

① 色白,即英文 snack,夜宵。

再记卡夫卡斯

农历年初三夜,偕章生、宗生重游霞飞路之卡夫卡斯,是夕生涯鼎盛,座为之满,吾等以早订座故,得弗向隅。三人各点"味希涅亚克"一与"泼仑皮雅"一,前者系一种樱桃汁,味似金果一类饮料而远胜之,色鲜艳若少女之唇,且具浓香,饮之乃无异亲美人之唇而吸其津,令人生冷艳之感;"泼仑皮雅"则系和合水果与奶油而制成,别有佳味,盖亦绝妙之点心也。十时正,托斯卡表演西班牙舞,姿态动人,媚眼浪摆,令人魂飞神往。十时半,卡琳娜唱俄曲二支,热烈美妙,"勃拉复"之声陆续不绝。十一时,托斯卡卷土重来,又为西班牙舞,扭腰摇臂,精彩尤胜于前,愚与友人拍案叫绝连声赞叹,得美人媚眼无算,为之大乐。十一时半之最后一场表演,期又为卡琳娜之歌唱。歌毕,邻桌数俄人坚请歌其名作《乞纪达》,乃待重聆此曲,并为和声,其乐无穷。

是夕则美高美二舞人亦偕一客在座,舞人中之一,黄发碧眼,颇类夷女,不知其名。囊愚与章生每游美高美,必见此女端坐位上,乏人请教,生尝称之曰"琼裴纳",则以其与好莱坞女星琼裴纳有虎贲中郎之似也。观其是夕所偕舞客,绝系单銮,乃知其□□固冷落依然耳。回力球员尔加、葛尼加等三数人亦在,所搭罗宋好肉四块,胥老□,其一衣华服,曲线俱佳。□□陈春生携一□,狂舞数十回而去。罗宋歌舞□名艺员苏珊娜,年青貌秀,随一华客至,未见一舞,深以为憾。

(作者:杨钧,原载《繁华报》,1944年)

卡夫卡斯夜总会的一幕

夜总会在林森路上,卡夫卡斯也是一块红牌,它在俄国人开的夜总会中,已算比较老资格的一家。

在美国军队到上海来了以后,因为美金赚进不少,于是把下面那家药房也顶了下来,扩张门面;因为价钱还公平,生意来得的好。每夜除供应咖啡冷饮外,更有几场表演,和阿凯弟一样,是罗宋是走江湖的跳舞家,临时一场场雇用的,有时表演俄国哥萨克土风舞,有时表演火鲁努的草裙舞;又有一班,是一男一女跳水兵的踢踏舞,博取一些美军和观众的掌声与欢笑。

前几天晚上,那个漂亮年青的罗宋舞女又来表演踢踏舞,她穿一件短的黑缎背心,黑大礼帽,紧绷着屁股的黑短裤,大腿和膀子全裸着,手上持一根短棒,正如电影上的歌舞镜头,随着音乐和照射正踢踢踏踏跳得起劲的时候,哪知不小心的一转,一个鹞子翻身,跌得双脚朝天,哪知她的裤子太小,绷得太紧,而又缝得不牢,竟"划那"一声,裂了开来,整个儿的毕露,于是观众哄然欢笑,真正成了"跌脱舞"了。那罗宋舞女满脸羞红的爬起来,逃了进去,不久,换了一套再跳了一阵,而且特别卖力,以资挽回刚才的耻辱,才算了事。

(作者:老斗,原载《一乐天》,1946年)

在"卡夫卡斯"小坐

"卡夫卡斯"是林森路上一家著名的"夜总会",是有着俄罗斯色彩的。从那有花纹的一大花板,以及古堡式的灯看,"卡夫卡斯"是古色古香的五彩绣板,而那乐师所奏的曲子,是充满中世纪骑士的荒唐底梦,这时,舞侣们都迷醉其中了。

"卡夫卡斯"规模不小,楼底是品咖啡的地方,那里,我们可以看见很多的老年人,他们天南地北地谈,幽暗的灯光下,有一个苍绿色的回忆。

上楼是舞池,旁边有各式的火车座,圆圆的餐桌。"卡夫卡斯"的大菜很便宜,一万多便够丰富,盛菜肴的器皿,很精美,很大方,但吃大菜的人并不多,大部分是贪恋它的音乐。音乐台上的歌唱者,是超过"弟弟斯",而来到这里的少爷小姐,也是精明的顾客,他们往往以一杯柠檬茶而坐上大半天,而每一支舞倒也并不放松。

"卡夫卡斯"有两趟表演,一趟是一个混血女郎的舞蹈,花布的长裙,一条柔软的大腿梦幻般的波浪形起伏,胸部也仅围了花布,赤裸的腰身,摆动,扭挺,魅惑的笑,单身主顾不禁作非非之想。

第二个节目便是一个胖妇人的歌唱,她唱的是俄国歌曲,不大使人感到兴趣,但她的身子颤抖着,自然很感兴奋。

而"卡夫卡斯"时常可以发现电影明星,他们以为这地方很隐僻,于是来了,而即使被发现,谁也不会大惊小怪,像中区咖啡馆那般"十目所视"的样子了。

(作者:阿窃,原载《和平日报》,1946年)

卡夫卡斯咖啡闲记

泰山路①与黄山路②之隅,有俄人经营之酒吧间曰"卡夫卡斯"者,楼上设乐队与舞池。乐队领班者铁诺,前在"弟弟斯"与"白拉拉卡"演奏,应卡夫卡斯之聘犹未久。夜间有女郎伴唱,亦俄籍,余辈为习惯俄文者,听之不能入耳,特偶然换换口味,倘亦未为不可也。"吧狗儿"皆虎狼年华之罗宋女人,"嗖"声不可餐,秋波暗送,当之肌肤起栗。座间旧事多西夷佳宾,今则十之七皆为华人,着长礼服携女侣来此跳交谊舞甚多。楼下有咖啡座,生涯殊荒凉,夜间十时以后,空气恬静,双携之侣,来此作耳鬓厮磨,非佳境邪?"吧"中所贮饮料品类殊繁,可口可乐

---

① 今淮海路,即霞飞路。
② 今瑞金二路。

取值四十五金,廉于中区诸咖啡馆也。

(作者:柳絮,原载《海报》,1944年)

卡夫卡斯

对"卡夫卡斯"我有对"弟弟斯"相同的看法,不过"卡夫卡斯"没有"弟弟斯"的那般情调。在我的印象永远是喧嚣的,那里有热烈而促节的俄国音乐和轻快的舞蹈。

"卡夫卡斯"也有舞池,比"弟弟斯"宽敞,价格比"弟弟斯"略低,但也有"老虎肉"之机。到"卡夫卡斯"来的顾客,十九都不是为呷咖啡而来,一半是来跳舞,一半是来看表演听音乐,这些人以"视听之娱"比"口食之福"看得重。

影剧界人士和文化人,时常光临。这里最大的特色是真有独特的俄罗斯风格。说起俄罗斯风格,我想起霞飞路上的康士坦丁诺和文艺复兴,这该是星期六下午、女友,会同想起的。

(作者:梁婷,原载《和平日报》,1947年)

异国情调的"卡夫卡斯"

假若你到"卡夫卡斯"去喝咖啡(霞飞路圣母院路附近),你必须知道,那里的饮料,楼上与楼下的价格相差悬殊,楼下的价格虽不可称"平民化",然而并不太贵,而楼上一饮数万,往往账单开来,会使你咂舌不已。

"卡夫卡斯"尚称高尚,约两个朋友到那里去,撩撩天,颇为便宜,饮杯冰咖啡或是清茶,风扇下消磨一个夜晚,绝对不会超过二万法币。倘使你一个人在那里坐着,有时会有吉普赛女郎或是白俄女人来和你兜搭,她们用各种各样的形式诱取你袋里的钞票,以维持她们可怜的流浪生活。有时当你独自在那里坐着的时候,在昏昏的灯光中,也许会有一个年月四十的白俄妇女,来坐在你的对面,好像要与你谈话似的。可是,你不要以为她是一个神女,实在她是一个能用纸牌算命的女人,她自我介绍能了解任何人的爱情,她用种种的方法,逗引着孤寂的夜游者,博取你的愉快,换取一点有限的钞票。

总之,在"卡夫卡斯",独多着一批陌路王孙,自有一种神秘与奇异的异国情调。

(作者:山今,原载《大众夜报》,1947年)

卡夫卡斯一小时

"卡夫卡斯"在霞飞路金神父路口,一向被人目为"神秘的咖啡馆"。最近俄侨陆续撤退回国,斯处喧闹的盛况,显得衰落了不少,座中冷清清的,妖娆艳丽的罗宋女郎,搔首弄姿,已不多见,大有人面桃花,不胜今昔之感。

几个"吧女郎"懒洋洋的坐在壁角里谈天,她们好像若无其事的一样,当我们坐在菜座上的时候,一个身材又高又大的罗宋姑娘走来招呼,摆起一张很难看的面孔,鼓起嘴,简直是广东人硬绷绷的神气,和以前笑靥迎人的几个吧女郎相比,真是天壤之别了。

三个罗宋洋琴鬼,带敲带唱在音乐台上工作着,他们有气无力的敲,有气无力的唱,大概座客寥落,引不起他们的兴趣,一会的工夫,竟逃避得无影无踪,只剩了一个空舞池,默默无言的静静躺在当中。

卡夫卡斯随着俄侨的撤退,而趋冷落,那里没有妖娆艳丽罗宋女郎,也没有笑靥迎人的吧女郎,所有的只是几个巨无霸型的女招待,和三个罗宋洋琴鬼而已。

(作者:飞莺,原载《时事新报晚刊》,1947年)

罗宋风味的卡夫卡斯

"卡夫卡斯"在林森路金神父路口,是一家著名的罗宋风味的夜总会,楼下专售咖啡之类,适于作清谈,作凝思。那雕镂了的画壁,上面绘着西伯利亚的野兽,衬以热带的森林,是富有象征的意味。在晴天,或许你觉得单调与寂寞,可是在雨天,这些西洋古典的陈设,觉得有些温暖之感。这时,如果你爱抽烟,则烟圈儿,慢慢在空间舞动着,也曾给你些幻梦。

"卡夫卡斯"是如一个沉静的少女,虽然在晚上,楼上的舞池里对对起舞了,可是总较舞厅两样,似使人传染了淡淡的忧郁和静谧的诗意。火车座里的男女们都有矜持的绅士气派,乐队则细腻而精致,三四双连敲,跳得够劲。

表演节目取消了,不过经常有一个罗宋胖妇客串她的乡土歌,使人希弗弄懂,对于兴趣那就无从说起了。

"卡夫卡斯"的"柠檬茶"很出色,那淡黄色的柠檬像映在水里的新月。

(作者:茶博士,原载《小日报》,1947 年)

"弟弟斯"与"卡夫卡斯"

南京路上有一家"弟弟斯",霞飞路上也有一家"弟弟斯",都以情调娴静著称于时。霞飞路的"弟弟斯"尤其富于情调,冷清清的会使你觉得真正的舒适和悠闲,然而又并不寂寞。下午有茶舞,到七点为止。晚上比较热闹,喜欢清静的先生小姐们很多寻到这里来,于是也常常席无虚坐了,这里的楼梯设计得很漂亮,所有的客人都会赞美。

离开"弟弟斯"不远,则是"卡夫卡斯"。"卡夫卡斯"的咖啡比"弟弟斯"要便宜许多,但也并不缺少一种情调之美。晚上,灯光幽暗而恬适,三人乐队则在疯狂的演奏,音乐往往连敲扇子之多,秃头的外国先生大跳特跳,乐师在引吭高歌,自有特别的味道。我往往觉得这里是旧俄的破落的殿堂,而秃头的外国先生们正是曾经煊赫一时的将军和伯爵。

(作者:易秋,原载《小日报》,1947年)

卡夫卡斯的情调

"卡夫卡斯"在有些人的眼光里带有某种神秘的意味的,至少这个名字是沾有浓厚的俄罗斯气息,不错,"卡夫卡斯"是一家有罗宋情调的咖啡馆。这里有明窗净几,有简单的三人乐队,有小巧舞池,音乐并不罗宋化,经常奏着中国流行歌曲。假如你带有舞伴的话,可以婆娑一番,这滋味与普通舞场或音乐厅绝对不同。后者是喧嚣、暧昧,前者则是清静、幽暗。

有人以为"卡夫卡斯"价目很贵,其实并不,假如你带一个女伴来的话,两杯柠檬茶,加捐也只有二万四千元,比首流舞厅直有天壤之别,即使和小舞场比起来,也便宜多多。你花了二万四千元尽可以享受四五个钟头,不会有人来干涉你。

碰着周末或其他节日,他们有更精彩的节目表演,如草裙舞,或东欧土风舞、印度舞、康茹舞、轮摆舞,比共舞台的四脱舞是不可同日而语的。

这里的顾客有电影明星,有话剧演员,石挥、周璇、张伐、路瑞、吴惊鸿、王丹凤,他们是常客,假如你胆子大,还可以向她们请舞,我想这些影星不会搭什么架子吧!

(作者:西门咸,原载《时事新报晚刊》,1947年)

有罗宋情调的卡夫卡斯

话剧团同志都爱闲来无事坐"卡夫卡斯",周璇、蓝兰都是常客,未知是爱上这里的罗宋情调呢,还是另有他因。

我也爱上这里孵孵,当在霞飞路上散步而腿累时,有时在"国泰"瞧电影,散了场,随着大伙儿到这儿聊天,听音乐,也别有风味。

现在的歌唱表演者是奥洛夫斯卡雅,舞蹈表演有乔奇和爱伦这一对,乐队的名字是乔奇菲达伦,乐队里有歌手名梯诺。

对歌舞的欣赏我不感兴趣,所以无从加以严正批评,不过我爱的是它的地段,当散步腿累或电影散场后,这里是一条最适宜的憩息处。

晚上还有夜舞,舞客自己携了伴侣去恋爱盘旋,跳的舞比时下一班舞厅里的雅观一点。当灯光灰暗时,似走马灯般的,去了一对,又来了一对。同时悦耳的音符在空间飘荡,此情此景,非身临其境者,不能体其滋味。

(作者:卡洛,原载《和平日报》,1947 年)

老大华咖啡

战前,神秘街上诸舞场,以"老大华"为规模最大。"老大华"之西名为"维娜丝",维娜丝则司恋爱之女神也!"老大华"之门,即有一股膻气射入鼻孔,则以其地多异国佳人之故。"老大华"布置富热带情调,灯光暗淡,音乐缠绵,为往时唯一之待且胜地,老白相与红舞星无不留其屐痕,犹□之"伊文泰"与"法仑斯"也。"老大华"之乐队,忘其为何人组织,来支把蓬岛情歌,则以去秦之活,歌喉之软,梅霞有时擎携侣,辄为忘记时辰八字。该乐队奏普通曲子亦胜,《夕照红帆》与《爱人晚安》二名曲，介绍得最好。蕾梦娜之妹雷梦莲，为"维娜丝"之"常务委员"，好在麦格风前，唱此二曲，韩娥一歌，绕梁三日。舞人中，此亦为余所崇拜者之一，此番不佞返沪较迟，不及聆洪异之歌，而伊人已为人妻，因勿知二人孰佳焉？"老大华"中有一玻璃球，乐工奏"华尔兹"，球转，特备灯光直射球上，乃成奇观。今马浪路①上之"老大华"乃挂此球，惟非原物。然而向时情调，所存者亦只此点耳！

（作者：不鸣，原载《力报》，1941 年）

甜甜斯咖啡馆

愚于饮食口腹，入有曲阜孔丘之风，不特"食不厌精"，且亦嗜饮，趋乐苦茗而外，咖啡、朱古力、蔗浆（蔗以江西青为最佳，次粤蔗，次塘栖，榨取其液，储于冰箱，甘美胜于汽水，惜无罐制品，殆因蔗浆与空气接触，即变质，不宜装罐乎？）、沙斯（正广和汽水之一）靡所不好，且不饮则已，饮则不作第二乘想，苟无精品杰作，不欲沾唇也。咖啡种类不一，予惯嗜者为 SW。丁丑以前，虽中型西餐馆亦能辨之，兵燹以还，咖啡茶

座，何啻五步一楼，十步一阁，然量弥多而质弥陋，自海运阻梗，精品难得，所谓咖啡，大抵与"炒黄豆汤"加糖无异。比游沪渎，食指大动，为过咖啡瘾，特至霞飞路甜甜斯午饭，即欧人所谓 Afternoon tea 也。入座，熙熙攘攘，杯盏狼藉，四座已满，国人占十之九，欲睹靓装欧妇而不可得，盖白种神女者流，类于夜莺，不宜昼见，固非其时也。执盘碟号之

---

① 今马当路。

三数女侍,殆系斯拉夫族?容貌不乏楚楚者,卒以座客过多,大概平视,更遑论清谈哉?咖啡色香味,视市肆流行之"炒黄豆汤"只胜一筹,非两年前之甜甜斯可比矣!饼饵之属,则得一美味,西名曰"克利姆凯",Cream K(或有缺文)奶油与花生之屑,蛋面之粉,合而为之,腴美无伦,非寻常布丁所能及,今之甜甜斯,当以此一甜食为其营业之因素。抑其顾客之所以蜂屯蚁聚,视等桑间濮上,促膝深谈,邂逅神女,魂消暗陬,其志并不在口腹乎?

(作者:半老书生,原载《海报》,1944年)

泰山咖啡馆

泰山路即旧霞飞路,向称神秘之街,而尤以战后为甚。该路之热闹中心,东起自吕班路,西至杜美路止,两端各有幽会之花园,其间有回力球场、国泰大戏院及巴黎戏院等娱乐场所,至于酒吧间,大小总数在五十家以上。夕阳西下时,酒红灯绿,另有一番神秘气象,若以国籍而论,万国街市,其中五光十色,可谓以罗宋人之势力为最强。因此办西菜馆者,以出售罗宋大菜为最受欢迎,若售其他西式大菜甚难满足,若萝蔓饭店,近日开幕之泰山咖啡馆。

应泰山路特殊环境之需要,除卖咖啡西点外,兼售罗宋大菜,足证该馆主持人眼光准确。泰山咖啡馆霸位于蓝田路(即马斯南路西首),其前身为□圆酒吧间,由现任泰山咖啡馆经理龙桂春转租前俄侨梅格罗夫经营,租期为□年,于去年夏间合同期满后,梅格罗夫据鹊巢鸠占之意，于是一度诉讼，结果物归原主，仍由龙桂春收回自办。经过半年余之筹备，始于本月一日完工开幕。

该馆为合□□□，资本为中储券二百万元，由大股东龙桂春任经理。内部装修全部刷新，一切家具亦完全改装，面目一新，底层分前后两部，均为火车座位，座桌壁下装有圆镜，下有小电灯，夜咖啡时，仅开镜下小灯，幽美异常，狭长之亭子间亦置火车座位，二层楼为正式餐厅，装潢富丽，三楼为烹调间。闻此内部装修，已耗去一百余万元，该馆为适应环境计，在楼下除雇用训练有素之女侍外，尚有罗宋女侍者二人。公司罗宋大菜因筹备不及，拟自本月十五日开始发卖，每客自二百元起至三百元止。该馆所请之厨司，闻对于烹调飞力牛排颇有研究，罗宋汤亦别具风格。西区之老饕，届时可前往大嚼一餐。该馆经理龙桂春，曾经营静安寺路太乐咖啡馆，对于经营咖啡馆事业，颇具实际经验，今泰山仍由龙氏收回自办，其前途必可预卜云。

（原载《东方日报》，1944年）

咖啡室里的情趣

亚尔培路[①]有一小咖啡馆，铺名就叫"小小咖啡馆"，情调很好，半楼上暗红的火车座，油画琳琅，细声谈话，无线电细细的音乐。此店特色多奶油，多糖，有一名 Slim 的蛋糕，一如我国千层糕，一层面粉，一层奶油，放在盆里可说一句：堆积如山，普通男子也有吃不消之感，大概俄国人胃口特别好。

"沙利文"的时代过去了，正如"鸿翔"、"惠尔康"，都成了过去的时髦。某日见宜景琳与其女友出现于"沙利文"，她们打扮得有二十年前之风光，不论皮鞋、大衣、发式……在二十年前是摩登小姐，现在与

---

① 今陕西南路。

"沙利文"配合起来,再合适没有了。

他家的冰激凌、圣代过甜,甜得粘答答,我不喜欢。

善钟路①有一咖啡馆,沙发放的不规则,大概也是俄国人开设,老板到你临走时还频频致意:"晚安!"他家的冰激凌也有一特品:不易融化,化开来像含有粉质似的,当然不很冷,像一块饼似。

"乐健"没有情调,如"大东茶室"那样高谈阔论,不过,常有艺人出现,如王引、石挥都是经常的座上客。

(作者:白香树,原载《海风》,1946年)

咖啡小记

坐咖啡馆之闲趣在幽静,在无"触气"乏人,在有音乐而若有若无。此外椅座、设备与墙壁之装饰、灯光之配合,都要照顾到。

西藏路一带咖啡馆,可谓皆缺乏优美之情调者,以萝蕾咖啡馆而言,人来人往,一团乌烟瘴气,无法久坐,此盖地段使然也。

余尝想望觅一咖啡馆,最好地处偏僻,有客而不多,有声而不闹,安坐其间,缓缓吸烟,沉思默想,携侣或独往,咸皆适宜,如此咖啡馆,方为上焉者。

数月前,每日午后,必往亚尔培路、辣斐德路②口之"小小咖啡馆"

---

① 今常熟路。
② 今复兴中路。

消磨时间。其地虽不尽如理想,然亦差堪人意,及后忽闯入一群乳臭未干之惨绿少年,甚且假其地预备考试课目,恶劣情形不忍卒睹,从此即裹足不前。

霞飞路、善钟路处有一咖啡馆,名"客瑞宫",玻璃窗上漆有悦目之图案,内部装置,亦颇精雅,甫进其内,即有一种深沉宁静之感。余驻足该处,自今夏始,略感燥热,今则秋意渐浓,再去"客瑞宫",当另有一番情调也。

(作者:何居,原载《和平日报》,1946年)

徐家汇

编者按:

　　徐家汇者,系明徐文定公之故乡也。公之子孙,世居其地,又以肇嘉浜及法华泾二水汇为合流,因名曰徐家汇。前清道光末年,天主教教士建堂于此,并附以修道院、育婴堂等。光绪初年,开拓旧址,增建西式楼房,扩充徐汇公学,于是规模宏敞,成为名胜矣。内分耶稣会修院、圣母圣心修院、耶稣圣心修院、徐汇公学、类思初等小学、藏书楼、天文台、博物院、圣衣院、圣母院、土山湾等。徐汇一带,地产房屋,十分之八属于教堂所有,俨然形成沪西一特别区域。镇上有法商之二路电车、二十二路公共汽车、公共租界之英商十二路公共汽车,三种交通工具,来往不绝。

徐家汇

徐家汇是属于上海市法华区的,据上海市年鉴民国二十三年的人口统计,有三万六千三百二十七人,蔚然成一大市集。讲起文化史来,徐家汇是最早的西洋文化输入区,在明万历三十六年(公元一六〇八)由徐光启介绍天主教的意大利神父郭居静到上海来传教。于是作为传教工具的西洋文化,就随之而来。至今徐家汇居民信奉天主教的还是很多,我们可以时常看见穿着黑色长衣的教士,像吴友如画报里所示的数十年一成不变的姿态,在沪西的街道上踩跶着。崇高的天主教堂在建筑上显出他的年高德勋来。

可是越界筑路的地带①,已受了时代文明的洗礼,立体式的高楼,参差地矗立,在柏油路上行驶着汽车和电车,只没有那些舞场咖啡店、按摩院的点缀,连电影院也付之缺如,因之徐家汇还未十足和上海同化,而时常给人称为乡下了。的确,他有着乡下的本来面目,在许多新建筑的间隙里,这几天碧绿的菜正在萌动呢。

徐家汇的晨间和晚间,完全不同的。晨间成了一个临时小菜场,浮滩延长有半里路光景,人行道上也骈列着小食,供给早起人的果腹,除掉最普通的大饼、油条、粢饭、豆浆以外,也有比较贵族化的蟹黄包子、肉汤团之类。要到午牌时分,才陆续收拾还家去。至于菜蔬,当然以田园风味居多,所以可称绿色之晨市。

到了晚间,街上是很冷静,虽然两旁的店铺还是开着,主顾却不多了,只有交通大学、复旦大学的学生在散步。秋天成了白色和黄色的夜

---

① 越界筑路是上海公共租界在界外修筑道路,并进而事实上取得了一定行政管辖权的附属于租界的"准租界"区域。

市,西风一起,全成了黑色。

　　沿徐家汇的两岸,工厂很多,因此卡车常是笨重地梭织般来往,青布短衣的工人,更如蚁般游离在浓绿荫地上,所以在这里不容易见到摩登姑娘和纨绔子弟的。而静的趣味,也足够人领略,在晨曦里,听林间鸟鸣清越,一种似雾非雾似云非云的水蒸气,笼着树梢。煤之臭气,是永远吹不到的。我们早起,用巾儿搅着鼻孔,就可以证明有异于住在这里人所称的上海了。

　　徐家汇的地价的陡涨,当然可以使乡下人一跃而成小康之家,所以从杂货店的老板那里,可以听到几个乡下人的发迹史。但是还有许多田地闲置着,没有主顾,不能一方一方受营造厂的雕琢,犹之村娃没有一个一个给都市吞去。是同样为了市面不景气,否则徐家汇早已消减了乡村的痕迹了,而字音从舌尖上打滚的标准上海话(这是我的见解)一定不能凝聚在一个区域里了。

(作者:凉,原载《新闻报》,1936年)

---

①　旧时的徐家汇街景。

交大校畔之亚西咖啡馆

每一学校之畔,定有不少商店附设,一昨记者道经交大,见该校对面弄内有亚西咖啡馆之新设内,有四五女子,专任招待之职,不禁有感。尝闻苏州学校林立之三元坊,有馄饨西施之号召,当时均传为美谈。初不料此风又传至上海也。闻交大当局,曾警告该店停止营业,终以无法禁止而罢。惟已出有布告,凡见该校学生出入该店者,均记过以戒之。我思大学校学生,均具有高尚之学识,谅亦不愿涉足此"大罗天"式之"亚西"咖啡馆也。

(作者:慕裳,原载《龙报》,1928 年)

上海中学内开咖啡店

学校里有商店,这是很普遍的,学校里设咖啡店,这怕是很罕见的吧!本埠上海中学初中部却非但有商店,从去年下半年来又设了一爿很精致的咖啡店咧!

原来该校的商店,以前是学生会办的,因为成绩失败,就由校外的一爿食品店的老板来接收开办!这是去年下半年的事咧!同时这个老板又介绍了一个咖啡店的老手来,经学校当局的允许,就又设了一爿咖啡店。所以从那个时候起,该校就有了这两爿店。

半年的成绩,结算下来,当然是好!所以今年开学,那位咖啡店主便要求校当局搬移到更宽大的一间房子里,造了许多西式的白漆色的桌椅,和几只售卖果酱土司的玻璃橱,一切的茶具都调了新的,这不是一爿很精致的咖啡店吗?

这咖啡店的老主顾,是该校的西装先生,他们是每天早晨的老主顾,还有便是一般小少爷和小姐们了,每到散课后,真有座上客常满之慨!有几位同学在去年放假的时候,结起账来,有二三十元之多!这个吃的数目,也可谓不少咧!

可怜,这不过是使他们父兄的肩上加重负担,同时使学生的生活渐渐的贵族起来,这不是教育前途很危险的现象吗?许多人说,现在学生的生活贵族化了!的确,学校生活真贵族化了!

(作者:菊,原载《民国日报》,1929年)

咖啡

凡是物质文明发展迅快的都会,总少不了一种咖啡店,尤其是纽约巴黎这些地方,咖啡店更为充斥,而且大半都是年青女子担任招待,所以吃咖啡的人除了呡上一口甜蜜的浓醇可以兴奋神经而外,于鬓影衣香之间,格外还存了一点神秘的意想!因此进咖啡店的人,女顾客为数很少,老年人亦不多见——如像东亚病夫,近来常和虚白、若谷们,出入霞飞路上的咖啡店,算是他的老心不浅——少年人为数甚多。

十年之前的上海,简直寻不出一家咖啡店,现在因了欧风东渐,咖啡店也渐渐开设起来。霞飞路上咖啡店甚多,除了国人经营的咖啡而外,俄国法国人开设的都有,异香异色的外国女子招待,尤显出一种异国情调出来。文艺界中带了一点浪漫色彩的人,多喜于日影西沉华灯初上的时候,离开他们绞尽脑浆的写字台,来到霞飞路咖啡店中,借作甜醇的刺激和少女的诱惑,以恢复他们一日的疲劳。

徐家汇去年开了一家咖啡店,使得许多大中学生,终日幻想着店中的装潢典丽和女招待的笑靥迎人。北四川路的上海咖啡,尤其为名闻沪渎。在《雅典》月刊第一号上,卢梦殊在《第一部电车》一篇小说中,已形容的非常动听,本栏已有过一篇《浓醇》发表,也很入神。沪报在《上海咖啡三女侍》一文中,似乎描写过火,给工部局敲去廿元罚金。

其他虹口方面，由樱花姑娘招待的咖啡，尤多东邻水手畅饮于中。

虽然有些趣闻，不免流于猥琐，现在且将咖啡店的幕布拉下，再来谈谈咖啡。

咖啡，英名 Coffee，法名 Café，是由一个地方名词咖法 Kaffa 一字演绎而来。咖法为阿比西尼亚的一省，最先生产咖啡，因此便以其地名名物。其后移植于阿刺伯一带。十七世纪，又繁衍于爪哇各国，于是锡兰岛上、苏门答腊、菲律宾各地，都是咖啡繁茂之区。至于咖啡中的上品，乃是古巴国和波多里哥山上的出品。

咖啡为常绿树上的果实，宜于热带生产，当其七八月间，正是热带地方草长树茂的时候——温带已呈肃杀之象了——在巴西秘鲁等国，平原沃壤，尽披绿锦之衣，树色天光，混合莫辨，锦上白花，吐出芬芳之气，树下小径，土色殷红，远远望去，正如绿锦上的鲜红条纹，曲折优美。来年的四五月间，红实累累，羞似江南的红橘。于是乎红男绿女，长老幼童，或攀枝以求，或地铺布毯，上树摇落。骡车竹背，牵运不断以运入工场。

世界各国中，美人最嗜咖啡，每年用量，且在欧洲诸国之上。惟咖啡畏寒，触霜即萎，美国寒冷，几无产地，其所需数，大半来自巴西。巴西无论平原山岭，咖树几遍，多运美国销行。其他如德、法、比诸国，用量亦大，英国、荷兰，尚居其次，中国用量最少。

（作者：春云，原载《民国日报》，1929 年）

学校邻近之咖啡店

沪郊之某大学，为国立大学中之佼佼者，学生类多为海外之侨胞，成绩尚称不恶，尤于体育一科成绩最为优美，足球一项，国内竟无劲敌，可谓称霸一时矣。

　　该校地处僻野,然交通甚便利,故学生在每届星期日或假期,辄成群至市内狂游,嫖赌吃喝,无所不为。况又多属富家子弟,囊中富足,到处挥金如土,尤常嫖妓。附近火车站之各旅社为该校学生之安乐宫,每逢星期假日,其中成就好事者,何啻数十双,旅社主人及娼妓,均视该校为利薮,故待之维谨。鸨母见闻该校学生至,辄必笑逐颜开,且念学生跋涉往返,于精力及金钱上,殊不经济,为体恤若辈计,特在该校门首附近,开设特别咖啡店、饭馆等等,并有伶俐之女招待。名为开设店铺,实则为变相之私门头,专以诱惑青年学子为营业,故生涯极盛。

　　本彭曾一度前往参观,见店铺门面,不甚考究,但内部则甚精致,并于屋之偏隅,特辟小室,老彭承旧时向导,得一观其究竟,可与沪上各大旅社媲美,电灯、自来水、暖炉、电风,应有尽有。承顾左右之女招待,貌亦秀丽,大多数同学,一入其中,无不魂飞天外,大有乐不思蜀之慨。自此种变相之妓院饭馆开设后,各生趋之若鹜。故该店收入颇为可观,该校当局,谅亦闻之久矣,不知将何以处之。若置之不问,将使千余有为之学子,尽入于歧途,诚可叹也。

(作者:彭公,原载《响报》,1930 年)

土司·咖啡及其他

　　大学生对于吃,倒不如对衣服那样的讲究。这大概因为人都爱表面,所以注意身体外面的衣服。至于吃,由口入腹,人家又看不见,你在马路上吃了三个铜子的冷面,你照样可以告诉人:"水上饭店的菜味道不坏,地方又风凉。"

　　大学的四周围,照例店铺林立,有多少人靠着大学生吃饭。其中除理发店、洗衣店以外,其余的店铺就都是关于"吃"的了。

西菜馆,覆有洁白的桌布的方桌上,瓶里的鲜花每天更换着,乳黄色的墙壁,柔和的灯光,白衣侍者恭敬地答应着"Yes Sir",有着青年绅士气的大学生一手端起咖啡杯,微笑地。

"明天请你上沙利文吃点心,那边倒很清爽。"

"明天?明天不空,下次再去好吧?"带有媚态的女人声音。

早晨是西菜馆最忙的时候,那些少爷大学生披着晨衣,边翻报边抽烟,在等早茶送来。早茶是一菜、一咖啡(或各种茶)、土司及白塔,价洋二角,你嫌贵嘛?

小姐们喜欢吃糖,所以糖果店生意很发达。大学生讲究卫生,所以水果店之外还有许多水果摊,赶着卖上市鲜果。

可是,请别忘了,每天喝咖啡,大学生仅是少数,西菜馆亦不过三四家。几十家普通饭馆的营业还是靠多数平常生活的大学生支持。口味自然各家不同,扬州的、京镇的、天津的、广东的、四川的、湖南的,各家都在标牌上标出。要是你听见满座的"丢那妈",便可断定是广东馆。饭票差不多一律是每元七张,一菜一汤。早上呢,一毛小洋吃碗面,或花十几个铜板啃烧饼之类的东西,大多数的大学生对于吃的问题,就这样解决了。

(作者:仁麟,原载《立报》,1936年)

周世勋创办萝蔓斯咖啡馆

周世勋君,善广告设计,对舞业之贡献尤多。去春,周一度远走白下,回沪之后,旋复从事研究畜植,并亲制盆栽。最近,周复与友好数人,集资百万,在海格路①特别署隔壁,创办一新型咖啡馆,定名曰"萝蔓斯"。馆址为慈善家陶善钟后人陶汉颖之私邸,屋舍宽大,由周将其

---

① 今华山路。

分成三室,而作三种布置。其一,如福熙路"小舞场"之"隔离雅座",中为舞池,另一则为大众座,座椅均为极尽舒适之能事。现已布置就绪,定本月三十一日开幕。周君为欲提高顾客兴趣起见,特备乐队一班,于每晚九时起伴奏爵士流行歌曲,同时,并请得大饭店名厨,精制各种冷饮点菜,以及各式中西点心。又闻该馆开幕之日,著名乐队领班如"洛平"、"基哥儿"、"阿纳阿斯"、"海立笙"、"陈鸿"、"曼萍"等,均将参加伴奏。年来咖啡馆之创设,如雨后春笋,惟沪西独无。今周君之创办"罗曼斯",对于居住在沪西而爱好"咖啡夜座"者,实予以不少便利也。

(原载《东方日报》,1943 年)

喝咖啡的好处

咖啡馆本来多设在北四川路,最著名的要算汤白林,周世勋便是林中的一位老主客,现在霞飞路上却开了不少,而夏令配克隔壁也有一家,其中的咖啡女郎,皆为西洋女子。世勋因为会说外国话,便也时常光顾。据世勋说,他的喝咖啡,资格已是很老。我曾问他喝咖啡有什么味道。他笑道:"其味无穷,有打茶围之乐,无做花头之虞。"大概现在一般人之所以喜喝咖啡,其原因便是在此。

某画家也喜喝咖啡,有人问他喝咖啡的好处,他回说,可以提神。另一友含笑说道,不然,喝咖啡可以壮阳。某画家还说道:"那是决计没有白兰地来得有兴奋性了。"那人忙道:"你的话也许是经验之谈,不过我的话却可提出充分的证据,要是不信,试看在咖啡馆里的朋友,有哪个是阳痿不举的?"闻者叹为妙语。

(原载《社会日报》,1933 年)

北四川路

编者按：

1877年，公共租界当局自里摆渡桥北堍筑路至天潼路，称里摆渡桥北。1904年，租界当局非法越界老靶子路①继续向北延伸筑路，至宝山金家库一带，成为南北贯通的交通主干道，因与苏州河南岸的四川路相连，遂名为北四川路。1946年更名为四川北路。

1898年，淞沪铁路通车，北四川路水陆交通便捷，商贩云集。商业中心开始由百老汇路、吴淞路向北四川路转移。1908年，有轨电车由静安寺经外滩折向行驶于北四川路直至虹口公园，商业、娱乐业相继发展。同年西班牙商人雷玛斯在北四川路南段海宁路乍浦路口创办虹口活动影戏院，为中国第一家正式电影院。

---

① 今武进路。

北四川路速写

北四川路为上海繁盛之区域，华灯初上，如入不夜之城。自日浪人滋事后，北四川路之名益显。在北四川路及北四川路之支路，有影戏院凡六所，曰：新中央、新爱伦、爱普卢、明珠、奥迪安、上海。平戏院二所，曰：广东大戏院、广舞台（广舞台刻已辍业）。跳舞场十处以上，以月宫为最著。茶楼酒店以及其他食物店四五十家以上。银行信托公司等约七八家，凡此皆足以使北四川路繁盛者也。

居民以粤人为多，北段则日人亦不少。东虹江路口奥迪安戏院正对面，市政府所设之电气标准钟已经启用二三星期，星期日（十一月一日）上海大戏院演《地狱天使》，日场上下客满。此片为战事性质，故能投合观众心理。

小报贩之集中点在老靶子路，其余脉南至蓬莱路口，北至大德里。星期日外国水兵在北四川路闲游者特多，以意大利及美国者占多数。

（作者：乙未生，原载《申报》，1931年）

北四川路

年红灯，中国银行，汤白林，色白大菜，汽车，红的绿的人，鱼生及第粥，肉丝炒面，月宫跳舞场，恒昌洋服店，一九三三年新装，价钱最公道，新雅茶室，上海大戏院，《英宫秘史》，世界十大名片之一……

北四川路上半段还是这么的热闹，乱烘烘的满马路都是人，才过了上海大戏院，往下便是那么的冷悄悄的，黑沉沉的，好像上面的人啦，车啦……一到这里便给鬼拖了眼睛似的，个个都转回头，不再往下跑，下面就那么的突然冷静起来。

幸而我的眼睛不曾给鬼掩了,我还看见前面的路,我便一直朝黑暗里跑。

两三辆没有人坐的黄包车迟钝地被慢慢地拖着,在昏弱的灯光下仿佛认到有人走动时,空的车子像赛跑似的拼命迎上去,油布的车篷碰出了拍拍的声音。

标准钟右边,给"一·二八"的炮火扫平了的荒地上的乱沙石堆,蹲着几个年轻的孩子,大概是刚卖完了晚报的,装出了成人似的老练的样子,吸着烟,抢着说什么什么……

怪——我心头跳了一跳——这,可不是影片《生路》里的几个孩子变成真的活人从银幕跳了出来!但随即我又嘲笑自己的没脑袋,《生路》里面的孩子不早已跑到工厂里去,而且完成了一段铁路了么——只有我们的孩子才有这样的福气,随地乱跑,没人管,也没人理会,爱吸烟便吸烟——

卖馄饨的在大德里口走动着,敲着手上的竹梆子,嘴里喊着"馄饨面!"伸长脖子望望住在楼上的人们。但是,上面却黑沉沉地,空手变不出戏法,上面依然没有一点动静。嗤!卖馄饨的拉下了一把鼻涕,"馄饨面!"竹梆子托托地响,声音在冷静的街心震荡着,使人听到了心里发抖。

三个日本兵,十足地模仿着美国式的酒醉的步履,颠颠斜斜地从后面跌着走来,从身边擦过,经过一间小食店门前,靠近的一个一掌推跌了那摆在门口的木牌,又吹嘘着向前走。这就是所谓大和民族的武士道气概罢,我想。

沉重的步声渐渐在我前面消失,宝兴路口也退在后面,横浜桥下的泥潭反映着上面凄凉的月色。更加冷寂了。人们都睡了罢。是的,很久以前早昏睡了。然而总有一个醒来的明天罢,终有一个跳起身来的天罢。

日本小学堂的一幢高房子,像个傲慢的巨人,冷冷地站在路边。"一·二八"的怒吼不曾把□击碎,但是将来总逃不掉那一个更大的怒

① 民国廿一年(1932)北四川路场景(漫画)。

吼的罢,我一壁想,两条腿依旧往前拔。更静了呢!像个坟墓似的——真的是一个坟墓呀,"一·二八"的第二天早上,我便是从这坟墓爬出来,经过了许多血淋淋的刺刀,逃出了我底性命的!

再往下走,更觉到孤寂了,猛然想起上半段的辉煌的北四川路,心里真有点不相信刚才的眼睛了。马上转个身回头便跑,一口气跑到上海大戏院门前,眼前登时便一亮,人和车子依旧这么乱糟糟地,年红灯,红的绿的人……汤白林!

我又掉转头向后跑,面前依旧是这样的一片荒凉和黑暗!信不信由你,反正头上不曾另外多生了一对眼睛。

那边是钞票,狂荡,欢笑,享乐,享乐,和享乐;这里是一片的零落,一片的黑暗,夹着痛苦的叹息。你瞧,朋友,慢说别的,一条北四川路就有两个世界!

那边的笑声流不到这里来,这里的叹息那边也听不到的。

等着瞧罢,我想。再没有走出去的劲儿,我便转入了那藏在黑暗里的我底寓所里。

可怕的漆黑——我探首到窗外望望,吐了吐舌头。但当我跳上了床的时候,我立刻安慰自己。

跳跃在火山旁边的人们不会永久的;明天太阳一出来,这里也会亮起来的!

(作者:马国亮,原载《申报》,1933年)

珈琲店里的一幕

因为是要收集资料,采访新闻,虽是每天在会场上混,但没有充分的时间去鉴赏一节、全部的游艺,或一幕全部的剧本。昨天的晚上,偶然的踏进了自由厅,那是智仁勇女校的《狂风暴雨》,刚巧表演至珈琲店的一幕。几个女作家,在珈琲店里开会,彼此的争执,几度的雄辩,博得满座的掌声,激动了台下不少已死的心灵。她们曾为日军的暴行而悲愤激昂,她们曾为政府的懦弱而大施攻击,种种爱国的热情,在这一珈琲店里的一张小小的桌子上,已完全表露出来。

但她们在开会的时候,忽然得到一个警报,说是日本兵在北四川路上大施强暴的行为,把商家门窗打破了不少。听到了这个消息,珈琲店的侍者,频频的来催促,终于提前散会。七个女作家,懦怯的面孔上,已吓得发白;勇敢的面孔上,表露愤怒和激昂,各有不同的表现。结果怯懦的终是怯懦,悄悄的逃去了;激昂而勇敢的她们,不怕死,积极的去从事反日工作了。

全中国的女性,概括的说一句,大概是怯懦的居多数,就是男性也是如此。这是中华民族的一种最不良的劣根性。在这生死关头的当儿,我们再不能怯懦下去,如果再要怯懦下去,大好河山,将要全部为人攫去。当此国难临头的时候,全中国二万万女同胞,都应一改本来的面目,抱着珈琲店里几个勇敢的女作家的同样的精神去抗日,才能维持中华民族的永久生存。

（原载《上海商报》，1933年）

漫游日本咖啡店

每次走过北四川路附近一带时，常常从日本咖啡店的窗子里飘出那异国情调的日本音乐，轻微的，像一阵春风一般的抚在心灵上。于是我意想着一些憧憬，想到东洋姑娘的温软，想着那另具风味的情态。可是，始终没有勇气单个儿的走进去开一开眼界，虽然好奇心始终在我的心头撞动。

但有一次，机会来了，有一位朋友邀请我到日本咖啡店去，而他自己，是常到那儿去玩的。当然，他对于这里边的一切情形，是很熟悉的了。我们去的一家日本咖啡馆，是在距离老靶子路并不远。那是夜里的十点多钟，老靶子路处在静寂的空气中，随着我们的只有二个斜卧在淡黄路灯下的人影。

在一座红砖砌成的半高墙头外边，这位朋友立定了。铁门是开着的，于是走进去，再推开一扇玻璃门时，眼前就是日本咖啡馆了。地方很小，设置座位的有两间，一间和普通的屋子差不多，还有一间只是一个半圆形。大的一间里的位置像火车座位相仿，而那一间小的，只是当中放了一张小圆台，四周安着几张安乐椅。

一进门，五六个日本姑娘一齐围拢了来，莺声呖呖的，像一群小鸟似的。这些，都由朋友应付去了，我只得跟在朋友的身后。找了位置坐下来，朋友要了两杯咖啡，就在这当儿，那几位日本姑娘都坐在我们的四周，一阵阵浓郁的脂粉香，一条条雪白的手臂，一只只鲜艳的樱唇，一个乱动的香艳的镜头啊！

日本姑娘都穿着简制的洋服，虽然现在春寒如此之甚，但她们只是一层的薄绸包在她们健美的体格上。日本女性，我是第一次的接近。日

本女性温软,是世界有名的,于是我冷静着头脑去观察。结果使我的幻梦一齐打破了,我觉得日本女性对化妆,大不懂得。虽然有康健的肌肤,但白粉却加重的涂上去,近身一看,那会使人感到非常不快的。

我失望之后,我的兴致大减,而不够温软的我,尤"吃不消"日本姑娘的,媚态,当一杯咖啡吃完的时候,我是要去了。可是朋友的兴致非常浓厚,怀里搂着一个十七八岁的小姑娘,脸靠脸做着耳语。

朋友以为我寂寞,也将一个姑娘推在我怀里,可是天啊,当那个娇躯塞进我怀里时,我的腿是承当不住了,我只好忍痛敷衍了一回,然后硬拉了朋友走出来。

姑娘们很客气的送到门口,操着上海话喊着"再会",但我暗想真是:"再会了吧,东洋姑娘!"

(作者:子明,原载《铁报》,1936 年)

① 食不在饱的日本咖啡店,叶浅予作。

日本咖啡馆

"无巧不成,像最近许多茶室一样,价钱既巧,货色又地道,再加上可以听几句日本话,那种机会是再好没有的了。"这几句话,算是形容最近北四川路的日本咖啡馆吧。下面,再记一些里面的情形(这是以较多数论,不能一概都作如是观)。

几间整洁的茶室

这里面的布置比贵国这些茶室要格外地道和整洁,里面可称是"窗明几净,一尘不染"。一间间小小的茶室,外面装着年红灯,十分别致,神秘得像霞飞路上的有一种罗宋咖啡馆、酒排间差不多。

好多温柔的女人

里面,有好多侍候来宾的人,假使是十七八岁的小伙计,真会浑淘淘忘记爷娘。她们,面面俱到的和你周旋谈话,很有礼,很大方(这本来是岛国女子特有的风气)。等你吃过点心,她还会招呼你,指点你,请你用别的东西。即使是男的,他们也十分恭维你,决不像咱们茶室里那批茶博士,生成硬邦邦的脾气,可以相提并论。

时间长短不限定

在时间方面,这也许是生意发达的一样秘诀,他们也像火车茶室之类一样的待客人,譬如你下午一点多钟进去里面,尽兴在里面坐到什么时候,便可坐到什么时候,即使你的杯子里已经喝光了,也可以在里面眼睛吃冰激凌。

学日语的好机会

有人说"到里面去花上三个四角洋钿,可以和日本女人说日本话,她们从一切琐事说起会面面俱到的讲给你们听,这样便宜的日本语专门学校,何乐而不为呢"。准此,最近的北四川路上的日本咖啡馆,以此更加是嘉宾满座了,但是,但是……

(原载《社会日报》,1936年)

"东方的圣彼得堡"之类

十年之前,在我们这个有东方巴黎之号的上海,有一个区域,叫做"东方的圣彼得堡",是在法租界的西部,现在有神秘之街之号的霞飞路左近。那时,从俄国流浪出来,而托足在上海的白俄,几乎全都僦居在那里,于是俄国式的饭店、书店、杂货店等,风起云涌的在本来十分寂寞的霞飞路上出现着,而法国型的霞飞路上,便充满着俄国风味。于是乎大家都把霞飞路,呼作为"东方的圣彼得堡"。

十年一个小沧桑,"东方的圣彼得堡"也不能逃出这个公式,由盛而衰了。因为在这十年中,"东方的圣彼得堡"中的俄人,较诸十年之前,已仅存着上之一二。而自"一·二八"的炮声停止之后,北四川路上的一切神秘窟,大部分都已搬上了霞飞路,于是北四川路原有的诱人的别名"神秘之街",也给搬上了霞飞路去。所以现在任谁提起了霞飞路,便都会很自然地说是"神秘之街",而大家都把"东方的圣彼得堡"淡然地遗忘掉了。

"东方的圣彼得堡",在这十年中,虽是逐渐地被人遗忘了,但在虹口区,却在这十年中,出现了一个所谓"小东京"。这个所谓"小东京"是东自三角小菜场起,西至沈家湾之中的短短一段吴淞路。这一道街上,本来是有不少某国商店的,自从"一·二八"的炮火,毁灭了北四川路之后,吴淞路上的某国商店的市招,是更密了,据说,现在的所谓"小东京",某国商店已占着十分之八以上。若是不怎么注意地,在那区域中溜过,准会在眼光中,所接触的,完全是某国化的色彩的刺激,而忘却着自己是尚还置身于上海。

"一·二八"之后,在某一个小康时期中,据说,上海的"小东京",曾有过一个非常的繁荣的。但是自从这一二年来,不幸事件不绝的发现之后,"小东京"的繁荣,是日趋衰退了。往常,晚饭之后的热闹情形,是给保护侨民安全的钢盔枪刺所吞噬掉了。虽然在"小东京"中行走着的中国人,现在还有某国人,还是那么的笑容可掬,十分和气地欢迎着华人顾客的光临,然而比了二年之前,也已有些儿不堪回首话当年了。

"东方的圣彼得堡"是已成陈迹了,"小东京"也日显着冷落了,爱好着异国情调的上海人,今后不知将在哪里,再造成一个未来的富有异国情调的繁盛中心呢。

(作者:周贤,原载《申报》,1937年)

在咖啡座里

在一个春风骀荡的晚上,我跟着一位朋友,闯进了北四川路的一家咖啡座里。推开一扇百叶门,一位绿衣姑娘彬彬有礼地打着躬,道了一声"晚安"。她大约二十来岁,瓜子脸儿,苗条身材,虽然并不长得怎么美,但瞧着倒也不觉得如何讨厌。她熟习地把我们招待到一双座位上坐了下来,从那血红的嘴唇边泛出了一个浅鬐的酒窝儿,随手她递过了一枝铅笔和一本拍纸簿,然后,她才垂着手静静地站在桌子旁边等待着。

"请拿两客牛奶咖啡来吧,如果你有闲,不妨也来一客……"我那朋友旋转过头,低声地对她说,于是她点了点头,把身子一扭,向里面走了进去,但不多一刻,却端着三杯热腾腾的牛奶咖啡,放到了小桌子上来,一杯摆在我面前,一杯摆在朋友面前,另一杯却放在一个空位子上,她自家也就在那儿坐了,微笑地和我们攀谈一些应酬话儿。

她的谈吐还称得上温文尔雅,而举止也算得起大方。据说她曾在××中学肄业,后来因家道中落了,所以她也就失却了求学的权利,而且走上了这条生活线来,开始和生活挣扎了。三年来,她在那灯红酒绿中,送往迎来了不知若干人,她感到职业的厌倦,她感到生活的悲哀,可是,在这失业恐慌的狂潮中,她终于成了激流里的一点泡沫。虽然,她的职业要比一般搂抱生涯高尚一点。但,在这人欲狂流的社会上,一个少女要想去和环境的恶魔搏斗,那就多少要遭受一些侮辱摧残,说不定,一个圣洁的少女,在此一霎那就会将毕生的幸福牺牲了。

据说,她的家里还有一个五十多岁的母亲和十五岁的弟弟,他们的生活,全要靠着她一个人职业上的收入来维持的。然而,她每个月应得报酬又是那样菲薄,于是,为了满足她一家的生活,遂不得不设法去找一个适当的副业,可是在这个年头儿,要觅一个专门的职业已经不容易,有了一个职业而要想再去找一个兼职的副业,那自然更难比登天了。现在她找不到比咖啡女好一点的职业,所以只好继续干下去。虽然报酬上是谈不到丰厚,不过她也学会了奉迎一般主顾,因此小账方面似乎给她开辟了一条经济之路。

我们和她谈着,谈着,非常替她兴起身世之感来,同情着她的遭遇,慨叹着她的命运,她也是无数不幸少女中之一个,我们忘记了她是一个女招待,仿佛,她在我们面前作着生之呼吁。

在那柔和的灯光下,坐了将近一小时,听她讲她的身世,我们全感到像在听一个故事一样,虽然那故事是极其平凡的,然而我们无论如何总觉得不应该让她遭受的呵。

(作者:野菲,原载《夜生活》,1937年)

张资平开设咖啡店

北四川路之□宫旧址,今之上海咖啡店也,开幕以来,已将两月,营业尚诚不恶,店中招待,胥为女子,闻之黄文农画饰云。上海咖啡中,有女招待,极为曼妙,是则上海咖啡之女招待,已得艺两家赞美矣。闻设此上海咖啡者,为新文学家张资平先生。张且擅描写新的性生活,为创造社之健将,今竟开设店铺,做大老板,殆亦视文人生涯之不足恃欤。

(作者:漂者,原载《小日报》,1928年)

上海咖啡一位王小姐

昨报述新文学家张资平君,开设咖啡店事,有未详尽处,兹特允之。"咖啡店"三字,已成为今日新文坛上一个时髦的名词,霞飞路上,俄国人所设之咖啡店至多,在《申报》本埠增刊之"艺术界"栏中,屡屡见各新文艺作者赞美咖啡店之作品,而《申报》且为特辟一格曰"咖啡座"焉。今北四川路,已开设多处,而以"上海咖啡"为最受人称颂。该店实为创造社一般同志所合股开设,资本共计五千元,店即设于创造社发行部之楼上,开幕之前,尝登报招请女子店员,开月薪颇丰厚,而学历亦自不弱,且有两人,为中学之毕业生。一王君语我,谓其中一王小姐,姿态最妙曼,而招待座客亦最殷勤。客有入饮咖啡者,辄呼以小王,而咖啡之价,每杯计小洋一角有半,佳丽当前,可以伴客,作清谈,艺术之圃中,爱美的空气宜其浓厚,而一般新文学作者之盘踞于斯,以享受其艺术之生活者,亦殊不少。苟有欲作新儒林外史者,此中固有一材料之批发所也。

(作者:舞雨,原载《小日报》,1928年)

上海咖啡店中之中国官

北四川路创造社楼上之上海咖啡店,开幕以来,其布置之如何精雅,女招待之如何艳媚动人,早已喧腾报纸。仆每欲一瞻胜境,终为袁头所阻。日昨吾友郁英自羊城来,不期遇于上海戏院,寒暄后,即邀仆小饮。无意登此饶有巴黎意味之楼,甫入室,未就座,即闻人言庞杂有谓,那娘,我就不晓得他是什么"中国官",有谓,"娘我倒不相信伊能枪毙人",观其该店职员之眉竖脸青,显系舌战未久。因发好奇心,未点菜先询其究竟,据一妙曼天冶之女侍者言,刚才邵先生在此吃东西,账房先生叫阿拉小妹妹滚蛋,邵先生说伊不该骂"滚蛋",骂账房先生混蛋,并且要账房先生自己承认"混蛋",账房先生光火同他吵起来了。后来邵先生说我是中国的官,要管中国的人,我不高兴打你,再不然把你关起来,假使你不服,我今天马上就枪毙你。邵先生伸出手来想打账房先生,经我劝阻并未打着,不过两家头相骂。言毕随询我侪所欲食,郁英亟欲一知此中国官为何如人,更以扣诸女侍者。女侍者谓其人邵姓字国超,满洲人,放洋归来未久,语时示出洋证书,系交通部苏体仁所保送,所填姓名为邵广明。郁英喟叹曰,中国人之官气,何其浓也。彼犹是尚未做官之学子,而已以官自命,且以大言恫吓。他如果如所愿而得官,遭彼呼叱者,岂仅咖啡之账房欤。

(作者:凉雨,原载《小日报》,1929 年)

大学教员与女招待冲突

北四川路口上海咖啡店内,雇有妙龄女郎周云仙、陈素芬、汪秀英等三人为女招待。因此一般青年子弟,趋之若鹜,营业甚盛,但胡调打架之事,在所难免。前日有某大学教员王英前往该咖啡店果腹,不知如何,与此三女招待大起冲突,而致互殴。咖啡店中器具损坏甚多,该店司账蒋西平省而大愤,往报岗警,将王英及三个女招待一并拘入五区二分所,于昨转解地方法院讯办。

(原载《申报》,1929 年)

咖啡馆里的广东少年

我们在灯光下底北四川路上,果然可以发现不少神秘之所,以及神秘之事,咖啡馆也就是神秘之所的一种了。

这种咖啡馆之多,几于鳞次栉比。到华灯初上,每家咖啡馆里,总是挤满了不少西装少年。这班少年之中,大多数是广东人,他们度惯了枯燥的学校生活,难得狂放,所以到了咖啡馆里,眼见许多女招待,为之脱帽、卸大衣,已经变得手舞足踏。假使你是老主顾,她们招待起来,格外殷勤献媚,和你促膝谈心。还有几家咖啡馆里,备着留声机,你要是高兴和女招待跳舞,可以开起留声机来代替音乐。据说,比了到跳舞场去,要开心十倍。因为在咖啡馆里跳舞,尽可随心所欲。跳舞不过是一个名目而已。

咖啡馆所吃的东西,并没有一定价钱,菜单上是只有菜名而没有价目的,付价的标准,大概要看顾客的手面而定,也有一小杯咖啡,定价一二元的,也并没有什么稀罕。

创造社楼上的一爿上海咖啡馆,在北四川路许多咖啡馆中,比较的有悠久历史。自创造社被查封后,一般服务于创造社的人,仍旧常常盘旋在那里。据说这所咖啡馆,原是创造社一二分子所合股开设的,他们以文艺界的手腕,来经营这种场所,自可高人一等。不过可怜有许多广东少年,沉湎在咖啡馆里,以致失学失业的,时有所闻,并且还是一班大学生占多数咧!

(作者:微叹,原载《福尔摩斯》,1929 年)

创造社之上海咖啡

创造社为一文化团体,然该社亦曾一度经营商业,初设于北四川路麦拿里、郭沫若之一日友人家中,后社务发达,从泰东图书馆收回自己发行,乃设发行所于虬江路南上海大戏院斜对面,楼下为发行部,楼上有空地,乃开为上海咖啡座,由邱韵铎主持之。有美女招待,座中布置极美化,招牌用霓虹电光,时在民十七。

霓虹电光,在上海市上,尚不多见,若创造社者,洵可谓的风气之先,颇具有创造精神也。惟该咖啡座中所售咖啡之价奇昂,每杯计大洋二角。从事文艺者,颇多无产作者,尤其为创造社具好感者,系无产文人为多,各人见其极尽剥削之能事,乃相率引去。该座设未数月,门可罗雀,创造社被查封,遂亦停闭。然中国文人好饮咖啡之风,由其时开始。

(作者:平凡,原载《社会日报》,1933年)

咖啡馆内之对花机

近年来虹口之跳舞场,及咖啡馆中,多陈列有一种机器,高可齐人,面罩玻璃旁有一小孔,可以投钱于内,机中印各色之花纹,来宾投小银元两枚,按其机器,花纹即旋转不休,转停检视,如两花或三四花相并者,则机下即有小银元流出,十余枚至卅二枚为止;如花纹散乱,则投入之钱,即作输去。此项机器,虹口各咖啡馆,如汤白林、日光等,莫不设备一二架不等。如来宾苍止,馆中女招待,必尼客打此花纹,虽仅二角小洋一次,而不中者为多,故每人竟有输至数十元者。盖美色当前,每每不肯示弱,无意中遂为人所利用。咖啡馆主,利用此等心理,乃假此机器与美色以为敛财之工具。闻之内幕人言,一机收入,每日平均在二十元以上,则一月之费,竟较其全馆营业之收入为多,是诚为上海社会中一党人之工具,而亦一小小之黑幕也。

(作者:偈谛,原载《时代日报》,1933年)

记汤白林咖啡店之神秘

上海虽不及巴黎之繁华,但人士之风流淫荡,美貌华衣,真有巴黎之风气矣。在巴黎过生活的青年,除了读书、做生意之外,便是和女人行街,或在咖啡店里面陶醉。吾国在欧风未渐之时,一般风流公子多数在秦楼楚馆里面颠倒,虽诗人贵族,也以此为唯一之情趣生活。近年国欧风勃兴,社会各种事业(当然以趋时为标准),于是跳舞场也,咖啡店也,处处林立,而供新青年之游玩,此真一时之盛举也。记者昨应友人之约,到北四川路汤白林咖啡店小叙。甫到见各厢位皆垂下布帘,寂然无声。就座后,眼偶下视,即见各已垂帘之厢位底下,有几双男女脚儿,频频活动。余遂询诸友人,何以

该店侍女如此殷勤招待顾客?据云,该店为海上最神秘之咖啡店,但有金钱,即立可买到接吻、拥抱的生活。我尝以此为怪,盖海上咖啡店里面向来只有秘密的肉体买卖,而无公开的接吻营业也。未几余即听闻接吻声、咂舌声,真能使青年之心情摇荡。余正窃听闻,忽见一华衣美貌之侍女,跑到吾人身边,细声问吾等,要食何物?吾等告之,未几即将食物送至。侍女始即用眼波频射,继即落座坐下,于是其他种种神秘无不演进。余友乐不可支,连叹此为人间神秘之地点。侍女旋告吾人曰,其生平好食牛奶糖,请吾等每人请其食一小包。吾等应之,继又要食生果,吾等又应之,然各种食物尽放其面前,而不入口。初甚疑惑,后乃悟此种动作乃敲诈也。

　　兹侍女去后,其他侍女又来,各种神秘于是又演进,索食物之要求又进行,吾等遂问其物值若干,据云每包牛奶糖大洋六角,每个苹果三角,其价奇昂。余友知已上当,但亦无可如何。未几先来之招待之侍女又来,满面笑容,谓其在里间赌钱,已将所有负去,请吾等每人借其六角,吾等与之。后来之侍女又谓其亦往赌,索借如前。吾人本欲婉却,然在其美貌淫威之下,无力抵抗,亦不得不照数与之也。余友恐其再来索金,乃嘱其开单结账。其数为七元五角,其中有五元多为侍女索食者,但侍女送吾人下楼时,尚提高其玉手给吾友接吻,此又不能不使吾友心折矣。综上而观,汤白林咖啡店,系完全利用女子色相诱惑主顾,但过于猖獗,侍女向客人索金为各处所无,而强求客人请食糖果,更为少有,其放诞情状,即在巴黎等处,亦不过是。然于吾

国,殊足斩丧青年意志,而易堕落,伤风败俗,莫此为甚。甚望当局严厉查禁之也。

(作者:愚生,原载《上海报》,1929年)

"神秘之街"的咖啡座

咖啡店是神秘之街特多的产物,有(一)汤白林、(二)汤白林分店、(三)三民宫、(四)锟基、(五)良友、(六)纽约、(七)华盛顿、(八)皇后、(九)欧美、(十)上海茶室等十余处。侍女最多而行动最浪漫的要算是"汤白林"。"汤白林"在上海大戏院的斜对面,座分楼上与楼下两处,顾客到这里面去吃很少的东西,却能揩到很大的油,抚摸与接吻,在那里是和大菜里的咖啡一样的平凡。侍女共有十余人之多,她们剥削顾客唯一的好方法,便是使顾客们请她们吃糖,有时候一糖之价值达一块多钱,这糖在她们却从来不放到嘴里去的,以便顾客走后去换大行钿。

汤白林分店设在海宁路新中央隔壁,里面有一个侍女确很漂亮。三民宫开在虬江路口,有露天的座位,所以热天生意倒也很好,里面有三个侍女始最早从"汤白林"拉去的,因为她们原在"汤白林"只支薪金六元,而在三民宫则有十元,为这每月相差四元的代价,于是她们便转到三民宫去了。

"锟基"和"良友"并立在老靶子路口,里面的侍女稀少而奇丑,并且地方也太小,所以生意不甚发达。"纽约"和"华盛顿"并立在上海大戏院隔壁,侍女虽少而面貌佳,地方也较清洁,所以顾客也还不少。至于"欧美"、"皇后"和上海茶室等,则无甚可述,略之不志矣。

(作者:老浪,原载《上海小报》,1930年)

汤白林夜游

名满中外

说起来，大家也许都知道的，在北四川路海宁路口有一家小咖啡店，叫汤白林的，你别小觑了它那半新不旧的门面，要知道它的内容正为似万花筒一般的撩人的眼帘咧。它在北四川路是有着悠久历史的咖啡店，不仅中国人去白相的很多，就是洋人也很多的去光顾。真是"名满中外"的一个区域咧。

铺面简写

汤白林，只有一上一下的屋子，楼下是专卖茶菜的，屋子里是两排火车房间，虽然也有打扮得怪风骚的女招待，扭扭捏捏的，但这只是它的下层，似无素而描之的必要，它的中心，是在你更上一步楼的。楼上，到"楼上"的扶梯可以一直通到马路上，但从下层的侧门，也可以穿而上之的。

当心怕羞

话说楼上，也是两排的火车房间，那就是客人的"佳座"，当中是铺着光滑的地板，头顶上，也挂了五颜六色的电灯，但是非常幽暗的。在那里，日夜有着七八个浓妆艳抹的姑娘，其中一部分是专门担任招待顾客的。当你从楼梯上去的时候，立在扶梯口的侍者就打着铃，不过那铃声和幺二堂子里不同，这铃声一响，就有着三五个女人站到扶梯口来，笑面迎接，给你脱帽子脱大衣，招待你坐到火车房间里，又拿着一块玻璃牌问你用些什么。这里我告诉你们可以不必看，尽可问她们要一杯清茶或是咖啡，因为真正的"吃客"这是很少的，如果你叫了一客大菜来，那会使四座的目光都注视在你的脸上，用着惊奇的目光，那一定会使你被看得简直感到难为情起来。

两位姐儿

这样以后，女招待就仅在你身边打转，这是用不着客气的，你不妨用手将她拉在怀里来，她一定是半推半就的，笑吟吟的使你满意。

这里，又得说一些了，就是每个人欢喜怎样的女人，正和每个人爱吃点什么菜一样的不同。假如你平时爱吃可喜的，你不妨去找那一个叫"阿黄"的，她有一个肥肥的身躯，坐在你的怀里，会使你全身像在春天的太阳的一般的感到温暖。如果你平时爱吃四喜的，那你可以找一个叫"王秀英"的，她和"阿黄"恰是相反，长长的身材，又挺秀又苗条的细腰，一张娇媚的脸儿。这两个姐儿，在汤白林里是比较风骚的。此外当然也有不胖不瘦的，那你自己去选吧！为了篇幅关系，未能一一写来，甚以为歉。

有车可试

这里不仅有半灭半明的灯光，同时还有无时或止的留声机里发出的《桃花江》和《妈爱大令》等中西名曲。同时，那块光滑的地板，是专供你跳舞的，你高兴，尽可拉了阿黄或王秀英去跳上一跳，好在跳舞在他们这里是地道的交际舞，用不着另外买票的。即使你还没有下过海，那就可以叫她们从一二三四教起，她们离开红舞女的地位还远，所以对黄包车并没有两副面孔，你可以不必怕难为情的。

骚女怪劲

在正面的娱乐之外，还有些国际风景线，你不妨顺便欣赏一下，因为这里，是在这畸形的都会下的混血儿，你在这里混了，你会增加无穷的眼福。

那坐在长凳子上的几个娘儿，她们的脸上是涂了多量的脂粉，有几个还穿了花花绿绿的夜礼服,袒胸,露背,一条细细的眉毛,和那涂了眼油眼皮,使你见了会感到一股骚劲儿。

中西分野

这一群女人虽然也和阿黄、王秀英同样日夜厮守在那里,但她们当中也有分野,就是阿黄和王秀英一群是专接中国客人和日本客人的;那一辈是专招待西洋人的,而且也不是汤白林备的,她们不过是借了汤白林做个临时办公处,帮助招待招待客人,顺便再做些别的交易。因为西洋人的性情和中国人不同,他们酒醉饭饱之后,就爱那个调调儿。

春色无涯

如果你注意的话,你不时的会听到一阵阵轻笑与私语,或许,他们一个不当心,那深垂的丝绒幕掀起时,你就会看见翘得老高的登着高跟皮鞋均匀的女人的脚和腿,女人像蛇一般的盘在那醉醺醺西洋鬼子的怀里。也许,你可以看到一个女人挟在洋鬼子的怀里慢慢的下楼而去。如果你高兴再坐一会儿的话,在一个钟头之后,你会看到那个女人蓬了头发满面疲倦的再来接着再和另外的洋鬼子去搅,继续的做着把戏。

黄金女人

总之,这里是疯狂的,没有国际分野的,只要有钱,有的是黄金美人。

在写完了这篇不知所云的东西之后,我觉得有几句要说的话,就是这个地方,并不是个好去处。那里充满了下流社会的人,而且那些女人,都是拜金主义者,有时她们要你喝一盅红酒,代价是六角,你虽然仅仅的喝了一杯清茶,正账不过四角,小账却要双倍赏给,不然,你踏下楼梯,就会有一阵"嘘!嘘!嘘!"的声音将你嘘了出去。

(原载《铁报》,1936 年)

汤白林之"神秘"

"神秘","神秘"似乎已成了上海人一句流行的口头禅了。但是,直到现在,我始终不了解这"神秘"两个字的定义,究竟是什么。譬如,有一个女子脱掉了绔子在马路上散步,这是不是算神秘呢?

北四川路的 Tumblo Inn(汤白林),是上海具有历史价值的一处所谓"神秘"的地方。这是一间一上一下的"酒吧",楼上楼下,共有十来个货车式的座位,而每一处座位一端是墙,另一端是备有幕帘可以遮住往外来的视线,这大概就是所谓"神秘"了。楼上两边都排列着这样的座位,当中,是一块隙地,可以供十对人的跳舞,以及一座酒柜。

这里面有六个正式雇用的女招待,此外,在晚上八时以后,便会陆续来一群外来的女宾,约有十来个,都是来找临时的生意的。

这是一所酒吧,所以,以卖酒为营业的正主,酒的价格,和跳舞场差不多。女招待们并不美丽,可是她们都具有西方女人的大胆的性格,这种根本的训练,确是不容易的事。凡是见了中国女性那种木讷、矜持、忸怩、羞答答的态度,要感无味而头痛的人,在那里就获得了异国情调的刺激的。

女招待们并不希望你多给她们小账,但她们会很大方地要求喝酒,一杯贝伯名酒,须价六角。如其坐上二小时的话,约须喝去三杯,至于这种酒的是真是假,那自然不可究诘的了。

她们很"了解"自己的职业,也很"了解"你来请她喝六角一杯酒的用意是什么。所以,对你的"没有礼貌的举动",她们都认为是她们的服务,而自然地,欢笑地承受着。她们绝不以旁边是有男者站着而觉得有什么羞耻,这大概是由于她们已习惯于粗野的外国水手的交接之故。那么,帘幕的设备,其实也是多事了。

你说它神秘,其实不!女性们让自己随意去干这种玩意儿?在她们自己,对于那些抱着某种企图而来的"顾客"们,倒也许有些"神秘"的感觉的!

是色情的地狱,而以"神秘"为其门饰——刺激的后面是堕落,然而堕落对于他们是"生活"之压迫所给予的!——尽管有人在"风化""风化"地喊叫,然而,你说她们何以必欲与"风化"为敌而与"神秘"为友呢?

(原载《咖啡味》,1936年)

新明之咖啡

暑天行乐,莫过于公园与游水场。公园已稍为记述,至于极司菲尔与游泳场,当另章述之,其次则为跳舞厅,然跳舞厅年红之光,实在逼人太热,新近有维也纳者,始有习习之凉风耳。然上海跳舞厅数十家,未必一一尽如维也纳。人们徒因其有妇人腰肢可拥抱耳,不然,不如光往咖啡店小坐之为愈。至于上海咖啡店,亦五光十色,其有以摩登漂亮之女而当炉者,亦使人流连而不忍去。夫妇女自从号称解放之后,其在社会上之执业者,凡有二类,使人神往。一则为医院中之看护,一则为咖啡店中之侍者,该二者均选其多情而貌美者焉。如今回之所述,是其一也。夫新明之侍者,口未丹而常红,眉不描而已曲,素腰若束,大腿如桶,鼻以上仿佛圣玛利,鼻一下依稀杨太真。旗袍穿浅萍之淡花,文履绣并蒂之芳草,口齿伶俐,见人足恭,对话则客气有余,默然又常若不足。当记者据席细饮,而伊人亦隔室而憩。记者私心如悬旌,不禁启齿问曰:"本有数言,欲贡申于姑娘之前,但未敢唐突,故宁缄默耳。姑娘贵乡?岂非顺德乎?"答言:"我乃生自南海,先生欲何言,不妨吐露,不要紧者。"记者乃放胆言曰:"真万分唐突,未知姑娘会有黑漆板凳乎?"答言:"已订婚矣,未婚夫在香港,中表也。人们每见吾无名指御有金戒,亦无有以此见问。"记者曰:"诚惶诚恐,余短视,不期妄问。"姑娘嫣然曰:"不要紧者,惜君乃初见耳。"

(作者:萌渚,原载《社会日报》,1933年)

虹口咖啡店的相异点

上海专卖咖啡的,多于是西人办的完善。然而沙利文等茶室,不过是正正当当的卖茶和点心而已,虹口的咖啡店却有些不同的组织,开设在北四川路的新明咖啡店,设备和茶点均取欧美化。听说他们的主人是美国留学生,一部分女招待都归自美洲,招待和接谈都很高尚,他们开发每杯定价二角,但一任客人吃饱,喝完加了又加,换一杯又一杯都不另作费,那实在与众不同。可是记者有一次却大大的上了当,贪吃了几杯,一夜到天光大白都不能够入睡哩。

(作者:柠檬,原载《东方日报》,1933年)

记咖啡大王之宴

虹口维纳斯舞场主人理维者,于经营舞榭之余,复在沪西设一理维商店,所发售者,食品之外,尤以咖啡为尤著焉。理维之咖啡,以质美胜,其制咖啡之机器,自于海外运来,以原料入机中,凡十五分钟,既能成为饮料,快而精炼,为人所勿及。

最近,理维特于改良家庭展览会中,以咖啡广赠来宾,中西人士,得饮其咖啡者,万杯有奇,既获美誉,因有"咖啡大王"之号。西宾中,赠理维以纪念奖品者,数殊夥,理维为答谢计,爰于念六之晚,即在维纳斯设宴,款相识众宾。宴颇新奇,陈色白百余盆于席上,而使来宾自取之,更佐以冽酒,狂舞为欢,其状乃极热烈。据言此乃为俄邦礼节最隆重之宴会,宾客因亦极为尽欢也。

① 理维咖啡大王——咖啡馆场景。
② 载《竞乐画报》，1936年第2卷第2期，第21页。

理维自言,舞场咖啡,恒少上品,而维纳斯此后,即将发售此最好之咖啡以供来宾兴奋之用。因忆林庚白咖啡诗:"惯与白俄为主客,任他青鸟有沉浮。"①极言俄餐馆中咖啡之美。理维俄人,故治咖啡,乃亦有独擅处也。

(作者:密多,原载《时代日报》,1935 年)

高乐咖啡馆

好几次到虹口"高乐"咖啡馆(靶子路②四川路口)吃茶,五光十色,耳濡目染,都是一些刺激的材料,比如包围你左右的那几个如花似玉的女歌手与女招待,说着各种方言,显着各种姿态;还有王老五领导的那个华音大乐队,奏出中西名曲,虽然只有简单的五位乐师,而已很得抑扬顿挫了。

"高乐"咖啡馆里的舞池,周围并不大,四面围一条线,而且有灯,这里面可以容纳四五对舞伴起舞。

在麦克风前唱歌的,完全是上海高乐酒场的红歌星,她们每晚分别轮流客串歌唱,这批女歌手都长得非常艳丽,而且都会唱中西名曲,其中尤以彩云小姐,长得更为艳丽,名歌一曲,不知颠倒几许的座上客。

来"高乐"咖啡馆吃茶的,都是一些道貌岸然的君子,较之以前的

---

① 《Confeserie 咖啡馆感赋》
　咖啡如酒倘浇愁,日夕经过此少留。
　惯与白俄为主客,最怜青鸟有沉浮。
　忧饥念乱今何世,怀往伤春只一楼。
　归向小窗还揽镜,吴霜休更鬓边儿。
　载《长风》,1933 年第 1 卷第 1 期,第 15 页。
② 今武进路。

"萝蕾"咖啡馆是野鹊淌白的集中所,当不能同日而语。而且来这里的客人,总是带一位漂亮的太太,或是情人,谈谈爱情,讲讲逸事,多风趣。"高乐"咖啡馆的茶资并不贵,连捐一千五百元,点心也很便宜,在公余之暇,同你的女朋友到那里去坐几个钟头倒也相当落位①。

我在"高乐"咖啡馆坐过三次,三次给我的印象都很良好,而都有一种说不出的刺激。

现在我每到五时半到七时半吃茶时间,总会记忆起"高乐"咖啡馆来,尤其使我忘不掉的,是那几个刺激性的女歌手与女招待。

(作者:飞四,原载《秋海棠》,1946年)

茶室及咖啡馆

在胜利以后,虹口的茶室及咖啡馆,又在陆续添了不少,那些略具规模的,都由中国人而开设,而幕后为了资本的来源关系,或许还不免是"阿那带",这一种情形,或许是绝对没有,或许是为数不少。

有几家咖啡舞厅,伴舞的高丽女人、华人都有,日本女人仅是少数中的少数,这般女人现在全虹口有三四百人之多,或是虹口的高丽女,没有这样多,至少半数是地道日本女人。喝一瓶丁香酒,到手四百八十元,在省吃俭用惯的日本家庭里,或者赖他们一天喝三杯酒可以解决了,这就所谓"三杯下肚,饭事全休"!

有几个家庭茶室,价钱还便宜,一杯茶只要五十元,还有一种粗点心木鸡也是五十元,不过在大国民风度之下,似乎情调台塌在自己人面前,在他们面前以不露寒酸气为上。

(作者:珍燕,原载《沪光》,1946年)

---

① 落位,上海方言,意为适意,舒服。

少女樱花咖啡

在星期六的那晚，应了一位懂得日本话朋友的邀请，我和他便走进了吴淞路上的名园。

所谓名园，是日本式的咖啡座，开设在吴淞路上的一条弄堂里。虽是门口挂一张玻璃做的方角灯，写着了"名园"两个字，但是不曾去过的人，你绝不会寻得这个场所的。

这里面，一间两开间的中国式房子，摆着了几张沙发和几只台子，在墙上挂着了一些日本著名的风景画片，如富士山、银座街……望去充分地表现着异国的情调。除了这，瓶里插上了樱花，门楣上装饰了纸做的灯笼，这又像是刻画了岛国风俗的浓厚色彩。

当我们选择好了座位之后，几个粉脸的日本少女就扑向我们的怀里来，含笑地问我们要喝什么。我的那位朋友是能说日本话的，就向她们要了两杯咖啡。

留声机上的唱片正奏出了《圣洁的爱之歌》，我们便和两个日本少女去跳舞，粉香、肉感，她们在和你搂抱的时候故意放出了魅人的姿态来沉醉青年人的灵魂与理智！

因了几次的共舞，我们才知道这个和我舞的少女名叫梅子，那个瘦长身材的少女，和我朋友谈着情话的叫做春子，于是我们在那里一边跳舞，一边喝咖啡的坐上了两点钟。

临走之前付了账，一共只用去不到两块钱，这一晚的时间便是这样的消磨了。回来经过北四川路奥迪安影院废墟的旁边，蓦地想起"一·二八"的战争来，觉得那个日本少女的微笑里，有着一柄日本武士道所佩的锐利的刀！

(作者：稚芬，原载《时代日报》，1935年)

异国情调的咖啡馆

在老靶子路①东段十分僻静的路上，靠南有一个阴黑的弄堂，这弄堂白天一样有太阳照耀着，想不出在夜里张开大嘴吞噬那些都会的探险者和猎奇人的丑态。黄昏以后，就见到这鹰箱里的人物，在那黄暗的阴影里活跃了。前天午夜，记者跟着几位找寻刺激的朋友去到那里"随喜"，且让我来展开这幕地狱的变态之图。

地狱变相之图

车抵弄口，一群找寻刺激的人迅速钻进阴暗的弄中，像幽灵似的一闪。记者下意识的跟着他们跨进了一个不十分宽大的房间，这里的一切，立刻使人呆住了。这里有迷人爵士乐在朗奏，有陶醉了的男女拥抱着狂舞，房间的四壁的颜色衬着绿色的花草，在淡黄色的电光之下似乎格外显得楚楚动人。正在迷惘间，记者猛然想起这些伴舞的女人，不就是认为最下流的舞女吗？搂着她们狂舞的不就是为了现实生活的苦闷而来饮鸩止渴图快活一时的可怜虫吗？我方感觉到这里奏的是时代的葬曲，这里展开的是一幅地狱变相之图，颇悔此一行。可是，我们这一群终于在两只长沙发上相继坐了，不久就有一朵两朵含着媚的脸蛋，悄悄地在我们这一群面前出现，像是从大海里探起头来的人鱼。

亡国的女人们

这是一家日本式的咖啡馆，据惯来这儿的朋友说，这里的舞女多数是高丽一带地方的人，因此要她们讲中国话当然是极困难的事。但在难找之中，倒也有几个会说上海白，而且说得很是流利，这些高丽女人

---

① 今武进路。

大概是在上海已经住得久了的。坐在我们一群身旁的舞女,内中有一个在新近才来上海的,对我们这一群因为言语隔膜,简直没有法子来招呼。她默默的陪着我们,或许还在幻想着已经破灭的美丽的故乡吧!当我正在这样胡思乱猜想的时候,她们把牛奶咖啡这些东西都送将来了,轻轻地依着我们这一群的座位放下,生怕惊动似的。

有些人间苦味

我上食盘拣了一碗牛奶端在手里,只轻微的喝了一口,那一股热烘烘的腥气,立刻冲进我的鼻孔,口倒便似神经像受到了一支什么针似的。狂荡的音乐了,这时高奏着一支迷人的调子,男女双双拥抱着,嘴里还轻轻的唱着甜蜜的歌,但我觉得那时候的快乐的乐声里,总带有些人间的滋味。

白灵鸟的姿态

一个名叫花子的舞女凑近来,把那蓬松的头斜倚在我们这一群中的一个熟究的面前,娇柔无力的伸出手来抚摸着他的脸。她的嘴好比鹦鹉那样灵活,面目清秀,悦耳有如夏天的百灵鸟,经过这番挑逗的手续之后,于是摆动臀部离了座位对他斜视了一眼,脸上露着妩媚的笑,作着等待伴舞的姿势。我们这一群眼见他被牵下舞池,像踏入八卦阵似的在那里四面八方的乱闯。

图画中的人物

我们这一群找寻刺激的人,到后来却都带着十分疲倦的身体和一股酒中的悲哀,从阴暗的弄堂里出来,踏上街灯暗淡的老靶子路,踉跄地走向归途。在记者的眼前,还不时闪动着那幅地狱变相的真实的图画和那些生活在图画中的一群苦闷的人物。

(作者:香草,原载《世界晨报》,1936年)

咖啡馆内小猫三只四只

人们如果欢喜"西洋情调",或者去玩一些"高尚游戏",诚然非"舞"莫属。但据记者观察所得,今年新春舞厅,生意着实远不如前,与旧年相差更惨,虹口有几家拥有伴舞女侍的咖啡馆,简直就是小猫三只四只,冷清清地怪是可怜。虽说茶资不加倍,并且免除了纸帽糖果赠品种种的额外小费,可惜卖座依旧不见起色。

中区大舞厅,没有一家与往年般大闹其"座位荒"。百乐门、仙乐几家门槛较精的红舞女,爽性躲在家中,聚赌抽头。有几家到场的红舞星,吃得开的,最多仅"转台子"五六只,甚者竟有坐一二只台子的,阿桂姐之流,依然不免吃汤团。米高梅、维也纳生意都平平,一般讲,小舞场比中舞厅好,中舞厅又比大舞厅生意好。其中座上客满的要推丽都第一,大都会二至七时的茶舞,也还不差。不过,大体上看来,较诸平日自然热闹多了。

城隍庙与洪庙,自然比不上影院、舞厅的"高尚",但新春时候,却真是小市民的大好去处。可惜咱们中国人实在不通情理,也太不守秩序,你推我,我推你,挤得偌大的城隍庙水泄不通,孩子们大哭小叫,不小心迷了路,大人们又急得惶惶不安,这结果是增加了邑庙分局派出所的工作,警士们把弟弟妹妹一个个携了来,上了登记簿,然后等他们的父母光临。所以,当你昏昏沉沉地被挤来挤去,走遍全庙的时候,腰落脚酸手软,一切毛病发作了,甚或口袋也被割开了。所以,我对逛城隍庙大世界的结论,只有一句:"人挤人,人看人。"

(原载《大众夜报》,1948 年)

百老汇路[1]巡礼

百老汇是美国的一条最热闹的街名,我们大上海也有这么一条马路,虽比不上美国闹热,却也别有风光。

外白渡桥畔,那座高耸云霄的百老汇大楼,像一只俯视全上海的巨兽之头,百老汇路,便自此起头。在虹口行驶的电车、公共汽车也把此处作起点,一辆辆的卡车不断地往此驶过桥去,真是车水马龙,好不热闹。路旁也像桥南爱多亚路等处一样,常有擦皮鞋的人在喊着:"喂喂,皮鞋擦擦好哦!"

[2]

犹太人真会做生意

一家家的犹太人开的皮箱店在这里林立着,假如你站在门口看看

---

① 今虹口区大名路。
② 20世纪30年代的上海百老汇路。

时,店员会当你作成他的生意而招呼你进去,他们全会说上一口流利的英语或日语。在这些皮箱店中,间有一二家咖啡馆开设着,玻璃窗上写着英文和日文,老板们不是跋涉万里到上海来避难的犹太人,便是白俄贵族的后裔,手拿提琴奏着悦耳的音乐,和以少女的歌声,溢出户外。每家咖啡馆门口,站有一个看门人,穿着不整齐的西服,如见你有点像日本人而又是服装整齐的"尖头曼",他便会向你恭恭敬敬的一鞠躬,用着生涩的口吻,吐出"独坐,以拉希也买司(请进)"的日语。

少女倚门吸引行人

这些店家,所招徕的主要客人是日本人,有时大概是生意清淡的缘故吧,在里面唱歌的少女,会袒胸露臂的站到门口,装着"巧笑倩兮"的姿态,帮同着那个看门人吸引行人。

犹太难民做了老家

这里百老汇路拉长到提篮桥,算是到了终点,百老汇影戏院成了百老汇路的尾巴,犹太化的程度也格外之深,漂亮的犹太绅士,美丽的犹太少女,卖报的犹太老人以及穿着褴褛衣衫的犹太乞丐,到处可见。而犹太人开设的咖啡馆,在此处差不多挨户皆是。一到晚上,迷人的霓虹灯光和曼妙的轻歌,交织成一片欢乐声,好像是他们的乐园。

(作者:再平,原载《海报》,1942 年)

白相犹太人开的咖啡馆

这次世界大战后,产生的中东民族问题,将列入安定世界秩序的重要节目之一,是无可否认的,这世界有一千五百万以上的无家可归的犹太人,不能不说是过去各国用偏狭的种族界限,及暴力支配政策,所造的历史悲剧。

外白渡桥北块,东向百老汇路、公平路、提篮桥一带,都是这些被希特拉的排犹政策所流浪到上海来的犹太人。可是至今他们并不因希特拉的坍台,而得到什么。他们的求生本能,还是在各种不同的壁垒上,遭遇歧视,迂回地成长着。上海的犹太人是比较幸运的,他们可说是赤裸裸地到上海,现在已是建树起他们自己的乐园了。

神秘的百老汇路,满是犹太人所开的咖啡馆,抖颤而迷炫的"霓虹",远远地映着"Cafe"的广告,丁东丁东的钢琴声,配着勾人心魄的梵哑林,弹出了"风流王孙"的调子,像是跟着缓缓而流的苏州河,低诉出无底的怨恨。

长眼睫毛的女人

"哈啰!"站在咖啡馆门前的流浪犹人,他们的眼睛露出求乞似的眼光让你进去,或者他会用一种妩媚的声调,告诉你他们新来一位绝色的外国姑娘。

从窗外看不出里边的布置,一踏进里边,香粉、夜巴黎、咖啡,混合的气味,就会让你醉倒。就在柔暗的灯光里,一双长睫毛的大眼睛就会凝视着你,问你喜欢喝咖啡,还是喝别的。

要是你喜欢喝咖啡,当她把咖啡送来的时候,她就会向你低声说:"你再要一杯鸡尾酒吗?"说时她向你秋波一转不由你不想要;如果你回说:"of course(当然想要)。"那么她就认为你是老内行,就会摆酒待坐了。

色酒迷人

这杯酒就要二千元一杯,她们的酒量往往很好,于是发现二杯,三杯,……要是发现你是个豪客,她们之中别的姑娘就会借故向你来要求你请客,请她们吃蛋糕。

如果你不能控制你的情感,那么你就不能控制你的法币,音乐由狐步而探戈,而华而斯,伦巴,康茄,你们纸币除了跟着音乐的节奏,向外边跳了,你是不会得到什么的。

家世可以写两大巨册

你也可以冷静地坐在沙发上,执着她们的手,轻轻地问她们从什么地方来,家里的情况怎么样。这样就会制止她们的豪饮。

"你为什么问那些,你是个新闻记者吗?不然问它干嘛?"有时她们或许最感伤地说:"我们在维也纳的家宅很大,我们在德国读书。"或者说:"我的身世,让我写两大巨册,还诉述不尽……"

不论你喝得酩酊大醉,或者满带着伤感出来,百老汇罗曼蒂克的夜色,会给你不同的感觉的。

(作者:高飞,原载《铁报》,1946年)

中华路

编者按:

1912年7月31日,上海县城开始拆城填壕筑路,次年完成从小东门经老北门到老西门的北半段,由于介于华界与法租界之间,并庆祝中华民国成立,命名为法华民国路(今人民路)。次年,又完成从小东门经大东门、小南门、大南门、小西门到老西门的南半段,命名为中华路。

中华路是老上海的粮坊、酒坊、槽坊聚集区,是上海人的旧时粮油食品交易中心。

西门咖啡座消息

全平、旦如、耘阡等合组的西门咖啡座,已经在二月二十一日下午一时起始,试售茶点了。据说每日除自己的友人如元启、方刚、鲁彦、篷子、彦华、华发等常来闲坐外,竟也有三五位外客惠顾,殊令伙计们欢喜不已。

哈尔滨书店主人,因为全平要开咖啡店,专诚跑了三十三家俄国书店,选购了十三张俄国文学家的像寄来了。这十三张像是:安得列夫、托尔斯泰、屠格涅夫、普宁、枯普林、契诃夫、龙差洛夫、莱尔孟托夫、萨尔替哥夫、奥司脱罗夫斯基、哥果尔、克利罗夫、尼古拉索夫,多为沪上所不经见,但全平还不知足,又已去函讨取最近作家的像片了。

西门咖啡座开幕时,全平在宝山的同事沈士庄拿来不少精美的镜框。沈士庄是一个奇特的艺者,也是一位奇特的匠人,拿来的镜框,大半是他自己用白木头做的,是见的人,没一个不佩服他设想的巧妙。

(作者:华,原载《出版月刊》,1930年)

西门咖啡店

海上文学团体,以创造社与文学研究会之历史为最久,成绩亦最著。近来创造社一派左转而高唱时髦之普罗列塔亚文学(即无产阶级文学),风头益健。自然主义一派之研究会,因守旧而减低青年信仰,转不能及。周全平君,创造社之健将也,与郭沫若郁达夫辈相伯仲,近复主编出版月刊,其作品在无产阶级文艺中已占有相当地位,并在中华路开有"西门书店"。

最近,周复于书店楼上开一咖啡店,即名"西门咖啡店"。楼下书店门面为一间,而楼上则倍之,形式近似南京路之快活林,布置精雅,富有艺术意味。壁悬美术油画及文学家肖像,如俄之屠格涅夫、托思退益夫斯基等,并有钢笔速写之中国作家二,一为性史中之小江平金满成,一为现代小说编者叶灵凤,案旁更设有书架,上陈文学书及社会科学书多种,任人浏览。入其室,不类普通商店而似文人之读书室,该店更标出口号曰"没有招待,小账不要",颇直捷,非不招待,不似他饮食店之专以女招待吸引顾客也。价亦廉,咖啡可可红绿茶概售五分,西点每件二分半。征闻该店初生意原不在营业,不过为一种俱乐部性质,与楼下书店之为宣传机关同一意义。缘海上左翼作家(无产阶级派)在华界尚未能公然无所顾忌,故须借重一块商店招牌,故青年之光顾者独多,亦该派在华界唯一之机关也。

(作者:啼红,原载《铃报》,1930年)

后 记

本书之所以名为《近代上海咖啡地图》，是因为书中收录了晚清至民国间近百个咖啡馆，从外滩到徐家汇，从北四川路到延安路，遍布上海的街头。物非昨日，人亦非昨日，那些在岁月中渐然湮灭的咖啡馆，只剩下一个个名字，留在文献资料中，汇中、皇后、圣太乐、爵士、金谷、维也纳、米高美……

在收集整理近代上海咖啡馆资料的过程中，亦同时收录了各咖啡馆刊登在报刊上的广告，从开幕到落幕。本书中所配插图，大部分为咖啡馆广告，一望而知，故不加以图文说明，其他图片做了图文说明。另，书中亦有部分文章未署名，其因在于此文为"本报记者"所撰，故未署名，特此说明。

本书所附手绘地图以民国三十六年（1947）所编绘的《上海市分区里弄详解图》为蓝本，以《老上海百业指南》为参考，因篇幅所限，未能将名录中数百个咖啡馆悉数绘入（甚为遗憾，留待以后补缺）。因上海路名多变，为方便读者按图索骥，以上海今路名为准。

在编录此书以及绘制地图时，常常会有一种错觉，一百年前的上海，回来了。

手指划过地图上的爱多亚路、霞飞路、爱文义路、亚尔培路、金神父路时，分明看到有烫发旗袍高跟鞋的年轻女子，坐在咖啡馆的靠窗位置上，托腮，凝神，看着此时的你和我。

想念一百年前的上海。

孙　莺

午后，五月，庚子年